PONTES DE MIRANDA E A ADMINISTRAÇÃO PÚBLICA

O pensamento ponteano no Direito Administrativo

Fábio Lins de Lessa Carvalho

Prefácio
Marcos Bernardes de Mello

PONTES DE MIRANDA E A ADMINISTRAÇÃO PÚBLICA

O pensamento ponteano no Direito Administrativo

Belo Horizonte

2020

© 2020 Editora Fórum Ltda.

É proibida a reprodução total ou parcial desta obra, por qualquer meio eletrônico, inclusive por processos xerográficos, sem autorização expressa do Editor.

Conselho Editorial

Adilson Abreu Dallari
Alécia Paolucci Nogueira Bicalho
Alexandre Coutinho Pagliarini
André Ramos Tavares
Carlos Ayres Britto
Carlos Mário da Silva Velloso
Cármen Lúcia Antunes Rocha
Cesar Augusto Guimarães Pereira
Clovis Beznos
Cristiana Fortini
Dinorá Adelaide Musetti Grotti
Diogo de Figueiredo Moreira Neto (*in memoriam*)
Egon Bockmann Moreira
Emerson Gabardo
Fabrício Motta
Fernando Rossi
Flávio Henrique Unes Pereira

Floriano de Azevedo Marques Neto
Gustavo Justino de Oliveira
Inês Virgínia Prado Soares
Jorge Ulisses Jacoby Fernandes
Juarez Freitas
Luciano Ferraz
Lúcio Delfino
Marcia Carla Pereira Ribeiro
Márcio Cammarosano
Marcos Ehrhardt Jr.
Maria Sylvia Zanella Di Pietro
Ney José de Freitas
Oswaldo Othon de Pontes Saraiva Filho
Paulo Modesto
Romeu Felipe Bacellar Filho
Sérgio Guerra
Walber de Moura Agra

Luís Cláudio Rodrigues Ferreira
Presidente e Editor

Coordenação editorial: Leonardo Eustáquio Siqueira Araújo
Aline Sobreira de Oliveira

Av. Afonso Pena, 2770 – 15º andar – Savassi – CEP 30130-012
Belo Horizonte – Minas Gerais – Tel.: (31) 2121.4900 / 2121.4949
www.editoraforum.com.br – editoraforum@editoraforum.com.br

Técnica. Empenho. Zelo. Esses foram alguns dos cuidados aplicados na edição desta obra. No entanto, podem ocorrer erros de impressão, digitação ou mesmo restar alguma dúvida conceitual. Caso se constate algo assim, solicitamos a gentileza de nos comunicar através do *e-mail* editorial@editoraforum.com.br para que possamos esclarecer, no que couber. A sua contribuição é muito importante para mantermos a excelência editorial. A Editora Fórum agradece a sua contribuição.

Dados Internacionais de Catalogação na Publicação (CIP) de acordo com a AACR2

C331p	Carvalho, Fábio Lins de Lessa Pontes de Miranda e a Administração Pública: o pensamento ponteano no Direito Administrativo / Fábio Lins de Lessa Carvalho.– Belo Horizonte : Fórum, 2020. 199p.; 14,5x21,5cm ISBN: 978-65-5518-031-2 1. Direito Administrativo. 2. História do Direito. 3. Direito Constitucional. I. Título. CDD 341.3 CDU 342.9

Elaborado por Daniela Lopes Duarte – CRB-6/3500

Informação bibliográfica deste livro, conforme a NBR 6023:2018 da Associação Brasileira de Normas Técnicas (ABNT):

CARVALHO, Fábio Lins de Lessa. *Pontes de Miranda e a Administração Pública*: o pensamento ponteano no Direito Administrativo. Belo Horizonte: Fórum, 2020. 199p. ISBN 978-65-5518-031-2.

A Marcos Bernardes de Mello, professor de tantos, que, em suas aulas e obras jurídicas, dedicou várias décadas de sua vida à divulgação do legado de Pontes de Miranda às novas gerações de brasileiros.

Agradecimentos

Agradecimentos especiais a Marcos Vasconcelos Filho, pelas dicas valiosas; a Oswaldo Zaidan Filho e Adriano Weber, do Memorial Pontes de Miranda, e à Gisela Pfau Carvalho, do ABC das Alagoas, pelo apoio na pesquisa; ao professor José Ysnaldo Alves Paulo, pelo livro sobre a vida de Pontes que me presenteou; aos professores Marcos Ehrhardt Júnior e Fabrício Motta, pelas portas que me ajudaram a abrir para a publicação do livro; a Sérgio de Mello Vianna, por ter facilitado o meu contato com seu avô, Marcos Bernardes de Mello; e à Waninha, Léo e Manu, pelo apoio incondicional de sempre.

Pontes de Miranda é como o sol da inteligência brasileira, que lampeja no colo negro da madrugada, anunciando o seu saber para as gerações amanhecentes.
(Pinto Ferreira, em 1981)

SUMÁRIO

PREFÁCIO 15
NOTA DO AUTOR 27
PRIMEIRA PARTE
O MAIOR JURISTA BRASILEIRO? 31
1   Por que conhecer e estudar Pontes de Miranda? 31
1.1   O legado de Pontes de Miranda 36
1.2   O reconhecimento do legado 38
1.2.1   O reconhecimento em vida 39
1.2.2   O reconhecimento após sua morte 42
2   Pontes de Miranda e sua relação com os ramos do direito ...46
2.1   No Direito Civil 51
2.2   No Direito Empresarial (Comercial) 53
2.3   No Direito Constitucional 55
2.4   No Direito Processual 59
2.5   No Direito Internacional 62
2.6   No Direito do Trabalho 64
2.7   No Direito Tributário 67
2.8   No Direito Penal 69
3   Pontes de Miranda e o Direito Administrativo 71
3.1   O comentarista de várias Constituições brasileiras 72
3.2   O parecerista mais consagrado do país 74
3.3   De onde menos se espera, eis que surge o Pontes
        administrativista 80
4   A doutrina administrativista brasileira e Pontes de Miranda 81
4.1   Doutrina administrativista clássica 82
4.2   Doutrina administrativista da virada do século XX para XXI 84
4.3   Doutrina administrativista do século XXI 86
4.4   Da ausência de estudos sobre Pontes de Miranda no Direito
        Administrativo 87
4.5   Que valores defendia Pontes de Miranda? 88

SEGUNDA PARTE
AS CONTRIBUIÇÕES DE PONTES DE MIRANDA AO DIREITO
ADMINISTRATIVO 95
1   Conceito do Direito Administrativo 96
1.1   Evolução do conceito de Direito Administrativo 97
1.2   Relações entre Direito Administrativo e Direito Constitucional 98

1.3	Rechaço aos conceitos residuais	99
2	Atos Administrativos	100
2.1	Conceito e classificação	101
2.2	Aplicação da teoria do fato jurídico ao Direito Administrativo	102
2.3	Extinção dos atos administrativos	104
2.4	Discricionariedade administrativa	107
3	Controle da Administração Pública	108
3.1	Princípio da inafastabilidade da apreciação judicial	109
3.2	Ação popular	110
3.3	Ministério Público	111
3.4	Tribunal de Contas	112
3.5	Advocacia Pública	114
4	Processo Administrativo	116
4.1	Ausência de definitividade das decisões	116
4.2	Rápido andamento dos processos	117
4.3	Direito de comunicação aos interessados	117
4.4	Direito à obtenção de certidões	118
4.5	Direito à informação	119
4.6	Direito de petição	120
5	Intervenção Estatal na Propriedade	121
5.1	Limitação administrativa	122
5.2	Ocupação temporária	123
5.3	Desapropriação	123
5.4	Requisição administrativa	124
5.5	Servidão administrativa	125
5.6	Tombamento	126
6	Licitações e Contratos Administrativos	126
6.1	Procedimento licitatório	127
6.2	Atuação do assessor jurídico na licitação	127
6.3	Contratos administrativos	128
6.4	Concessões de serviços públicos	129
7	Responsabilidade Civil do Estado	131
7.1	Fundamento	131
7.2	Responsabilidade objetiva	133
7.3	Abrangência (conceito de funcionário)	133
7.4	Responsabilidade estatal por omissão	135
8	Função Pública (Servidores Públicos)	136
8.1	Relação jurídica entre Administração e seus servidores	137
8.2	Funcionário de fato	138
8.3	Profissionalização da função pública	139
8.4	Acessibilidade aos cargos públicos e concurso público	141
8.5	Estabilidade, vitaliciedade e cargos em comissão	143
8.6	Cumulação de cargos públicos	145
8.7	Questões remuneratórias	147
9	Poder de polícia	148
9.1	Fundamento	148

9.2	Limites	150
9.3	Meios	151
10	Bens públicos	152
10.1	Classificação	152
10.2	Bens públicos em espécie	153
10.3	Pareceres sobre a matéria	154
11	Organização administrativa do estado	154
11.1	Entidades da Administração Indireta	155
11.2	Estudos de casos	156
	Referências	159

ANEXOS

ANEXO I – Relação dos pareceres de Pontes de Miranda sobre questões de direito administrativo 169

ANEXO II – Cronologia sobre Pontes de Miranda 187

ANEXO III – Registros fotográficos e depoimentos sobre Pontes de Miranda 193

PREFÁCIO

Quando um ser humano, pela primeira vez, diante de outro ou do seu grupo, usou o pronome possessivo *meu* para excluí-los da posse de um bem qualquer, certamente, surgiu a necessidade da adoção de regras de conduta destinadas a regular a distribuição dos bens da vida, segundo certa ordem e certa previsibilidade.[1] Nasceu, ali, o Direito.

Desde então, as comunidades humanas, das mais rudimentares às mais refinadas, estiveram ocupadas em definir as normas comportamentais que deveriam ser seguidas pelos súditos e algumas poucas pelos príncipes. Em geral, normas costumeiras eram tornadas obrigatórias em textos religiosos, como a Bíblia, e em alguns poucos casos cristalizadas em Códigos, como os de Ur Nammur (Suméria, 2050 AC), de Manu (Índia, entre 1300 e 800 AC), de Hamurabi (Babilônia, 1772 AC), ou, simplesmente, em leis esparsas.

Mesmo em civilizações mais avançadas, como a grega e a romana, a preocupação com o Direito sempre foi predominantemente legislativa (=instituição de leis). Os jurisconsultos se limitavam à enunciação de preceitos e à explicação dos textos. O Direito Romano, sem dúvida o mais importante monumento legislativo da Humanidade, por exemplo, caracterizou-se por seu cunho prático, vivencial. Os notáveis jurisconsultos e pretores que o edificaram jamais se aventuraram a desenvolver teorias sobre o Direito e seus institutos.

No ambiente místico da Idade Média, homens brilhantes, expoentes da Escola dos Glosadores,[2] como Irnério, Cujácio, Bártolo de Saxoferrato, Abade Parnomitano, dedicaram-se a manter vivo o próprio Direito Romano, possibilitando que atravessasse os séculos e chegasse ao mundo contemporâneo, com algum avanço científico resultante da tentativa de plantarem os alicerces do que se veio a denominar Ciência do Direito.

---

[1] "A regra jurídica é norma com que o homem, ao querer subordinar os fatos a certa ordem e a certa previsibilidade, procurou distribuir os bens da vida"; assim é como, lapidarmente, Pontes de Miranda (*Tratado de direito privado*, t.I, §1º,1.) a conceitua.

[2] Assim denominados em razão dos trabalhos de complementação dos fragmentos das leis romanas (as *glosas*), principalmente do *Corpus Juris Civilis*.

Até aquele momento, mesmo com a força extraordinária do Renascimento, ninguém, à exceção do jurisconsulto romano Celso, que o conceituou, romanticamente, como *a arte do bom e do justo*,[3] procurara desvendar o enigma: *que sou eu?* proposto, qual Esfinge, pelo Direito a todos quantos se aventuravam a palmilhar a sua tortuosa estrada, plena de curvas e recurvas perigosas, repleta de enganosas armadilhas criadas pelo gênio humano, quase sempre empenhado em fazer prevalecer os seus próprios interesses quando em confronto com os de seus semelhantes.[4]

Nem as concepções do Iluminismo, apesar do brilho notável de seus pensadores, levaram a que o Direito fosse cuidado com critérios rigorosamente científicos.

Em França, o esplendor de sua cultura já dominava o mundo ocidental. Nos Séculos XVII a XIX, porém, notadamente por influência da elaboração e promulgação, em março de 1803, do Código de Napoleão, sua literatura jurídica viveu momentos de relevante ebulição refletidos em notáveis tratados e obras monográficas de Direito Civil e Constitucional, especialmente. Seu valor científico, no entanto, foi obnubilado pelas concepções da Escola da Exegese, que reduziam o Direito ao Direito Positivo (Direito = Lei).

No Brasil, enquanto Colônia, regeram-nos as Ordenações do Reino de Portugal que vigoraram: as Afonsinas, até 1514; as Manuelinas, até 1595, e as Filipinas, desde 1603, aditadas ou modificadas por leis posteriores. No Império seguimos o mesmo ritmo dos povos do Ocidente: a maior preocupação com o Direito residia na legislação e, a dos juristas, em explicá-la.[5] Há, é necessário destacar, uma exceção: a figura notável do extraordinário jurista baiano Teixeira de Freitas que, antes mesmo do BGB, ao elaborar a Consolidação das Leis Civis (em 1858), adotou um sistema lógico, pleno de cientificidade, inédito nas legislações do

---

[3] *Ius est ars boni et æqui.*
[4] Este parágrafo repete o que escrevi no artigo "Pontes de Miranda: decifrador do direito". (PONTES DE MIRANDA, Francisco Cavalcanti. Decifrador do direito. *In:* ROMARIZ, Vera (Org.). Alagoas Emancipada: 200 anos de literatura. *Imprensa Oficial Graciliano Ramos*, coletânea publicada pela Academia Alagoana de Letras, Maceió, 2017).
[5] Basta lembrar que a Constituição de 1824 ordenava a elaboração *quanto antes* de um Código Criminal e de um Código Civil (Constituição Imperial, art. 179, inc. XVIII). O Código Criminal veio em 1830 e, em 1832, o de Processo Criminal. Em 1850 foi promulgado o Código Comercial, ainda parcialmente em vigor. Em razão da complexidade das matérias que lhe cabiam, a determinação constitucional relativa ao Código Civil somente veio a ser cumprida na República em 1916.

mundo.[6] Dele ainda merece referência especial o excelente Esboço de Código Civil, que a mediocridade governamental circundante impediu que se tornasse nosso primeiro Código Civil.[7] Até esse momento, como parece claro, a doutrina jurídica estava voltada a explicar o Direito segundo a lei, discutindo-se se deveria vir do Estado (=positiva), de Deus ou da Natureza (= direito natural). No final do Século XVIII, porém, se iniciara na Alemanha um movimento intelectual, buscando dar cientificidade ao trato do Direito, entre outras motivações, logrou estruturar a Ciência do Direito, propriamente dita, até então incipiente, e edificou o que se conhece como Teoria Geral do Direito, identificando, com a generalidade que uma teoria geral exige, suas categorias, e decifrando e sistematizando seus conceitos fundamentais. Apesar de centrada no Direito Civil, área dominante à época, a Pandectística alemã terminou por construir outro grande monumento da História do Direito. Pela primeira vez, o Direito foi estudado, em profundidade, como uma Ciência, e a legislação elaborada sob a influência dessas ideias (o BGB).

Esse, analisado *a vol d'oiseau*, o estágio em que se encontrava a Ciência Jurídica nos albores do Século XX: um magistral acervo cultural, colossal sob os aspectos qualitativo e quantitativo, porém, carente de uma sistematização e um tratamento capazes de lhe darem um caráter verdadeiramente científico.[8] Sobre ele, Pontes de Miranda, recém bacharelado pela vetusta Faculdade de Direito do Recife, debruçou-se, disposto a realizar a gigantesca tarefa de dominá-lo para alicerçar a sua obra. Dotado de uma inteligência invulgar e de uma extraordinária capacidade de trabalho, tornou-se profundo conhecedor do Direito Romano, das sábias lições dos velhos juristas portugueses, dos Glosadores e da notável contribuição dos juristas germânicos, bem assim da literatura jurídica de língua francesa, inglesa, espanhola e

---

[6] A "Introdução" ao texto da Consolidação constitui primorosa obra jurídica, de valor inestimável.

[7] Sobre ele escreveu Pontes de Miranda: "O Esboço de Teixeira de Freitas, que nos teria dado o melhor Código Civil do Século XIX, prestou-nos, não os transformando em Código Civil o serviço de pôr-nos em dia com o que genialmente entrevia e permitiu-nos sorrir dos imitadores do Código Civil francês..." (PONTES DE MIRANDA, Francisco Cavalcanti. *Tratado de direito privado*. São Paulo: Editora Revista dos Tribunais, 2012. t. I, Prefácio, nº 10. Atualizado por MARTINS-COSTA, Judith; HAICAL, Gustavo; SILVA, Jorge Cesa Ferreira da).

[8] O que levou Julius Hermann von Kirchmann, em famosa conferência intitulada *A falta de valor da Jurisprudência como ciência*, proferida em Berlim, em 1847, a negar cientificidade ao Direito.

italiana.[9] Além disso, pensando na exortação[10] de Martin Lutero: *Pobre coisa o jurista que só é jurista*, Pontes de Miranda dedicou-se, também, à Sociologia, à Filosofia Científica, à Lógica, à Política Científica, à Matemática, à Literatura e, até, à Biologia.[11]

A partir desse extraordinário cabedal de conhecimentos, Pontes de Miranda dedicou a argúcia de sua genialidade a sistematizar, com rigor lógico e científico, um absolutamente novo e original paradigma para deslindar os obscuros meandros do fenômeno jurídico, diferente de tudo o que existia até então (e, infelizmente, ainda existe), e revelar novos e essenciais conceitos e categorias jurídicas, bem como corrigir muitos daqueles já existentes, vítimas de seculares maltratos pela doutrina, para lhes dar a precisão científica de que tanto careciam. Apesar de ser fundada naquele gigantesco acervo cultural, sua obra nunca lhe foi servil, simplesmente repetindo suas lições. Ao contrário, foi dele um crítico em busca da perfeição, um gênio criativo, inovador, aplicando critérios e métodos científicos nunca dantes, ao menos, cogitados pela doutrina jurídica.

Em largas pinceladas e sem pretensão de ser exaustivo, muito sumariamente, aponto algumas de suas contribuições à Ciência do Direito que ressaltam a originalidade de sua obra:

a) a visão sociológica do fenômeno jurídico, definindo-o como um processo de adaptação social, como a Moral, a Religião, a Política, a Economia, a Ciência, a Arte, a Etiqueta e a Moda, cujas normas têm por finalidade manter dentro de certa ordem e de certa previsibilidade, a distribuição dos bens da vida;

b) o destaque ao *fato* como o elemento que interessa no trato do Direito, em especial: *o fato de existir a regra jurídica no mundo; o fato de se comporem suportes fácticos; e o fato da incidência*

---

[9] Basta ver as bibliografias, apenas de autores consultados, relacionadas no *Tratado de Direito Privado* são 11.728 obras jurídicas e 563 não jurídicas, e 1.618 no *Sistema de ciência positiva do direito*.

[10] Por ele citada no *Sistema de ciência positiva do direito*. (PONTES DE MIRANDA, Francisco Cavalcanti. *Sistema de ciência positiva do direito*. 2. ed. Rio de Janeiro: Borsoi, 1972. t. III, p. 3).

[11] Sua impressionante obra científica, pelo que me dado saber, abrange mais de duzentos e cinquenta e dois volumes, todos, em geral, alentados. Só seu *Tratado de Direito Privado*, onde, nos seis primeiros tomos, expõe o paradigma científico que criou para tratar o Direito, em realidade uma verdadeira e original Teoria Geral do Direito, é composto por sessenta tomos de pura ciência, cada um, em média, com quinhentas páginas, totalizando mais de trinta mil páginas. Não há, em todo o mundo, em tempo algum, obra tão vasta e completa elaborada com tão excelente qualidade por um só homem. Houve até tentativas de desqualificá-la, atribuindo-a a uma equipe com que dividiria o trabalho. Inutilmente, porém. Basta lê-la para constatar que a linguagem, o estilo literário, o rigor terminológico e qualquer outro dado capaz de identificar um autor, não variam, são idênticos.

juridicizante que cria o *fato jurídico*, este que constitui o conceito fundamental do Direito, pois somente ele tem entrada no mundo jurídico e, portanto, só a partir dele é possível falar em situações jurídicas e demais categorias de eficácia jurídica;

c) a visão de mundo como *a soma de todos os fatos que aconteceram e o campo em que os fatos futuros irão acontecer* e sua divisão em mundo dos fatos (onde estão todos os fatos, sem exceção) e mundo do direito, este composto exclusivamente por fatos jurídicos;

d) a concepção do mundo do direito dividido em três Planos: da Existência, da Validade e da Eficácia, o que permite o estudo sistemático do desenvolvimento do fenômeno jurídico na dimensão dogmática do direito, considerando as vicissitudes por que passam os fatos jurídicos: existe válido e eficaz; existe válido e ineficaz; existe inválido e eficaz; existe inválido e ineficaz; existe eficaz; e existe ineficaz;[12]

e) a ideia de tratar os problemas jurídicos como o físico, vendo-o no mundo dos fatos, e a eficácia jurídica não como um dever-ser (*Sollen*), mas sim, como um *ser* (*Sein*), uma vez que ocorrido o suporte fáctico, dar-se-á, infalivelmente, sua juridicização, e a geração da eficácia jurídica a ele imputada; por isso, constitui *erro* do intérprete, e não ocorrida a incidência, quando no caso concreto, (i) reconhece a ocorrência de fato jurídico diferente do descrito no suporte fáctico; (ii) mesmo identificando corretamente o fato jurídico, atribui-lhe eficácia jurídica diferente da que lhe corresponde; (iii) ou nega a existência do fato jurídico ou da eficácia jurídica;

f) a complementação da concepção de suporte fáctico (*Tatbestand*, conceito criado, inicialmente, pela doutrina penal germânica), mostrando a sua universalidade (é aplicável em todos os ramos do Direito), e essencialidade para o trato sistemático da realização do fenômeno jurídico, dissecando sua estrutura e identificando os elementos que o podem compor e a função de cada um:

---

[12] As quatro primeiras situações dizem respeito, apenas, aos negócios jurídicos e atos jurídicos *stricto sensu* e as duas últimas aos fatos jurídicos *stricto sensu*, aos atos-fatos jurídicos lícitos e a todas as categorias de ilícitos, sendo que a última delas é tão somente uma hipótese possível, não se conhecendo uma espécie concreta.

(i) o núcleo composto pelo *cerne* e *elementos completantes* que são os elementos relacionados à existência do fato jurídico, e,

(ii) os elementos *complementares* e *integrativos* que se referem, os primeiros, à validade e/ou eficácia de negócios jurídicos e atos jurídicos *stricto sensu*, e, os segundos, a certa eficácia de alguns negócios jurídicos);

g) a construção do conceito de *incidência infalível da regra jurídica* através da qual os suportes fácticos são juridicizados, e transformados em fatos jurídicos, têm entrada no mundo jurídico;[13]

h) a concepção de que a obrigatoriedade do Direito constitui um dado que se põe *a priori* (no sentido de que independe de comprovação, que se apreende pela razão) e de que a *obrigatoriedade de cada regra jurídica*, em particular, resulta, exclusivamente, da *incidência*, de modo que todas as normas jurídicas sejam cogentes (=impositivas e proibitivas) ou não cogentes (=dispositivas e interpretativas), quando *incidem* se tornam de cumprimento obrigatório;

i) a correção da classificação dos fatos jurídicos *lato sensu* elaborada pela doutrina germânica, adotando, por sua cientificidade, o critério de classificá-los com fundamento na natureza dos elementos componentes do núcleo do suporte fáctico,[14] quanto ao *gênero* do fato jurídico, segundo o elemento *cerne*, levando em conta a presença ou não de conduta volitiva na estrutura do suporte fáctico, e, quanto às *espécies do gênero*, conforme os elementos *completantes*;

j) a complementação daquela classificação, tornando-a de amplitude universal,

(i) incluindo ou reclassificando várias espécies, como, por exemplo, no gênero ato-fato jurídico, as espécies de atos-fatos indenizativos (casos de indenizabilidade sem culpa) e caducificantes (casos de caducidade sem culpa,

---

[13] A incidência, a meu sentir, constitui a *pedra de toque* da doutrina ponteana.
[14] Por serem imutáveis os elementos do suporte fáctico (salvo lei que os modifique), o fato jurídico a ele correspondente nunca muda de classe. Dados estranhos ao suporte fáctico que, eventualmente, se concretizem juntamente com os elementos do núcleo de certo suporte fáctico não alteram a classificação do fato jurídico. Como exemplo: a morte é sempre fato jurídico *stricto sensu*, resulte de causa natural, de homicídio ou de suicídio.

como a prescrição e a decadência por decurso de prazo),[15] e dentre os fatos ilícitos *lato sensu*, os fatos *stricto sensu* ilícitos, os atos-fatos ilícitos, os atos ilícitos absolutos e relativos, os atos ilícitos invalidastes e os caducificantes;
(ii) criando uma taxionomia dos atos jurídicos *stricto sensu*, classificando-os, conforme a natureza de suas finalidades, em cinco espécies: reclamativos, comunicativos, enunciativos, mandamentais e compósitos;
(k) a correção dos conceitos de negócio jurídico e ato jurídico *stricto sensu*, distinguindo-os, entre si, em razão da existência no suporte fáctico do *poder de autorregramento da vontade*, sempre existente, em amplitude variável, na primeira espécie, e inexistente, na segunda, com que eliminou as dubiedades provenientes das "áreas cinzentas" deixadas pelas teorias da vontade e da declaração, construídas pela doutrina germânica.

O espírito que sempre o norteou em seu labor científico está retratado nesse seguinte trecho do Prefácio à 1ª edição do primoroso *Sistema de Ciência Positiva do Direito*:

> Um dos maiores obstáculos à grandeza da ciência é a enorme cópia de conceitos e termos, que, sob a névoa da indeterminação e da índole aproximativa e vaga, produzem, no terreno doutrinário, os mais deploráveis equívocos. Procurei sempre dar àqueles a precisão que se faz mister; e para tal empresa me aprestei de ânimo isento e frio. Se às vezes o consegui, dou-me por pago; que outro melhor não poder ser o salário do espírito.[16]

E, realmente, o conseguiu; desvendou o *enigma da Esfinge*, como demonstrei no escrito antes citado (nota nº 5). Citado por todos, suas opiniões jurídicas, em geral, prevaleciam nos tribunais pátrios de todos os graus. Onde pôs a força de sua caneta, resolveu os problemas que enfrentou. É, por isso, e pela indiscutível qualidade de seus livros, sem dúvida alguma e sem qualquer abuso, reconhecido, a quase unanimidade da comunidade de juristas, como o mais importante dos cientistas

---

[15] A doutrina alemã somente se refere aos atos reais (*Realakten*), também ditos atos materiais (*Tathandlungen*), denominação que doutrinadores italianos adotaram.
[16] PONTES DE MIRANDA, Francisco Cavalcanti. *Sistema de ciência positiva do direito*. 2. ed. Rio de Janeiro: Borsoi, 1972. t. I, p. XXIII.

jurídicos brasileiros.[17] Apesar desse galardão, como já tive oportunidade de afirmar, foi muito pouco lido e, menos ainda, estudado.[18] Ter os 60 tomos do imponente e *belo Tratado de Direito Privado* emoldurando a biblioteca de um advogado era um sinal de grandeza profissional. Lê-lo, só para procurar uma citação que ajudasse a convencer um magistrado da procedência de uma causa. Razão? Várias, creio. Uma delas, e, parece-me, a mais importante: a ausência de humildade da comunidade intelectual para reconhecer a necessidade de desprezar a *sapiência*, confortavelmente já incorporada, e empreender uma nova aprendizagem daquilo que já se julgava sobejamente sabido.[19] Outra não menos significativa: a profundidade e a erudição, bem como o rigor científico e terminológico com que os temas são expostos, em primoroso estilo literário, a que não se estava habituado, tornavam sua leitura bem mais difícil do que o normalmente encontrável nos livros de Direito. Disso, parece, resultou a cômoda atitude adotada pela grande maioria da intelectualidade jurídica da época: nunca se abster de tirar proveito do prestígio que gozavam as lições ponteanas, mas deixar tudo *como dantes no quartel de Abrantes* (como costumavam dizer os antigos), quanto a adotar sua doutrina.

Retratando a realidade, o legado deixado por Pontes de Miranda, em qualidade e quantidade, vai muito além do que qualquer jurista

---

[17] Reconheço, sem sobrosso algum, a grandeza de uma respeitável plêiade de notáveis juristas que engrandeceram e engrandecem o Direito Nacional. Sem lhes faltar com o devido respeito que, merecidamente, lhes devoto a todos, porém, tenho para mim que com ele somente rivaliza o extraordinário Augusto Teixeira de Freitas pela originalidade de suas ideias, que não vicejaram a quem se atribuiu o título, não sem certa dose de exagero, de Jurista Excelso do Brasil. Atrevo-me mais a afirmar: a meu parecer, no Século XX, nenhum jurista, em parte alguma do mundo, produziu obra comparável à de Pontes de Miranda, tanto por sua exuberância quantitativa, quanto pela excelência de seu conteúdo.

[18] Um fato que bem exemplifica essa visão: em 1972, quando iniciei minha carreira de Professor de Direito Civil da Faculdade de Direito de Alagoas (UFAL), comecei a ensinar a doutrina ponteana. Certo dia, um colega que, por ser amigo de meu pai e ter sido o meu Professor, tinha muita intimidade comigo, me disse com ares de conselheiro: "– Menino, Pontes é ótimo para ser citado, mas não para ser estudado. Deixa isso pra lá". Não deixei.

[19] A História está prenhe de exemplos de que a aceitação de novos paradigmas teóricos se defronta, sempre, com tenazes resistências por parte da Ciência posta. Só como exemplificação: Ptolomeu, no Século II DC, apresentou teoria para explicar o sistema solar, sustentando que a Terra era seu centro (modelo geocêntrico); esse seu paradigma foi dogma até quando, no Século XVI, passados, portanto, quatorze séculos, Copérnico lhe contrapôs o modelo heliocêntrico, mostrando que o Sol era o centro de nosso sistema. O heliocentrismo copernicano, aperfeiçoado por Galileu, Kepler, Newton e outros grandes matemáticos e astrônomos, enfrentou enormes resistências ao longo de mais de duzentos anos até ser admitido pela Ciência. E, vale ressaltar, somente veio a ser reconhecido legítimo pela Igreja Católica em outubro de 1992, por atuação do Papa João Paulo II.
Esse é apenas um exemplo entre centenas de outros de como muitos dos que se consideram *sábios* resistem a abdicar de sua *sapiência* para aprender melhor ciência.

conseguiu ir no mundo, mesmo em grupo, em todos os tempos. Desde À Margem do Direito, de sua juventude (publicado em 1912, com apenas 20 anos de idade), perpassa pelo já citado Sistema de ciência positiva de direito, de 1922, relicário de impressionante erudição,[20] elogiado por cientistas do quilate de François Gény, Ernst Zitelmann, Roscoe Pound, Giorgio Del Vecchio, Roberto Vacca e Joseph Petzoldt (este matemático e físico, precursor de Einstein), pelos indispensáveis e inigualáveis Comentários às Constituições da República de 1934, 1937, 1946 e 1964, Comentários aos Códigos de Processo Civil de 1939 e 1973, e o monumental Tratado de Direito Privado, esse em sessenta tomos, com mais de trinta mil páginas de pura ciência, afora outros vinte e seis tratados e alentadas monografias, para fechar com chave de ouro com o Tratado das Ações.[21]

Sem dúvida e sem exagero, pode-se dizer que a obra ponteana é ciclópica. Mas, se considerarmos que seus títulos destacam sua centralização, notadamente, nas áreas de Direito Civil, Processual Civil, Constitucional, Internacional, Comercial, Processual Penal e de História do Direito. Por isso, quem não a conhece em profundidade, poderia recusar-lhe caráter enciclopédico. Sem razão, porém, uma vez que o fato de não haver dedicado tratados ou monografias, particularmente, a temas pertinentes a outras áreas do Direito, não significa que sobre elas não haja escrito. Em verdade, no contexto de seus livros se encontram estudados assuntos específicos de quase todo o Direito.[22] Essa constitui uma realidade que poucos sabem. E esse, está evidente, o leit motiv que estimulou o espírito atilado de Fábio Lins de Lessa Carvalho a produzir este livro: revelar ao mundo jurídico a contribuição de Pontes de Miranda ao Direito Administrativo contida, esparsamente, no conjunto de sua obra.

---

[20] Estudante do 4º ano, entusiasmado, desde o 2º ano, com o "Tratado de Direito Privado" que meu pai, grande jurista, me pusera às mãos, resolvi ler o "Sistema". Vendo aquilo, ele me disse: "– Esse livro não é pra você. É muito profundo. Você não vai entender nada. Só vai lhe confundir. Deixe pra mais tarde". Fiz o que ele mandou. Só voltei a lê-lo em 1972.

[21] A 1ª edição desse "Tratado das Ações" começou a ser publicada em São Paulo pela Editora Revista dos Tribunais em 1970. Esta é a última obra de fôlego de Pontes de Miranda a qual dedicava predileção especial, dizendo-a a mais importante de toda a sua obra, porque, além da absoluta originalidade da doutrina processual desenvolvida, com ela cumpria uma promessa que fizera ao público nacional, em 1918, ao anotar a vetusta obra "Doutrina das Ações" de Correia Teles.

[22] Somente para exemplificar: no "Tratado de Direito Privado", t. I, no Capítulo destinado às pessoas jurídicas encontram-se estudados temas relativos às pessoas de direito público nos planos do Direito das Gentes, do Direito Constitucional, do Direito Administrativo; nos tomos XLVII e XLVIII, matérias de Direito do Trabalho (contrato de trabalho).

As atividades intelectuais do jovem Professor Fábio Lins, homem de letras de invulgar inteligência, denotam cultivar ele duas paixões a que se dedica com igual intensidade:
(i) a primeira, à cultura da Terra das Alagoas, a nossa Nação Caeté, infelizmente e, em geral, bastante esquecida, que se revela pela dedicação do brilho de seu talento a divulgá-las, produzindo obras como *Graciliano Ramos e a Administração Pública*. Comentários aos seus relatórios de gestão à luz do Direito Administrativo Moderno (Editora Fórum, 2017) e *Atrevidos Caetés*. 50 encontros entre alagoanos e personalidades mundiais (Viva Editora, 2019), e, agora, esta primorosa obra, cuja elaboração, à evidência, dele exigiu uma pesquisa não apenas competente, arguta, profunda e minuciosa, mas, sobretudo, muito laboriosa, em razão da necessidade de *garimpar* nas entranhas do exuberante acervo ponteano, e também em seu derredor,[23] as joias nele contidas;
(ii) a segunda, ao Direito Administrativo, que leciona com esmero e dedicação na Faculdade de Direito de Alagoas (UFAL), que o levou a doutorar-se na Universidade de Salamanca (Espanha), e o aplica, quotidianamente, no seu mister de Procurador do Estado de Alagoas. E, mais, é um dos fundadores do Instituto de Direito Administrativo de Alagoas (IDAA), tendo sido o seu primeiro Diretor Presidente. E, ainda, afora aqueles dois livros antes referidos e mais este, a fecundidade de sua atividade de apaixonado administrativista se desvela tanto em trabalhos individuais sobre temas como licitações, concursos públicos, processo administrativo, entre outros, quanto na organização e coordenação de várias obras coletivas que contaram, especialmente, com a participação de mestrandos em Direito da UFAL.

Este é um livro que vem preencher uma lacuna na literatura jurídica nacional: a ausência de difusão das lições de Pontes de Miranda em um ramo do Direito que a maioria pensa, equivocadamente, que ele passou ao largo. E lições indispensáveis à formação de uma cultura jurídica fundada em critérios científicos, coisa de que tanto carece esta Nação. Mas, não só isto. É uma obra que não apenas tem um importante conteúdo de valor jurídico. Vai além: as matérias sobre as quais o autor

---

[23] Basta ver a bibliografia que relaciona 88 importantes obras.

se debruça, apesar da complexidade e especificidade que as caracterizam, estão expostas em linguagem clara, sem ser vulgar, precisa, adequada e refinada, sem ser soberba, e vazada em estilo elegante, mas sem esnobismos, o que torna a leitura agradável, como é comum em seus outros escritos.

Finalmente, pela satisfação que sinto em constatar que aquele aluno, o Fábio Lins de Lessa Carvalho, a quem, nas salas de aula da gloriosa Faculdade de Direito de Alagoas, iniciei na doutrina de Pontes de Miranda, tornou-se professor e jurista de êxito, é que me considero duplamente honrado por seus gestos generosos de dedicar-me este livro e de convidar-me para prefaciá-lo.

Maceió, em Ponta Verde, março de 2020.

Marcos Bernardes de Mello
Doutor em Direito pela PUC-SP. Professor de Direito da UFAL. Autor da trilogia *Teoria do Fato Jurídico, Plano da Existência, Plano da Validade* e *Plano da Eficácia.*

NOTA DO AUTOR

O primeiro contato que tive com a obra de Francisco Cavalcanti Pontes de Miranda ocorreu em 1994, já no primeiro ano do curso de graduação em Direito, na Universidade Federal de Alagoas. Naquela oportunidade, eu era aluno do já consagrado professor Marcos Bernardes de Mello (a quem dedico este livro), que me ensinava Teoria Geral do Direito.

Como costuma acontecer há várias décadas com todos os alunos do professor Marcos, fui apresentado a Pontes de Miranda enquanto um jurista único, que teria almejado dar ao Direito um inédito tratamento científico e cuja genialidade ainda está longe de ser plenamente reconhecida.

Ler o erudito e complexo Pontes de Miranda, para um jovem de dezoito anos, era um grande desafio, mas, com a interlocução do professor Marcos Mello, o caminho se tornava bem menos tortuoso. A teoria do fato jurídico foi logo adotada pela maioria da turma como um referencial teórico confiável, um verdadeiro porto seguro na Ciência do Direito. E tudo isso se consolidava ao longo do curso, pois voltei a ser aluno do professor Marcos em algumas disciplinas de Direito Civil.

Entretanto, com a conclusão da graduação em Direito, deixei de ter contato com a obra ponteana. Dentre tantos motivos, destaco dois: primeiramente, percebi que não eram muitos aqueles que se propunham a estudar a teoria ponteana, nem no meio profissional, nem mesmo no meio acadêmico. A outra razão residia na minha rápida e incondicional opção pelo Direito Administrativo, oceano no qual mergulhei de cabeça, ao abraçar as carreiras de advogado público e docente na área.

Neste contexto, confesso que raramente presenciei uma discussão, profissional ou acadêmica, em torno de questões jurídico-administrativas, que tenha sido solucionada à luz dos ensinamentos de Pontes de Miranda. Para mim, admito que pareciam ser dois mundos estranhos, que não podiam se comunicar um com o outro: o da doutrina administrativista e o da teoria ponteana.

Tudo isso começou a mudar quando resolvi escrever um livro inusitado, que unisse mundos também aparentemente inconciliáveis: *Graciliano Ramos e a Administração Pública* (Editora Fórum, 2017). Nesta pesquisa, procurei analisar o legado do escritor alagoano enquanto gestor público, especialmente a partir da análise de seus famosos relatórios de gestão à luz do Direito Administrativo moderno.

Após saborear os frutos do referido livro, convenci-me de que escreveria outro livro relacionando, sob algum aspecto incomum, um personagem ilustre (de preferência, alagoano como eu) com o Direito Administrativo. Mas, quem seria? Cheguei a cogitar os nomes dos marechais Deodoro da Fonseca e Floriano Peixoto, primeiros presidentes da República, ou do poeta Jorge de Lima e do dicionarista Aurélio Buarque de Holanda, que exerceram cargos públicos.

Na verdade, a resposta estava mais próxima do que eu supunha. Algum tempo depois de ter perdido uma oportunidade ímpar de encontrar o personagem inusitado do meu livro, quando me recusei a participar da obra coletiva em homenagem a Marcos Bernardes de Mello, por achar que não teria como oferecer alguma contribuição a tal empreendimento por ser administrativista, encontrei o referido professor na sala dos professores.

Nesta oportunidade, prestes a desistir de minha ideia pouco convencional, conversando com o agora colega professor do curso de Direito da UFAL, perguntei-lhe se (e quando) ele havia conhecido Pontes de Miranda pessoalmente. Foi quando o professor Marcos Bernardes de Mello me relatou a história de sua ida ao Rio de Janeiro, na condição de Procurador Geral do Estado de Alagoas (cargo que ocupou durante 20 anos), em alguma data entre o fim dos anos 1960 e início dos anos 1970, para solicitar um parecer do então maior consultor jurídico do país, sobre uma temática que envolvia a Administração Pública alagoana. Foi aí que me dei conta de que Pontes de Miranda também poderia ter escrito sobre Direito Administrativo e que seria ele o personagem a ser destacado em meu próximo livro.

De imediato, fui atrás de um possível lado administrativista do ilustre jurista. Não demorei muito para descobrir que Pontes tinha incontáveis facetas, jurídicas ou não. Dentre as não jurídicas, escrevi uma crônica sobre o seu encontro com Albert Einstein, que publiquei em meu livro *Atrevidos Caetés* – 50 encontros entre alagoanos & personalidades mundiais. No Direito, sabia que havia escrito vários livros sobre as mais diversas áreas, do Direito Constitucional ao Direito Civil, do Direito Internacional ao Direito Processual. Mas faltava revelar o Pontes de Miranda no Direito Administrativo.

Com este livro, é possível que esta lacuna passe a ser parcialmente preenchida. Pelo menos, o primeiro passo está sendo dado para que o público conheça algumas opiniões de Pontes de Miranda nesta importante área do direito. Advirta-se, todavia, desde logo, que este livro não é escrito por um especialista no pensamento ponteano, o que o impede de analisá-lo com profundidade. Insista-se que o objetivo desta obra é o de apresentar à comunidade jurídica a faceta administrativista de um jurista nunca associado ao Direito Administrativo.

Neste contexto, caí em campo para trazer à tona o que Pontes de Miranda pensava sobre as principais temáticas que envolvem a administração pública. Logo descobri duas fontes de pesquisa inestimáveis: a primeira, foram os diversos tomos em que comentou as Constituições de 1934, 1937, 1946 e 1967, onde foram identificadas várias opiniões do maior jurista brasileiro sobre os mais importantes assuntos do Direito Administrativo, como servidores públicos, desapropriação, licitações e contratos administrativos, serviços públicos, concessões, responsabilidade civil do Estado, processo administrativo, controle da administração pública, atos administrativos, dentre outros.

A segunda fonte para a presente pesquisa foram os inúmeros pareceres que Pontes de Miranda elaborou e publicou no final de sua carreira, nos livros *Questões Forenses* e *Dez anos de pareceres*. Em tais obras, ele reuniu estudos produzidos durante várias décadas, para solucionar as questões concretas que eram submetidas ao consultor jurídico de maior prestígio no país. Dentre tais pareceres, aqueles que se dedicavam ao Direito Administrativo eram numerosos, fornecendo importantes subsídios aos estudiosos da área.

Além dessas duas fontes, neste livro também foram localizadas (e são destacadas) inúmeras incursões ponteanas no Direito Administrativo, em obras que, à primeira vista, não tratariam das temáticas do citado ramo jurídico. Neste contexto, podem ser destacados o *Tratado de Direito Privado*, o *Tratado das Ações* e os *Comentários ao Código de Processo Civil*.

A propósito, a investigação para confecção deste livro também visava descobrir e apresentar ao público o que a doutrina administrativista (contemporânea ao jurista, da virada dos séculos XX para XXI, e atual) pensava sobre Pontes de Miranda. Infelizmente, passados quarenta anos da morte do jurista, a repercussão das ideias ponteanas na seara administrativista vem diminuindo. E o que é pior: muitos pesquisadores (assim como eu, há algum tempo atrás) sequer sabem da existência dos estudos jurídico-administrativos do citado jurista.

Por essa razão, impõe-se que o importante legado do jurista alagoano para o Direito Administrativo seja divulgado aos quatro ventos e estudado pelas atuais e futuras gerações. Não existirá melhor forma de homenagear quem tanto fez pelo povo brasileiro.

PRIMEIRA PARTE

O MAIOR JURISTA BRASILEIRO?

1 Por que conhecer e estudar Pontes de Miranda?

Hoje em dia, em pleno século XXI e em tempos de globalização, parece haver consenso em torno da ideia de que os juristas, enquanto estudiosos do complexo fenômeno jurídico, devem procurar ampliar o seu campo de visão, seja mantendo contato cada vez mais íntimo com outras áreas do conhecimento, seja se aproximando de experiências jurídicas vivenciadas por outras sociedades.

No âmbito do Direito Administrativo, que tanto tempo levou para acompanhar as exigências da pós-modernidade, a necessidade de ampliação da mirada do operador do Direito é essencial para o descortinar de soluções criativas e inovadoras para os dilemas que, inexoravelmente, sempre girarão em torno do conflito entre liberdade e autoridade.[1]

Embora a doutrina administrativista brasileira deva, com a ajuda da interdisciplinaridade e do estudo do Direito comparado, diagnosticar com precisão e profundidade o presente da atividade administrativa do Estado, e manter os seus olhos voltados para o futuro, indagando quais

---

[1] Neste sentido, "o direito administrativo se renova e se enriquece pela ampliação de seu objeto de estudo. Mas o binômio que sempre caracterizou este ramo do direito – autoridade/liberdade – continua presente. No momento atual de seu desenvolvimento, pende para o lado da liberdade, em decorrência da constitucionalização do direito administrativo e a consequente valorização dos direitos individuais. O direito administrativo humaniza-se. Mas não perde as características inerentes ao exercício da autoridade e ao próprio conceito de Estado". (DI PIETRO, Maria Sylvia Zannela. Existe um novo Direito Administrativo? *In*: DI PIETRO, Maria Sylvia Zanella; RIBEIRO, Carlos Vinícius Alves (Coords.). *Supremacia do interesse público e outros temas relevantes do Direito Administrativo*. São Paulo: Atlas, 2010. p. 9).

as perspectivas e soluções que devem ser incorporadas ao cotidiano da Administração Pública, é imprescindível que também não se esqueça de observar atentamente o passado, especialmente para aprender com as valiosas lições[2] que, devido a êxitos e fracassos, marcaram as gerações anteriores.[3]

Neste contexto, um observador privilegiado da realidade jurídica brasileira tem despertado a atenção da comunidade jurídica brasileira, que, mesmo quatro décadas após sua morte, vem se debruçando sobre o seu imenso legado. Este observador é o jurista Francisco Cavalcanti Pontes de Miranda, considerado como uma das maiores referências da doutrina jurídica pátria.[4]

O interesse pela extensa e intensa produção acadêmica de Pontes de Miranda pode ser facilmente aferido, a partir das diversas e recentes publicações doutrinárias que analisam o seu pensamento,[5] de seminários e congressos que têm sido organizados para discutir suas ideias,[6] e das muitas republicações atualizadas de seus livros.

Segundo o professor Marcos Bernardes de Mello, o grande divulgador da obra ponteana[7] no país, sua presença ainda é muito marcante, assim como também é a falta que faz na atualidade:

---

[2] Neste contexto de busca de experiências vivenciadas na Administração Pública e pouco divulgadas ao público, vide CARVALHO, Fábio Lins de Lessa Carvalho. *Graciliano Ramos e a administração pública. Comentários a seus relatórios de gestão à luz do Direito Administrativo moderno*. Belo Horizonte: Fórum, 2017.

[3] Sobre esta exigência de se conhecer as experiências de tempos pretéritos e de outros povos, Sabino Cassese registra ser necessário "de un lado, interrogar la historia y, del otro, comparar los recorridos Del Derecho Administrativo en los países más importantes: la historia admite identificar los períodos formativos principales; la comparación permite fijar los tipos ideales". (CASSESE, Sabino. *Derecho Administrativo*: historia y futuro. Madrid: INAP, 2014. p. 24).

[4] Em 1999, a revista Istoé realizou uma enquete em âmbito nacional para eleger o "*Jurista do Século*". Rui Barbosa acabou sendo o escolhido pelo voto dos leitores, mas Pontes de Miranda foi o mais votado entre o júri de especialistas. (TEIXEIRA, Paulo César; RITTNER, Daniel. Eleja o economista ou o jurista do século. *Revista Istoé*, edição de 11 ago. 1999. Disponível em: https://istoe.com.br/33045_ELEJA+O+ECONOMISTA+OU+O+JURISTA+DO+SECULO/. Acesso em 13 ago. 2019).

[5] A título de exemplo, em 2013, nada menos que sessenta e quatro juristas participaram de uma obra coletiva que analisou a contribuição ponteana para as questões jurídico-processuais. (DIDIER, Fredie; NOGUEIRA, Pedro Henrique Pedrosa; GOUVEIA FILHO, Roberto P. (Coords.). *Pontes de Miranda e o Direito Processual*. Salvador: Jus Podium, 2013).

[6] Para citar alguns casos, destaques sejam dados ao "Seminário Internacional Brasil – Alemanha: Pontes de Miranda, ocorrido na cidade de Recife, PE, no período de 7 a 9 de outubro de 2010; ao Congresso "O pensamento jurídico de Pontes de Miranda", realizado na Faculdade de Direito da USP, em 2008; e ao "Congresso Pontes de Miranda e o Direito Processual", realizado em Maceió, no período de 23 a 25 de outubro de 2019.

[7] No tocante ao uso da adjetivação "ponteano", neste livro escolhida por ser aquela adotada por Marcos Bernardes de Mello, vale lembrar que há outras também utilizadas na doutrina

Muitos podem pensar que a grandeza do mestre e de sua obra esteja esquecida. Que não se fala mais em Pontes de Miranda. Pelo contrário. Hoje, mais que nunca, Pontes de Miranda é lido e divulgado nas grandes universidades deste país e em cursos de pós-graduação de todos os níveis. Cada vez mais encontramos em livros, dissertações de mestrado, teses de doutorado e outras peças científicas a força de sua presença. Mesmo em trabalhos escolares, produzidos por estudantes em final de curso. Mais ainda, ouvimos constantes lamentos de colegas que se ressentem da falta que nos faz a sua lucidez e autoridade em comentar códigos e constituições.[8]

A propósito, sobre a falta que faz Pontes de Miranda à ciência do Direito no Brasil, aqui se traz à tona dois casos emblemáticos: o primeiro, em 1992, quando do centenário do nascimento de Pontes de Miranda, o jurista Caio Mário da Silva Pereira lamentou que a Constituição de 1988 não tivesse sido objeto dos comentários do mestre alagoano. Ele afirmou que "nesta hora, enorme falta faz Pontes de Miranda, com sua cultura, com sua experiência, com sua visão política e social do País, para trazer sábia palavra, que viesse ajudar o trabalho hermenêutico dos novos preceitos".[9]

O segundo episódio ocorreu em 18 de outubro de 2019, na cidade de Campo Grande – MS, quando da realização do XXXIII Congresso Brasileiro de Direito Administrativo. Na conferência de encerramento do Congresso, o professor Juarez Freitas, ao abordar o uso das novas tecnologias no campo da Administração Pública, e, em especial, a utilização da inteligência artificial e seus reflexos jurídicos na vida dos cidadãos (tema que aponta para o futuro), confessou, em tom saudosista, como seria importante ter um jurista como Pontes de Miranda para analisar tais fenômenos.

Nascido em 1892 e falecido em 1979, Francisco Cavalcanti Pontes de Miranda teve uma longa vida para realizar inúmeras atividades,

---

brasileira, como pontiano, pontesiano, mirandiano e pontemirandiano. Sobre essa questão, vide VASCONCELOS FILHO, Marcos. *Ao piar das corujas. Uma compreensão do pensamento de Pontes de Miranda.* Maceió: Edufal, 2006. p. 20. (O citado autor utiliza a adjetivação "pontemirandiano").

[8] MELLO, Marcos Bernardes. *A genialidade de Pontes de Miranda.* Rio de Janeiro: FGV, 2008. p. 48.

[9] PEREIRA, Caio Mário da Silva. No centenário de Pontes de Miranda. *Revista da Academia Brasileira de Letras Jurídicas*, Rio de Janeiro, n. 3, p. 101, 1992.

todas desenvolvidas com incomum brilhantismo. Ou melhor, como destaca Marcos Bernardes de Mello, com genialidade.[10] Neste sentido, após conhecer Pontes de Miranda, o brilhante matemático austríaco Kurt Gödel (descrito como o mais importante filósofo do mundo após Aristóteles)[11] sintetizou em uma frase a perplexidade que tomava conta daqueles que entravam em contato com o jurista alagoano: "Why are you losing your time with Law?".[12] Neste contexto, a fim de que o leitor possa ter uma adequada compreensão acerca da genialidade do jurista de Alagoas, alguns fatos são apresentados:

> Cumpre destacar fatos pouco divulgados: 1) participava, como sócio e diretor, do "Instituto Manguinhos"; 2) fazia, com outros biólogos, experiências com caranguejos; 3) descobriu bactéria que lhe levou o nome ("pontesia"); 4) foi o autor dos cálculos matemáticos da abreugrafia; 5) é o único latino-americano a figurar como sócio da "Association of Symbolic Logic"; 6) privou da admiração do matemático J. Petzoldt e foi amigo chegado de A. Einstein, cuja teoria da relatividade corrigiu e completou; 7) através de Einstein tornou-se amigo do matemático Gödel, a quem Einstein considerava o maior da história, depois de Leibnitz; 8) recomendado a Gödel por Einstein como homem de forte pendor para a matemática, Gödel expressou-lhe seu desagrado por se dedicar especialmente ao Direito; mas ao expor Pontes a Gödel a sua pesquisa sobre a classificação das ações e das sentenças (com base na matemática), o judeu alemão retrucou-lhe que prosseguisse nas pesquisas do direito

---

[10] Para Marcos Bernardes de Mello, "na história da humanidade, embora não sejam muitos, há homens que trazem em sua personalidade um dote que os destaca em relação aos demais: a genialidade. São homens que têm o condão de ver para além do horizonte dos outros seres humanos, de interferir no meio onde atuam para mudar o rumo das coisas, com tal força que, depois deles, as ideias não mais serão as mesmas, capazes de acrescentar ao mundo algo de bom que marca de maneira indelével e perene, senão perpétua, sua presença entre nós. Um desses homens foi Pontes de Miranda. Considerando o acervo monumental de sua obra, o valor de sua contribuição à cultura sob suas múltiplas facetas, somente há uma palavra adequada para qualificá-lo: gênio. Em verdade, Pontes de Miranda não foi somente um homem brilhante, nem apenas um sábio, mas um cientista dotado de genialidade. Embora seja mais conhecido por sua insuperável obra jurídica, Pontes de Miranda foi um pensador original, sempre presente, com inigualável desenvoltura e brilho invulgar, nas áreas e meandros mais significativos do mundo da cultura". (MELLO, Marcos Bernardes. *A genialidade de Pontes de Miranda*. Rio de Janeiro: FGV, 2008. p. 44).

[11] Reportagem "Quem foi Kurt Gödel, o matemático comparado a Aristóteles que fazia caminhadas com Einstein". (BBC BRASIL. *Quem foi Kurt Gödel, o matemático comparado a Aristóteles que fazia caminhadas com Einstein*. 2018. Disponível em: https://www.bbc.com/portuguese/geral-43618903. Acesso em 09 fev. 2020).

[12] ALVES, Vilson Rodrigues. Pontes de Miranda. *In*: RUFINO, Almir Gasquez; PENTEADO, Jaques de Camargo (Orgs.). *Grandes juristas brasileiros*. São Paulo: Martins Fontes, 2003. p. 278.

e que a classificação quinária era "produto perfeito da mente humana"; 9) o "Tratado das Ações", que Pontes considerava como o seu melhor livro, escrito durante mais de meio século, é todo fundado na matemática superior aplicada, e os cálculos correspondentes, se publicados, ocupariam dois tomos; 10) no campo da ciência jurídica, foi o primeiro escritor do mundo a aplicar ao direito, em todas as suas consequências, o método indutivo-experimental; 11) além da extensão das suas obras, ele entra tão profundamente nas questões teóricas do direito, e com tal precisão de análises, que aquilo que se não acha em autor nenhum, tem em Pontes solução exata e clara; 12) exaure, no direito, a crítica às teorias conhecidas sobre as mais diversas questões; 13) não existe outro autor que analise tão profunda e pormenorizadamente o direito romano, canônico e visigótico, além de versar com desconhecida erudição, em seus pormenores e em sua visão sistemática, o direito luso-brasileiro; 14) a análise a que submete o direito comparado é, de seu turno, tão variada, organizada e completa que mal se pode entender como, mesmo trabalhando doze horas diárias em média, pudesse encontrar tempo para preparar tão complexo fichário de fontes; 15) a questão de aproveitamento de tempo é ponto digno de estudo na sua história, tal a extensão das suas obras, a sua completude, a perfeição metodológica, a erudição, a análise de pormenores, a sistematização rigorosamente objetiva e imparcial das mais diversas teorias, em questões de historiografia, linguística, paleontologia, botânica, microfísica, química, biologia geral, psicologia experimental, etnografia, metodologia da investigação científica, história da filosofia, filosofia científica, sociologia científica e ciência do direito.[13]

Especificamente no Direito, foi inovador, original e crítico, pois não fazia simplesmente reproduzir o pensamento jurídico então existente, seja da doutrina ou da jurisprudência,[14] embora conhecesse ambos de forma inigualável.[15]

---

[13] OLIVEIRA, Mozar Costa de. Pontes de Miranda, Gênio e Sábio. *Revista da Faculdade de Direito de Caruaru (PE)*, Direção de Pinto Ferreira, a. XXIII, n. 17, 1986.

[14] Sobre este aspecto, "além de um grande pensador, Pontes de Miranda também foi um crítico voraz e inclemente da atividade interpretativa dos tribunais. Fazia referência a precedentes dos tribunais superiores não para fundamentar as suas proposições, mas para demonstrar como os tribunais acertavam ou erravam ao decidirem de um ou de outro modo. Muito diferente de hoje em dia, em que a dogmática jurídica usa precedentes jurisprudenciais para fundamentar suas proposições simplistas, como um modo de preencher o vazio sempre presente na sua argumentação didática e esquematizada". (ALDROVANDI, Andréa; SIMIONI, Rafael Lazzarotto; ENGELMANN, Wilson. Traços positivistas das teorias de Pontes de Miranda: influências do positivismo sobre o Sistema de Ciência Positiva do Direito e Tratado de Direito Privado – um percurso com várias matizes teóricas. *Civilistica. com*, Rio de Janeiro, a. 4, n. 2, 2015. Disponível em: http://civilistica.com/tracos-positivistas-das-teorias-de-pontes-de-miranda/. Acesso em 17 nov. 2019).

[15] Para melhor conhecer a vida e obra de Pontes de Miranda, vide PAULO, José Ysnaldo Alves. *Os desbravadores do amanhã*. Principais juristas históricos alagoanos. São Paulo: Fonte

Ao contrário, Pontes de Miranda sempre ofereceu, com objetividade, elementos valiosos para a construção de uma Ciência do Direito sólida, propugnando pela evolução social calcada em valores democráticos.

1.1 O legado de Pontes de Miranda

Pontes de Miranda, além de se sobressair no Direito, onde produziu mais de duzentas obras (algumas delas com dezenas de volumes), também escreveu diversos trabalhos (inclusive em alemão, francês, espanhol e italiano) que trataram das mais variadas áreas do conhecimento, tais como a Física, a Matemática, a Biologia, a Sociologia, a Ciência Política, a Psicologia e a Filosofia.

Aliás, o próprio Pontes dizia que "quem só sabe Direito, nem de Direito sabe", destacando a necessidade de se conhecer várias áreas do saber humano. No Direito, escreveu com maestria tanto sobre Direito Público, quanto sobre Direito Privado, além da Teoria e Filosofia do Direito.

Ao publicar a última entrevista concedida por Pontes, cinco dias antes de sua morte, aos 87 anos, Ester Kosovski dedicou o texto a "um grande jurista, a um grande filósofo, a um grande sociólogo, a um grande escritor, a um homem como poucos. Pontes de Miranda, alagoano editado em Paris e em Berlim. Ouvido em Haia e em Londres. Prezado no mundo".[16]

Ao longo de sua vida, Pontes de Miranda exerceu poucos cargos públicos. Ainda muito jovem, aos vinte anos, foi Delegado de Polícia[17] na Ilha do Governador, Rio de Janeiro, para onde se mudara, em 1912, após a graduação em Direito.

Na magistratura, a partir de 1924, foi Juiz de Órfãos, Juiz de Testamentos e Desembargador do Tribunal de Apelação do Distrito Federal (01.07.1936 a 12.12.1939), onde chegou a ocupar a Presidência. A respeito da passagem de Pontes de Miranda pela magistratura, o jurista Caio Maio da Silva Pereira ressaltou "suas decisões em primeira

---

Editorial, 2017. p. 205-331, e ALVES, Vilson Rodrigues. Pontes de Miranda. In: RUFINO, Almir Gasquez; PENTEADO, Jaques de Camargo (Orgs.). *Grandes juristas brasileiros*. São Paulo: Martins Fontes, 2003.

[16] KOSOVSKI, Ester. A última entrevista de Pontes de Miranda. *Jornal do Brasil*, 06 jan. 1980. Especial 3.

[17] ALVES, Vilson Rodrigues. Pontes de Miranda. In: RUFINO, Almir Gasquez; PENTEADO, Jaques de Camargo (Orgs.). *Grandes juristas brasileiros*. São Paulo: Martins Fontes, 2003. p. 262.

e em segunda instância, registradas nos repositórios de jurisprudência, atestam o seu espírito inovador".[18]

Na diplomacia,[19] onde permaneceu entre 1939 e 1943, foi Embaixador do Brasil na Colômbia, chefiou diversas missões brasileiras no exterior e participou de Conferências Internacionais representando o país.[20] Sobre o Pontes de Miranda diplomata, convém destacar que:

> Além de sua habilidade diplomática, o jurista inspirava muito respeito por parte dos governantes e intelectuais de outros países, tanto por sua vasta produção de obras literárias como por seus posicionamentos jurídicos e científicos. Grandes juristas universais não lhe pouparam elogios, desde François Geny, na França, Roscoe Pound, na Harvard University, Ernest Zitielman, na Alemanha [...]. Pontes de Miranda chegou a ser convidado para atuar como embaixador do Brasil na Alemanha, mas, devido aquele país estar sob o domínio de Hitler e do nazi-fascismo, não aceitou, pois afirmava que os regimes ditatoriais feriam seu espírito democrático e liberal.[21]

Mas, certamente foi sua atuação como doutrinador, exercida religiosamente por seis décadas e meia,[22] conjugada com sua atividade na advocacia consultiva (1943-1979), que o alçou à condição de maior jurisconsulto do país.

Neste sentido, o jurista Miguel Reale, dirigindo-se a Pontes de Miranda, indagou: "Quem, ao dedicar-se à Jurisprudência, desde a

---

[18] PEREIRA, Caio Mário da Silva. No centenário de Pontes de Miranda. *Revista da Academia Brasileira de Letras Jurídicas*, Rio de Janeiro, n. 3, p. 101, 1992.

[19] Curiosamente, em pesquisa, este autor descobriu o Decreto-Lei nº 9.876, de 16 de setembro de 1946, onde Pontes foi "transferido, ex-officio, no interêsse da administração, e para todos os efeitos legais, [...] do cargo de Desembargador do Tribunal de Apelação do Distrito Federal, para o cargo de Diplomata, classe N, do Quadro Permanente do Ministério das Relações Exteriores, a partir da posse no cargo de Embaixador, em comissão".

[20] Caio Mário da Silva Pereira registrou: "Em momentos vários de sua vida, recebeu o honroso encargo de representar o Brasil, em Congressos, em Conferências internacionais, em representação diplomática no exterior. Delegado do Brasil na Conferência Internacional sobre navegação aérea; Ministro plenipotenciário de Iª classe em 1939; Embaixador em Comissão, 1939/40; Embaixador na Colômbia, 1940/41; Chefe da delegação brasileira à XXVI Sessão da Conferência Internacional do Trabalho, New York, 1941; Representante do Brasil no Conselho Administrativo da Repartição Internacional do Trabalho em Montreal, 1941; no posto até 1943; Pontes de Miranda atuou nos prélios internacionais". (PEREIRA, Caio Mário da Silva. No centenário de Pontes de Miranda. *Revista da Academia Brasileira de Letras Jurídicas*, Rio de Janeiro, n. 3, p. 101, 1992).

[21] Trecho retirado do artigo *"Os pontes do conhecimento"*, publicado pela Justiça do Trabalho, Tribunal Regional do Trabalho da 19ª Região (Alagoas), 2019.

[22] O primeiro livro publicado por Pontes de Miranda é de 1912 (À margem do Direito) e o último (Dez anos de Pareceres) teve o décimo e derradeiro volume publicado em 1977.

década de 1920, não encontrou em vossos livros manancial inexaurível de doutrina, abrindo caminhos insuspeitados *à* experiência jurídica ou política de nossa Pátria?".[23]

Em toda a sua longa carreira, o mestre alagoano se caracterizou pelo grande nível de aprofundamento que empregava em suas pesquisas e publicações, sendo considerado "o maior tratadista de todos os tempos e o escritor da maior obra no mundo escrito por um só homem".[24]

No caso, trata-se do Tratado de Direito Privado, que possui 60 (sessenta) tomos, cada um deles com cerca de 500 páginas, totalizando 30.047 páginas. E não para por aí: para escrever o Tratado de Direito Privado, Pontes de Miranda consultou 11.728 obras jurídicas e 193 não jurídicas.

Evidentemente, como nada ocorre sem esforço, tudo isso somente foi possível diante da disciplina do jurista, que, até sua morte, aos 87 anos, sempre teve "uma extraordinária capacidade de trabalho, em jornadas diárias rigorosíssimas, nas quais não raro madrugava, completando catorze horas entre estudos e produções científicas".[25]

Apesar desse imenso legado, lamentavelmente, como destaca o professor José Ysnaldo Alves Paulo, "o que se verifica hoje é que não dispomos de uma fundação nem outro organismo qualquer que concentre para estudos e pesquisas toda a existência produtiva do maior jurista de todos os tempos".[26]

1.2 O reconhecimento do legado

Seja em seu tempo de vida (1892-1979), seja após sua morte, Pontes de Miranda sempre foi reconhecido como um dos grandes pensadores brasileiros. Evidentemente, em vida, seu legado ainda estava sendo construído, mas desde cedo, logo foi reconhecido.

Com uma energia febril, disciplina franciscana e vitalidade incomum, características dignas de registro, o jurista jamais parou de

---

[23] REALE, Miguel. *Discurso de Recepção a Pontes de Miranda*. Academia Brasileira de Letras, 15 mai. 1979. Disponível em: http://www.academia.org.br/academicos/pontes-de-miranda/discurso-de-recepcao. Acesso em 11 set. 2019.

[24] PAULO, José Ysnaldo Alves. *Os desbravadores do amanhã*. Principais juristas históricos alagoanos. São Paulo: Fonte Editorial, 2017. p. 234.

[25] ALVES, Vilson Rodrigues. Pontes de Miranda. *In*: RUFINO, Almir Gasquez; PENTEADO, Jaques de Camargo (Orgs.). *Grandes juristas brasileiros*. São Paulo: Martins Fontes, 2003. p. 263.

[26] PAULO, José Ysnaldo Alves. *Os desbravadores do amanhã*. Principais juristas históricos alagoanos. São Paulo: Fonte Editorial, 2017. p. 271.

produzir obras extraordinárias. Somente na área jurídica, são nada menos que 128 (cento e vinte e oito) volumes (em 29 títulos), dedicados as mais diversas áreas do Direito.

Em 1955, o jurista Soriano Neto, não escondendo o seu grande encantamento com a produção intelectual de Pontes de Miranda, chegou a afirmar que esta "constitui acontecimento singular, milagre assombroso de circunstâncias excepcionais, que parece até impossível de serem conjugados num só homem para a produzir".[27]

Ademais, nos tempos atuais de uma sociedade líquida, em que prevalece o conhecimento raso, onde "a doutrina jurídica apresenta tendências a transformar-se em quadros sinóticos ou resumos de questões de concursos públicos, vale a reflexão sobre o legado de Pontes de Miranda e a importância da doutrina jurídica como guardião da cientificidade, da correção, da consistência lógica e da coerência histórico-sistemática do direito".[28]

A seguir, algumas das demonstrações do reconhecimento do legado produzido por Pontes de Miranda e de sua posição de destaque no Direito brasileiro.

1.2.1 O reconhecimento em vida

Ao contrário do que muitas vezes acontece, quando somente após a morte de determinada pessoa, começa a haver sua valorização enquanto figura notável, não se pode afirmar que Pontes de Miranda não recebeu, em vida, o reconhecimento de seus pares e da sociedade em geral por sua atuação.

Neste sentido, podem ser apresentadas inúmeras demonstrações de respeito, admiração e reverência ao jurista alagoano, ocorridas ainda ao longo de seus 87 anos de vida. Na verdade, desde cedo, Pontes recebeu elogios, prêmios e condecorações.

Neste contexto, ainda no segundo ano da Faculdade Direito, em Recife, escreve seu primeiro livro ("À margem do Direito", de 1912), que já foi elogiado por ninguém menos que Ruy Barbosa.

---

[27] NETO, Soriano *apud* BARROS, IVAN. *Pontes de Miranda, o jurisconsulto*. Maceió: Gráfica Valci Editora Ltda., 1981. p. 12.
[28] ALDROVANDI, Andréa; SIMIONI, Rafael Lazzarotto; ENGELMANN, Wilson. Traços positivistas das teorias de Pontes de Miranda: influências do positivismo sobre Sistema de Ciência Positiva do Direito e Tratado de Direito Privado – um percurso com várias matizes teóricas. *Civilistica.com*, Rio de Janeiro, a. 4, n. 2, 2015. Disponível em: http://civilistica.com/tracos-positivistas-das-teorias-de-pontes-de-miranda/. Acesso em 17 nov. 2019.

Recebeu, ainda muito jovem, duas premiações concedidas pela Academia Brasileira de Letras: um prêmio em 1921, por "A Sabedoria dos Instintos", e uma Láurea de Erudição, em 1925, por "Introdução à Sociologia Geral".

Outro que soube reconhecer a genialidade de Pontes de Miranda, ainda muito precocemente, foi o grande jurista Clóvis Beviláqua, que, ao comentar o seu recém lançado livro "Sistema de Ciência Positiva do Direito", de 1922, afirmou: "Disse há pouco, de passagem, que constituístes a ciência do Direito. Devo insistir nesta afirmação, porque se tivesses precursores, não tivesses modelos; apoiando-vos em trabalhos aparecidos antes do vosso, seguindo uma orientação, que se acentuava, destes forma nova ao pensamento humano, criastes a ciência, que outros apenas entreviram".[29]

Diante de sua inegável capacidade de trabalho, Pontes de Miranda ocupou posições de destaque, a convite de autoridades públicas. Ele afirmou, em certa ocasião, que "nunca, em toda a minha vida, me candidatei a qualquer cargo ou função, aqui ou no estrangeiro. Os que exerci no Poder Judiciário e no Ministério das Relações Exteriores, de que sou aposentado, me foram excepcionalmente destinados, sem concurso e sem pedido meu".[30] Também foi designado para chefiar missões brasileiras e para participar de conferências internacionais, representando o país.

Sobre o reconhecimento de Pontes de Miranda, destaque-se:

> Causa curiosidade e admiração a lista dos títulos atribuídos a Francisco Cavalcanti Pontes de Miranda. O estudo das suas mais de 200 obras dá-nos a impressão de que os títulos conferidos ao autor estarem aquém do valor do seu trabalho. Recebeu cerca de uma centena de títulos derivados da sua produção científica. Vieram de Tribunais Superiores, de institutos de estudos, de diversas faculdades e universidades de diferentes Estados brasileiros, de chefes de executivos estaduais, de

---

[29] BEVILAQUA, Clóvis apud PACHECO, José da Silva. Discurso de Homenagem da Academia ao Centenário de Pontes de Miranda. *Revista da Academia Brasileira de Letras Jurídicas*, Rio de Janeiro, n. 3, p. 229, 1992.

[30] Trecho do Discurso de posse de Pontes de Miranda na Academia Brasileira de Letras (PONTES DE MIRANDA, Francisco Cavalcanti. *Discurso de posse de Pontes de Miranda na Academia Brasileira de Letras (ABL)*. Proferido em 15 de maio de 1979. Disponível em: http://www.academia.org.br/academicos/pontes-de-miranda/discurso-de-posse. Acesso em 09 set. 2019).

iniciativa de membros de parlamentos (federal e estadual), da Alemanha e do Japão.[31]

Diversas universidades concederam a Pontes de Miranda o título de Professor Honoris Causa, como a Universidade de São Paulo (USP), a Universidade Federal de Alagoas (UFAL), a Universidade Federal de Pernambuco (UFPE), a Universidade Federal do Rio de Janeiro (UFRJ, também chamada de Universidade do Brasil), a Pontifícia Universidade Católica do Rio Grande do Sul (PUC-RS) e a Universidade Federal de Santa Maria (UFSM).

Infelizmente, muitas situações de reconhecimento da grandeza de Pontes de Miranda somente ocorreram quando o jurista estava próximo de sua morte. A eleição para a Academia Brasileira de Letras (em uma terceira tentativa, aos 87 anos), ocorrida em 08 de março de 1979, meses antes da morte do jurisconsulto, é um exemplo disso.[32]

Alagoas também teve tempo para, em vida, corrigir a injustiça do esquecimento e do desprezo a um de seus grandes filhos. Em 1978, Pontes retornaria ao seu Estado natal para receber uma série de homenagens prestadas pelo Governo do Estado, pela Universidade Federal de Alagoas, que lhe concedeu o título de Professor *Honoris Causa*, pelo Tribunal de Contas, pelo Tribunal de Justiça, OAB/AL e pelo Cesmac.[33]

---

[31] PONTES DE MIRANDA. *Bibliografia, Homenagem da Editora Forense*. p. 7-9; *Semana do Advogado de 1970* (OAB, Secção do Rio Grande do Sul, p. 13-24) *apud* OLIVEIRA, Mozar Costa de. Pontes de Miranda, Gênio e Sábio. *Revista da Faculdade de Direito de Caruaru (PE)*, Direção de Pinto Ferreira, a. XXIII, n. 17, 1986.

[32] No discurso de recepção a Pontes de Miranda, na Academia Brasileira de Letras, Miguel Reale conclui, usando uma frase do jurista alagoano: "Na história da inteligência, os últimos lembrados são os mais gloriosos. Glória que tarda é maior, porque exigiu mais altos espíritos que a pudessem sentir e proclamar". (REALE, Miguel. *Discurso de Recepção a Pontes de Miranda*. Academia Brasileira de Letras, 15 mai. 1979. Disponível em: http://www.academia.org.br/academicos/pontes-de-miranda/discurso-de-recepcao. Acesso em 11 set. 2019).

[33] Em 1978, Pontes de Miranda finalmente retornou ao Estado de Alagoas. E o motivo era para ser homenageado. A iniciativa da viagem foi de Jorge Assunção, conselheiro e então presidente do Tribunal de Contas do Estado. Nesta mesma viagem, Pontes de Miranda recebeu da Universidade Federal de Alagoas (UFAL), durante a gestão do Reitor Manuel Machado Ramalho de Azevedo, o título de Doutor Honoris Causa, em cerimônia ocorrida nas dependências da UFAL, na Praça Sinimbú, centro de Maceió. Nesta ocasião, o jurista alagoano foi saudado por um discurso proferido pelo Vice-Reitor, Dr. José Medeiros. No almoço, todas as autoridades presentes e o homenageado se dirigiram ao Luxor Hotel, na praia da Avenida. Neste almoço, o professor Marcos Bernardes de Mello, que viria a ser o maior divulgador da obra ponteana no país, havia adquirido seis garrafas de Chateauneuf du Pape, vinho da melhor qualidade, para oferecer a seu mestre. O velho Pontes de Miranda entrou no clima e bebeu sem cerimônia. O problema é que a agenda do famoso jurista ainda previa sua presença em uma sessão solene do Tribunal de Justiça, onde foi mais uma vez

Para destacar algumas das homenagens que Pontes de Miranda recebeu em vida, convém registrar que:

A sociedade sempre soube mostrar-lhe o seu reconhecimento pelos serviços prestados à justiça. Foi paraninfo várias vezes de turmas de formandos em direito. Sua casa é um verdadeiro museu de medalhas e condecorações. Era Doutor Honoris Causa, título recebido de diversas universidades. Recebeu o título de Jurista Eminente do Instituto dos Advogados do Brasil, secção do Rio Grande do Sul. Uma das últimas distinções que recebeu em vida foi a medalha Andrés Bello (poeta, filósofo, estadista e jurista venezuelano, considerado o primeiro humanista da América), das mãos do Presidente da Venezuela, Carlos Andrés Pérez, por ocasião de sua visita ao Brasil, em novembro de 1977. Cidadão Honorário, era-o de muitos estados da Federação. Em 1963, Pontes recebeu a Medalha Teixeira de Freitas, instituída pelo Conselho Superior do Instituto dos Advogados brasileiros. Ela foi instituída para outorga periódica a advogados que tenham se destacado de maneira ímpar, por sua obra, por sua atuação e pelo seu denodo ao direito, na vida jurídica nacional.[34]

1.2.2 O reconhecimento após sua morte

Apesar do destacado reconhecimento em vida, certamente, foi com a morte de Pontes de Miranda que ele passou a ser homenageado de forma mais efusiva. Neste sentido, a primeira biografia sobre o jurista surgiu só em 1981,[35] ano em que também foi agraciado com a Grã-Cruz da Ordem da Instrução Pública de Portugal. No ano anterior, foi o Tribunal Superior do Trabalho, que já havia lhe outorgado a medalha do Mérito Judiciário do Trabalho e o Senado brasileiro também prestou reverências ao jurista.

---

homenageado. Lá, houve um emotivo discurso do Desembargador Alfredo Mendonça, que, por ter sido aluno do avô de Pontes de Miranda (que era professor de matemática), evocou lembranças de Alagoas dos tempos em que o jurisconsulto vivia em Maceió, no bairro do Mutange. Não se sabe se devido ao vinho ou às lembranças da longínqua infância, o grande Pontes de Miranda se emocionou e chorou. Todavia, tudo isto não impediu que fosse proferido um extraordinário discurso de improviso por parte do maior jurista do Brasil de todos os tempos. Marcos Bernardes de Mello também esteve presente durante a visita de Pontes de Miranda à Faculdade de Direito de Alagoas, agora localizada no Campus Universitário A.C. Simões, no Tabuleiro dos Martins, em Maceió.

[34] MEMORIAL PONTES DE MIRANDA. *Homenagens*. TRT 19ª Região (Alagoas). Disponível em: https://web.archive.org/web/20160304001542/http://www.trt19.jus.br/mpm/secaopatrono/homenagens.htm. Acesso em 10 nov. 2019.

[35] BARROS, IVAN. *Pontes de Miranda, o jurisconsulto*. Maceió: Gráfica Valci Editora Ltda., 1981.

Sobre o reconhecimento do legado do jurista após sua morte:

> Mas sua morte não o colocará no rol dos esquecidos. Continua vivo na consciência jurídica nacional e prova eloquente disso são as homenagens *post morten* que continua recebendo: a Ordem dos Advogados do Brasil, Secção do Rio Grande do Sul, decretou sete dias de luto por ocasião de seu passamento, ocasião em que estabeleceu a designação de "Congresso Pontes de Miranda" para o IX Congresso dos Advogados do Rio Grande do Sul, importante conclave jurídico que tem como meta a elaboração de um anteprojeto de Constituição para a sociedade brasileira; os formandos em direito da Faculdade do Instituto Ritter dos Reis, de Canoas, no nosso Estado, adotaram o nome de Pontes de Miranda; o Superior Tribunal do Trabalho, em agosto de 1980, outorgou-lhe a medalha do Mérito Judiciário do Trabalho; o Instituto dos Advogados do Rio Grande do Sul, através do Dr. Isaac Ajnhorn, encaminhou sugestão à Câmara de Vereadores de Porto Alegre, no sentido que se dê a uma das ruas de nossa capital, o nome de Pontes de Miranda. A Câmara e o Senado Federal reverenciaram sua memória.[36]

Em Maceió, o Tribunal Regional do Trabalho (TRT) da 19ª Região idealizou um espaço museológico chamado "Memorial Pontes de Miranda", que foi oficialmente instituído em 1º de junho de 1994, por decisão unânime da corte. No ano 2000, em uma espécie de concurso promovido por um jornal de Maceió, Pontes de Miranda foi escolhido como o segundo maior alagoano do século XX,[37] ficando atrás do escritor Graciliano Ramos e à frente da médica Nise da Silveira.

O constitucionalista Pinto Ferreira não poupou elogios, ao se referir a Pontes de Miranda, em artigo publicado pouco tempo após a morte do jurista:

> Os grandes gênios são semeadores de ideias. Pontes de Miranda é um grande semeador. O semeador do humanismo científico, da democracia que tem uma essência evangélica, do culto da liberdade e da lei, é uma voz profética que nunca emudecerá. [...] Em tempos de loucura e de ódio, de morte, de queda e aflição, de esperança sem rumo, de vozes que clamam justiça e de bocas que pedem pão, do povo que luta pela liberdade, em um mundo de conflitos, ele é o sábio milionário de cultura que andou

---

[36] MEMORIAL PONTES DE MIRANDA. *Homenagens.* TRT 19ª Região (Alagoas). Disponível em: https://web.archive.org/web/20160304001542/http://www.trt19.jus.br/mpm/secaopatrono/homenagens.htm. Acesso em 10 nov. 2019.

[37] Graciliano Ramos eleito o alagoano do século, Gazeta de Alagoas, edição de 01 de janeiro de 2000.

semeando águas marinhas de múltiplos saberes, o brasileiro sonhador que falou nas cinco liberdades fundamentais do Estado social e humanista. [...] Pontes de Miranda assemelha-se a um diamante raro, que um velho minerador encontrou inesperadamente em um veio insuspeito. É um diamante multifacetado, cujas facetas são claras, brilhantes e luminosas. Mas mudam de coloração à medida que os raios de luz o atingem. Aqui é o filósofo, ali é o pensador político, acolá o sociólogo, além do jurista excelso ou ainda do caráter retilíneo dominando toda a personalidade, a sua moldura global. Mestre Pontes de Miranda nunca parou na sua gloriosa vida intelectual, ascendeu sempre no campo do pensamento. É o orgulho máximo das letras jurídicas nacionais, pensador admirado no mundo pelo seu saber e genialidade.[38]

Por sua vez, Raul Floriano foi outro que lhe prestou homenagem. Em artigo escrito no mês seguinte à morte de Pontes, escreveu:

Ao refolhar vossa vida, da infância à maturidade, caminhei, estupefato, ao acompanhar a evolução de um menino sem meninice a um octogenário pleno de juventude. A sisudez de vossa infância vos permitiu bordejar a eviternidade da ciência. Colheis, hoje, os frutos frescos da admiração universal, como se tivessem sido plantados agora. Vós plantastes sempre, desde os bancos acadêmicos. Mas, os irrigastes com a chispa coeterna dos gênios.[39]

No citado artigo de Raul Floriano, vê-se a opinião do jurista Paulo Brossard sobre o gênio de Alagoas: "Quantitativamente considerada, a obra de Pontes de Miranda espanta e assombra; mas, o que mais assombra e espanta é a sua qualidade. Desde o estilo em que é vazada, terso, enxuto, preciso, asseado, de pura vernaculidade, até a erudição, a originalidade, a unidade, a finura, a exatidão, a percuciência magistrais".[40]

O ex-ministro do STF, Francisco Rezek, lamentou a falta que faz Pontes de Miranda, a ponto de considerar que "a sensação que nos assola é a de orfandade". Para minimizar este sentimento, registra

---

[38] FERREIRA, Pinto. Pontes de Miranda. *Revista de Informação Legislativa*, Brasília, a. 18, n. 69, p. 203, jan./mar. 1981.
[39] FLORIANO, Raul. O adeus a Pontes de Miranda. Conferência proferida na sessão solene da Academia Brasileira de Letras Jurídicas em homenagem a Pontes de Miranda, no dia 22 de janeiro de 1980. *In: Revista Legislativa*, Brasília, a. 11, n. 65, jan./mar. 1980.
[40] BROSSARD, Paulo *apud* FLORIANO, Raul. O adeus a Pontes de Miranda. Conferência proferida na sessão solene da Academia Brasileira de Letras Jurídicas em homenagem a Pontes de Miranda, no dia 22 de janeiro de 1980. *In: Revista Legislativa*, Brasília, a. 11, n. 65, jan./mar. 1980.

que, "com os recursos à informação que hoje nos brindam de todos os lados, é tão simples ainda hoje recorrer a ele, ir à sua obra, encontrar ali as coisas que nos socorrem, que prevalece sobre a ideia de orfandade, uma saudade imensa dos que puderam, por um instante que seja, privar com ele e para todos os outro suma inigualável fonte de inspiração".[41]

O imortal Josué Montello escreveu sobre o colega de Academia Brasileira de Letras, oportunidade em que ressaltou a vocação de Pontes de Miranda para as letras:

> Não me posso esquecer da tarde em que, procurando um livro na biblioteca da Academia Brasileira, vi serem colocados, pouco a pouco, sucessivos volumes encadernados, na vasta mesa do salão de leitura. E indaguei ao bibliotecário que empilhava os livros:
> - Que biblioteca é essa?
> - São os livros do Dr. Pontes de Miranda. Os que ele escreveu.
> Ele, sozinho, escrevendo, construíra efetivamente uma biblioteca. Um a um, perfilara os volumes compactos, que se alongaram por muitas e muitas prateleiras. E não escreveu por escrever: escreveu para pensar, para debater, para esclarecer, para ensinar. Viveu 87 anos – trabalhando. Acordava cedo, dormia tarde. E todo o seu dia – mesmo aos domingos – ele o passava debruçado sobre a vasta mesa – escrevendo. Não se cansou. Jamais considerou a palavra escrita como uma sujeição. Para ela havia nascido, e soube ser fiel à sua missão admirável, energicamente, coerentemente, até o momento em que, bem disposto, na claridade do dia que despontava, ia sentar mais uma vez à mesa de trabalho, para continuar um novo livro.[42]

Apesar do inconteste reconhecimento do imenso legado de Pontes de Miranda, não se pode afirmar que a teoria ponteana recebe a atenção que mereceria ter. Neste sentido, adverte Marcos Bernardes de Mello:

> Apesar da grandiosidade de sua obra, apesar de ser conhecido e respeitado por todos como um inigualável jurista, a doutrina de Pontes de Miranda não teve nos meios profissionais a difusão que merecia, a nosso ver por duas razões principais e uma secundária: a) a linguagem

---

[41] REZEK, Francisco. *Homenagem a Pontes de Miranda*. Discurso proferido pelo ex-ministro do STF Francisco Rezek. Recife: Seminário Internacional Brasil – Alemanha, 2010. Conselho da Justiça Federal, Centro de Estudos Judiciários; Coordenação científica Márcio Flávio Mafra Leal. Brasília: CJF, 2010. Disponível em: https://www2.cjf.jus.br/jspui/bitstream/handle/1234/44072/seriecadernoscej26brasil-alemanha.pdf?sequence=2. Acesso em 07 ago. 2019.

[42] MONTELLO, Josué. *Artigo Mestre Pontes de Miranda*. Rio de Janeiro: Diário da noite iluminada, Nova Fronteira, 1994.

erudita empregada em suas obras jurídicas, primando pelo rigor e precisão, sem arroubos literários, mais apropriados ao romance do que à pureza da ciência; b) porque quebrou os paradigmas então vigentes na Ciência Jurídica. Secundariamente, a imensidão de seu conteúdo. Os mais de 150 volumes de seus livros sozinhos já parecem uma biblioteca (só o Tratado contém quase trinta mil páginas), além de seu alto custo, para os menos favorecidos.[43]

2 Pontes de Miranda e sua relação com os ramos do direito

Demonstrado o reconhecimento, em vida e após a morte, do jurista alagoano, convém que sejam apresentados dados sobre o que escreveu Pontes de Miranda e porque ele desperta tanto interesse.

O jurista Paulo Brossard afirmou sobre Pontes de Miranda que, "no universo jurídico, não houve território que não tivesse palmilhado". Acrescenta, ainda, o gaúcho, que o alagoano era "guia de estudantes e mestre de professores, tornou-se o companheiro constante de quantos trabalham no campo do Direito, afeitos a começar suas pesquisas e a concluir suas reflexões manuseando um livro de Pontes de Miranda, que se foi tornando presente em toda parte onde um problema jurídico seja suscitado".[44]

Neste contexto, o ex-ministro do STF, Francisco Rezek, em discurso em homenagem ao mestre alagoano, tentou responder estas indagações:

> O que explica que essa figura humana, há mais de 30 anos da sua morte, seja ainda um catalisador de tantas emoções jurídicas? Se assim posso dizê-lo, muitos responderão que é a fecundidade espantosa com que ele ensinou o Direito. Somos, como muitos outros países, fortemente marcados pela ideia de que profissionais de determinada área concentram muito suas atenções na ciência a que se consagram profissionalmente e pouco tempo lhe sobra para alçarem outros voos. Pontes foi ecumênico, era um sociólogo, era um filósofo, era um escritor, era um poeta, era um homem das matemáticas também. Agora, parece que não é exatamente nem uma, nem outra das duas coisas, mas o sopro de genialidade com

---

[43] MELLO, Marcos Bernardes. *A genialidade de Pontes de Miranda*. Rio de Janeiro: FGV, 2008. p. 47.
[44] BROSSARD, Paulo. Pontes de Miranda, homenagem do Senado Federal. Discurso proferido em 17 de abril de 1980. *Revista de Informação Legislativa*, Brasília, ano 17, n. 65, p. 27, jan./mar. 1980.

que foi ele aquinhoado é o que o distingue. E, quer me parecer, que isso é incontroverso, quer me parecer que não se dividem os juristas brasileiros em torno desse reconhecimento. Pontes, ninguém rivalizou com ele nesse tangenciar daquela área, daquele patamar onde navega o gênio. Talvez por isso ele tenha sabido combinar tão admiravelmente a sua profunda humanidade com o rigor absoluto com que se declarava um cientista do Direito, não um poeta do Direito.[45]

Ademais, o maior jurista brasileiro de todos os tempos não é coisa do passado: em 2018, magistrados de todo o país consideraram que Pontes de Miranda é a maior referência utilizada pelo Poder Judiciário brasileiro em suas decisões.[46] Nesta pesquisa, verificou-se que Pontes de Miranda é, até hoje, o doutrinador mais consultado e mais citado pelos juízes brasileiros em todas as instâncias.

Ressalte-se, todavia, que apesar de muito citada, a obra ponteana não é tão lida quanto se esperaria, diante do prestígio do jurista. Tal opinião é comungada por dois grandes especialistas na obra de Pontes de Miranda: o professor Marcos Bernardes de Mello, da Universidade Federal de Alagoas, que ao escrever a trilogia de livros "Teoria do Fato Jurídico" (Plano da existência, Plano da validade e Plano da eficácia), vem divulgando (com muito êxito) o legado de Pontes de Miranda nas universidades brasileiras, e o jurista Paulo Roberto de Oliveira Lima, também alagoano, Desembargador do TRF/5ª Região.

---

[45] Trecho do discurso "Homenagem a Pontes de Miranda", proferido pelo ex-ministro do STF Francisco Rezek. (REZEK, Francisco. Homenagem a Pontes de Miranda. Discurso proferido pelo ex-ministro do STF Francisco Rezek. Recife: Seminário Internacional Brasil – Alemanha, 2010. Conselho da Justiça Federal, Centro de Estudos Judiciários; Coordenação científica Márcio Flávio Mafra Leal. Brasília: CJF, 2010. Disponível em: https://www2.cjf.jus.br/jspui/bitstream/handle/1234/44072/seriecadernoscej26brasil-alemanha.pdf?sequence=2. Acesso em 07 ago. 2019).

[46] No relatório final da pesquisa, há a seguinte constatação: "Sobre a fundamentação de suas decisões, importa, em princípio, conhecer o conjunto de autores mais comumente acionado pelos juízes. A Questão 62 solicita que os magistrados indiquem três juristas que considerem referências importante para o Direito brasileiro. Os 20 nomes mais citados foram dispostos em ordem alfabética e dessa lista foram extraídos os cinco juristas mais lembrados pelos juízes de 1º e de 2º graus. Entre os juízes de 1º grau, foram mencionados, nesta ordem: Pontes de Miranda, Luís Roberto Barroso, Guilherme de Souza Nucci, Humberto Theodoro Júnior e Fredie Didier. Entre os de 2º grau, também Pontes de Miranda assume o primeiro lugar, tendo Nelson Hungria e Luís Roberto Barroso empatados na posição subsequente, seguidos por Humberto Theodoro Júnior e Hely Lopes Meirelles. Assim, vale apontar que tendo falecido em 1979, Pontes de Miranda segue sendo o jurista mais citado – o que atesta a força da tradição do pensamento jurídico brasileiro". (Pesquisa: VIANNA, Luiz Werneck; CARVALHO, Maria Alice Rezende de; BURGOS, Marcelo Baumann. AMB – Associação dos Magistrados Brasileiros. *Quem somos. A magistratura que queremos*. Rio de Janeiro, 2018. Disponível em: https://www.amb.com.br/wp-content/uploads/2019/02/Pesquisa_completa.pdf. Acesso em 19 jan. 2020).

Em documentário produzido pela TV Justiça, em homenagem a Pontes de Miranda, Oliveira Lima registra: "É difícil optar por ele, por conhecê-lo. Um aluno de Direito Civil tem a opção de estudar a matéria por um autor que escreveu um livro, por outro que escreveu três ou quatro, ou por Pontes, que escreveu sessenta. O que ele vai escolher?".[47]

Ainda assim, geralmente, os que se propõem a encarar este verdadeiro desafio encontram na bibliografia enciclopédica (em sentido positivo) de Pontes, fartos e qualificados subsídios que, ademais, atraem o interesse de estudiosos dos mais diversos ramos do Direito: civilistas, processualistas, comercialistas, trabalhistas, penalistas, constitucionalistas, tributaristas, internacionalistas, dentre outros.

Neste contexto, a fecundidade, a originalidade e a diversidade da obra de Pontes de Miranda faz com que cada um desses grupos de juristas venha procurando investigar as incontáveis contribuições do pensamento ponteano para as respectivas áreas do Direito.[48]

Afinal, para os civilistas e comercialistas, há os sessenta tomos do "Tratado de Direito Privado"; para os processualistas, os dezesseis volumes dos "Comentários ao Código de Processo Civil" e os sete do "Tratado das Ações"; para os constitucionalistas, os "Comentários às Constituições de 1934" (dois volumes), "1937" (três volumes) "1946" (oito volumes) e "1967" (seis volumes).

E não para por aí: há, ainda, o "Tratado de Direito Internacional Privado e Nacionalidade de origem e naturalização no Direito Brasileiro", para os internacionalistas; a "História e prática do Habeas Corpus", para os penalistas; "Direito à subsistência e Direito do Trabalho", para os trabalhistas; sem falar dos livros de teoria do direito, sociologia, ciência política e filosofia.

O jurista Miguel Reale, no discurso de recepção a Pontes de Miranda, na Academia Brasileira de Letras, destacou a relevância das contribuições ponteana nas mais diversas áreas do Direito:

---

[47] Documentário *Tempo e História – Pontes de Miranda*. (YOUTUBE. TV Justiça. *Tempo e História – Pontes de Miranda*. 15 mar. 2015. Disponível em: https://youtu.be/fmEy_gmSbvc. Acesso em 08 jan. 2020).

[48] Neste contexto, "foi no direito que Pontes de Miranda mais se tornou conhecido, mesmo fora do Brasil: constitucional (5 obras), direito internacional privado (3 obras: uma publicada no Brasil, outra na Holanda e a terceira na Grécia), direito privado (9 obras), teoria geral do direito (cerca de 10 obras, algumas publicadas na Alemanha e na Suíça), processo civil (3 obras principais, sendo uma com 15 e outra com 16 tomos), pareceres diversos (18 tomos). Valha observar que publicou comentários a todas as Constituições do Brasil, desde 1934, sendo que a de 1946 abrangeu 8 tomos e a de 1967 (Emenda 1/69) 6 tomos". (OLIVEIRA, Mozar Costa de. Pontes de Miranda, Gênio e Sábio. *Revista da Faculdade de Direito de Caruaru (PE)*, Direção de Pinto Ferreira, a. XXIII, n. 17, 1986).

Ainda há pouco tempo, convidado por Mario Rotondi, o venerado mestre da Universidade de Pádua, para traçar o panorama da Ciência Jurídica brasileira nos últimos cem anos, tive a oportunidade de assinalar a vossa decisiva presença em quase todos os quadrantes do Direito. Não creio que seja esta ocasião adequada para analisar quanto contribuístes para a renovação de nosso saber jurídico, bastando salientar que, se com a obra clássica sobre o Habeas Corpus soubestes dar consistência dogmática à defesa dos direitos fundamentais do homem, com as demais colocastes nossa cultura jurídica no mais avançado posto da tradição do Ocidente, desde os domínios do Direito Constitucional aos do Processual, do Civil ao Mercantil, do Internacional Público ao Privado.[49]

Evidentemente, não se trata apenas de alguém que resolveu escrever sobre os mais diversos setores do conhecimento jurídico. Mais que isso, destaque-se, "Pontes de Miranda navegava com muita propriedade por praticamente todas as áreas das Ciências Jurídicas. Isso lhe permitiu criar, ao longo do tempo, uma conexão entre os vários ramos do Direito. Do Direito Constitucional ao Tributário, do Direito Processual Civil ao Direito de Família, passando pelo Direito Comercial e pelo Direito Penal".[50]

No contexto sob análise, o pesquisador alagoano, Marcos Vasconcelos Filho, em obra magnífica sobre o legado ponteano, resumiu com precisão:

> A partir do exame dos trabalhos pontemirandianos (alguns raros, escritos às vezes noutros idiomas, tais quais o francês e o alemão, caso não em diálogo interdisciplinar com as chamadas ciências exatas), contempla-se o pensamento plural do protagonista alagoano de internacional renome, cuja contribuição se insere nas – ou fere as – áreas: antropologia cultural, psicologia jurídica, teoria do conhecimento, filosofias da ciência e jurídica, TGD, prática jurídica, direitos privado, processuais civil e penal, constitucional (notadamente os sociais e os comentários às CFs), internacional, privado e administrativo, sociologia, ciência política e literatura.[51]

---

[49] REALE, Miguel. *Discurso de Recepção a Pontes de Miranda*. Academia Brasileira de Letras, 15 mai. 1979. Disponível em: http://www.academia.org.br/academicos/pontes-de-miranda/discurso-de-recepcao. Acesso em 03 out. 2019.
[50] Trecho retirado do artigo "Os pontes do conhecimento", publicado pela Justiça do Trabalho, Tribunal Regional do Trabalho da 19ª Região (Alagoas), 2019. p. 18.
[51] VASCONCELOS FILHO, Marcos. Pontes de Miranda (I): testemunhos e prismas. *Jornal das Alagoas*, p. 10, 27 set. 2019.

O ex-ministro do STF, Clóvis Ramalhete, destacou que processualistas, comercialistas e civilistas o respeitam, o acatam e o apontam à consideração, mas cada qual desses especialistas reverentes logrou dominar apenas uma das regiões do direito. Acrescenta, todavia, que Pontes "visitou-as todas. Penetrou-as como um senhor. A todas reuniu, integrou, fundiu, submetendo-as à sua concepção científica do direito – tal como a havia ele anunciado, desde os seus primeiros anos de escrito, já consciente de um plano oceânico a ser por ele desdobrado em sistema enciclopédico do direito positivo brasileiro".[52]

Cabe registro das sábias palavras do citado jurista sobre a capacidade extraordinária de Pontes de Miranda para enveredar, com grande naturalidade, em todos os quadrantes da Ciência do Direito:

> Redigiu tratados de direito dos diferentes ramos. E todos lhe saíram com alta qualidade. Mas, ao concebê-los, o escritor obediente submeteu-se àquela teoria jurídica que ele próprio havia anunciado, qual um mestre de si mesmo. Entre juristas, não há exemplo em todo o mundo de tão completa atividade. Nas belas letras, sim; Balzac profetizou a própria obra, a "Comédia Humana", um painel por ele previsto da sociedade da sua época. Nas letras jurídicas, entretanto, não há outro caso, o do jurista que tenha antes enunciado uma visão geral e teórica do direito, e depois passe a produzir dezenas de tomos sobre os vários ramos do direito, produzidos em coerência com sua prévia teoria. Ninguém no mundo, como Pontes dentre seus pares em teoria do direito, depois de haver reduzido o direito à mera essência teórica geral, ninguém, de Hegel a Kelsen ou de Savigny a Erhlich, nenhum outro teórico mostrou fôlego para prosseguir e ainda ir penetrar o mundo concreto do direito estatuído. Pontes de Miranda o fez, e superiormente. [...] Transitou como senhor, por todo o direito privado e quase todo o direito público. E em cada qual de seus ramos acampou, soberano.[53]

Assim, ratifique-se que a obra ponteana não propunha apenas analisar a dogmática, embora também o fizesse. Neste sentido, Marcos Bernardes de Mello lembra que já em 1922, aos 30 anos, Pontes "publicou talvez seu mais erudito livro sobre teoria e filosofia jurídica, o célebre "Sistema de sciência positiva do direito", que exige leitura e releituras atentas, em face da alta complexidade dos temas tratados. Reeditou-o,

---

[52] RAMALHETE, Clovis. Pontes de Miranda, teórico do direito. *Revista de Informação Legislativa*, Brasília, a. 25, n. 97, p. 262-269, jan./mar. 1988.

[53] RAMALHETE, Clovis. Pontes de Miranda, teórico do direito. *Revista de Informação Legislativa*, Brasília, a. 25, n. 97, p. 262-269, jan./mar. 1988. p. 262.

em 1972, sem uma única modificação no texto original, senão alguns acréscimos, em adendos, nos quais estuda problemas surgidos nos 50 anos perlustrados entre uma e outra edição".[54]

Em seguida, serão apresentadas, de forma absolutamente superficial e panorâmica, algumas contribuições de Pontes de Miranda nas mais diversas áreas da dogmática jurídica.

2.1 No Direito Civil

Se há uma área do conhecimento jurídico que logo é identificada com Pontes de Miranda, certamente esta é o Direito Civil. Com livros como o "Tratado de Direito de Família", em três tomos (1917), "Da promessa de recompensa" (1927), "Das obrigações por atos ilícitos", em dois tomos (1927), "Locação de imóveis e prorrogação" (1952), "Fontes e evolução do Direito civil brasileiro" (1928), "Tratado dos testamentos", em cinco tomos (1930), "Tratado de Direito predial", em cinco tomos (1953), dentre outros.

Pode-se afirmar que o grande prestígio de Pontes de Miranda no Direito Civil ocorre por dois fatores principais. Primeiramente, porque sua obra mais divulgada, o "Tratado de Direito Privado", aborda com profundidade e qualidade, em boa parte de seus sessenta tomos,[55] todas as principais temáticas civilistas.

O segundo motivo que faz relacionar Pontes de Miranda ao Direito Civil é que é provavelmente nesta área em que é encontrado o maior número de doutrinadores que estudam o pensamento ponteano. De Caio Mário da Silva Pereira a Marcos Bernardes de Mello, várias gerações de civilistas, inclusive nos dias de hoje,[56] têm bebido dessa fonte inesgotável.

Assim, reconhece-se que "é inegável a importância de Pontes de Miranda na história do pensamento jurídico pátrio. Reconhece-se que a

---

[54] MELLO, Marcos Bernardes. *A genialidade de Pontes de Miranda*. Rio de Janeiro: FGV, 2008. p. 45.
[55] Apenas alguns tomos do Tratado de Direito Privado não são dedicados ao Direito Civil. No caso, os tomos 27 a 37, e 49 a 52, tratam de Direito Comercial, e 47 e 48 de Direito do Trabalho. Em outras palavras, 47 tomos (ou cerca de 23 mil páginas) da principal obra ponteana abordam questões de Direito Civil.
[56] Neste contexto, a título de ilustração, podem ser destacados alguns dos conterrâneos de Pontes de Miranda que utilizaram os conhecimentos ponteanos no Direito Civil, como os professores Paulo Luiz Netto Lôbo, Antônio Nabor Areia Bulhões, Adriano Soares da Costa, Marcos Augusto de Albuquerque Ehrhardt Júnior, Felipe Peixoto Braga Netto, Paulo Roberto de Oliveira Lima, dentre tantos outros.

sua Teoria do Fato Jurídico ainda hoje é aceita por parcela significativa dos civilistas".[57] Segundo o jurista Caio Mário da Silva Pereira:

> Entrando em vigor o Código Civil em 1917, Pontes de Miranda publica no mesmo ano o seu "Direito de Família" (a meu ver, um de seus melhores livros) em que revela a plena consciência dos princípios e discorre da matéria com a segurança que permitiria sua reedição em 1947. Nesse livro pioneiro de seu ingresso na seara civilista, Pontes "surpreende" (como ele mesmo diz nas páginas da apresentação) "surpreende as disposições lacunosas ou contraditórias, ao lado das fórmulas verdadeiramente sábias, e de onde em onde as jacas, as erronias denunciadoras de escassas noções jurídicas". Em linguagem crítica, refere-se ao Código recém-publicado: "Entre a obra estética de Rui Barbosa e o plano, as ideias, as inovações conscientes e a boa doutrina que o trabalho de Clóvis Beviláqua e vários pontos continha, houve o empecilho formidável, capaz de deteriorar, até aos fundamentos, a mais grandiosa construção jurídica: – a ação das maiorias legislativas, que não têm a maturação das ideias necessária à consciência de sua responsabilidade". Promovendo Paulo de Lacerda a edição de um grande tratado coletivo, subordinado ao título genérico "Manual de Direito Civil" (conhecido até hoje pelo codinome "Manual Lacerda"), Pontes de Miranda é convidado a nele colaborar, comparecendo com as partes "Dos Títulos ao Portador", "Da Promessa de Recompensa", "Das Obrigações por Atos Ilícitos". Influenciado pela escola germânica que se universalizava com o "Burgerliches Gesetzbuch" de 1896, penetra a fundo no Direito Privado, oferecendo ao público o "Tratado dos Testamentos", o "Tratado de Direito Predial", o "Tratado de Direito Cambiário". Em 1922, publica "Sistema de Ciência Positiva do Direito", composto de uma "Introdução à Ciência do Direito" e uma "Investigação Científica e Política Jurídica". Em 1928, publica "Fontes e Evolução do Direito Civil Brasileiro", que sua viúva, D. Amnéris Pontes de Miranda, reeditou em 1981, incluindo anotações do autor posteriores à primeira edição, e assumindo ela mesma as responsabilidades pela sua revisão. Inicia Pontes de Miranda (1919 a 1923), e ainda inédito, um minucioso Dicionário Jurídico, conservado em manuscrito na biblioteca em que trabalhou e produziu grande parte de sua obra. Agrupando todas essas produções monográficas, vem a compor o enorme "Tratado de Direito

---

[57] STRECK, Lênio Luiz; MATOS, Daniel Ortiz. Um direito sem faticidade: uma (des)leitura da teoria do fato jurídico. In: Revista Direito e Práxis, Rio de Janeiro, v. 9, n. 01, jan./mar. 2018.

Privado", com 60 volumes, publicado a partir de 1954 e encerrado em 1969, enfeixando as instituições privatísticas em um todo sistemático.[58]

O professor Marcos Bernardes de Mello, professor de Direito Civil da Universidade Federal de Alagoas, que dedicou toda uma vida à divulgação do legado de Pontes de Miranda, destacou a relevância do Tratado de Direito Privado:

Em 1953 iniciou a publicação de sua obra mais conhecida, o Tratado de Direito Privado cuja ciclópica extensão não encontra similar, nem mesmo em obras coletivas, em todo o mundo, em qualquer época. E mais, nenhuma obra jurídica lhe é superior em conteúdo. Há, sem dúvida, muitas que com ela rivalizam, que têm um mesmo nível de qualidade, nenhuma, porém, a ultrapassa, por sua precisão científica, sistematização, correção de conceitos e adequação das soluções às situações que se podem concretizar na experiência do dia a dia social. Na verdade, o Tratado de Direito Privado é uma obra sem paralelo na literatura jurídica.[59]

Para explicar a profundidade das análises que Pontes de Miranda empreendia no Direito Civil, vale lembrar que ele ostentava "um domínio sobre o direito romano que nenhum outro autor no mundo jurídico parece ter conhecido com tamanha inteireza, além do direito visigótico e do luso-brasileiro".[60]

2.2 No Direito Empresarial (Comercial)

Pontes de Miranda dedicou diversos estudos ao Direito Comercial, o que se verifica em artigos, pareceres e até mesmo em obras, como o "Tratado de direito cambiário",[61] e, especialmente, o "Tratado de direito privado".[62]

---

[58] PEREIRA, Caio Mário da Silva. No centenário de Pontes de Miranda. *Revista da Academia Brasileira de Letras Jurídicas*, Rio de Janeiro, n. 3, p. 101, 1992.
[59] MELLO, Marcos Bernardes. *A genialidade de Pontes de Miranda*. Rio de Janeiro: FGV, 2008. p. 46.
[60] OLIVEIRA, Mozar Costa de. Pontes de Miranda, Gênio e Sábio. *Revista da Faculdade de Direito de Caruaru (PE)*, Direção de Pinto Ferreira, a. XXIII, n. 17, 1986.
[61] PONTES DE MIRANDA, Francisco Cavalcanti. *Tratado de direito cambiário*. 2. ed. São Paulo: Max Limonad, 1954.
[62] PONTES DE MIRANDA, Francisco Cavalcanti. *Tratado de Direito Privado*. 3. ed. São Paulo: RT, 1984. Tomos I, III, XXVIII, XXX, XXXIV, XXXVIII, XLIX, L, LI, LII.

No "Tratado de Direito Privado", entre os tomos 27 e 31, tratou do Direito Comercial Falimentar; entre os tomos 32 e 37, abordou sobre os temas relacionados ao Direito Comercial Cambiário; entre os tomos 49 e 51, versou sobre o Direito Comercial Societário; e no tomo 52, sobre o Direito Comercial Bancário.[63] Considerando que cada tomo possui aproximadamente 500 páginas, chega-se à conclusão que Pontes de Miranda, somente nesta obra, dedicou mais de 7500 páginas ao Direito Comercial.

Evidentemente, convém ressaltar mais uma vez que não se trata apenas de quantidade. Para a doutrina comercialista brasileira,

> Pontes de Miranda apresentou estudos práticos, descritivos e científicos também no campo do Direito Comercial. A projeção de sua obra para o futuro se justifica não somente pela opção preponderantemente germânica de suas análises, mas principalmente em razão de apresentar os fundamentos do Direito. Por isso, as contribuições do autor se espalham pela teoria geral, pelo Direito Societário, pela falência e pelos títulos de crédito, dentre outros.[64]

---

[63] Tomo XXVII – Concurso de credores em geral. Privilégios. Concurso de credores civil. Tomo XXVIII – Direito das Obrigações: Falência. Caracterização da falência e decretação da falência. Efeitos jurídicos da decretação da falência. Declaração de ineficiência relativa de atos do falido. Ação revocatória falencial. Tomo XXIX – Direito das Obrigações: Administração da massa falencial. Restituições e vindicações. Verificação de créditos. Classificação de créditos. Inquérito judicial. Liquidação. Extinção das obrigações. Tomo XXX – Direito das Obrigações: Concordatas. Crimes falenciais. Liquidações administrativas voluntárias e coativas. Tomo XXXI – Direito das Obrigações: Negócios jurídicos unilaterais. Denúncia. Revogação. Reconhecimento. Promessas unilaterais. Traspasso bancário. Promessa de recompensa. Concurso. Tomo XXXII – Direito das Obrigações: Negócios jurídicos unilaterais. Títulos ao portador. Tomo XXXIII – Direito das Obrigações: Títulos ao portador (continuação). Títulos nominativos. Títulos endossáveis. Tomo XXXIV – Direito das Obrigações: Negócios jurídicos unilaterais. Direito cambiário. Letra de Câmbio. Tomo XXXV – Direito das Obrigações: Negócios jurídicos unilaterais. Direito cambiário. Letra de Câmbio. Nota promissória. Tomo XXXVI – Direito das Obrigações: Negócios jurídicos unilaterais Direito cambiariforme. Duplicata mercantil. Outros títulos cambiariformes. Tomo XXXVII – Direito das Obrigações: Negócios Jurídicos unilaterais. Direito cambiariforme. Cheque. Direito extracambiário e extracambiariforme. Direito internacional cambiário e cambiariforme. Tomo XLIX – Contrato de sociedade. Sociedades de pessoas. Tomo L – Direito das Obrigações: Sociedade por ações. Tomo LI – Direito das Obrigações: Sociedade por ações (continuação). Sociedade em comandita por ações, Controle das sociedades. Sociedades de investimento, de crédito e de financiamento. Tomo LII – Direito das Obrigações: Negócios jurídicos bancários e de Bolsa. Corretagem de seguros. Transferência de propriedade mobiliária, em segurança. Subscrição, distribuição e colocação de títulos e valores mobiliários.

[64] DINIZ, Gustavo Saad. *As contribuições de Pontes de Miranda para o direito comercial*. Lex Magister. Disponível em: https://www.lex.com.br/doutrina_27571925_AS_CONTRIBUICOES_DE_PONTES_DE_MIRANDA_PARA_O_DIREITO_COMERCIAL.aspx. Acesso em 09 set. 2019.

No artigo que escreveu sobre as contribuições de Pontes de Miranda no Direito Comercial, Gustavo Saad, após expor as ideias do jurista, conclui, registrando que "há sempre novas ideias em Pontes de Miranda. Por isso, se no Direito Comercial é ontológica a compreensão da dinâmica dos fatos e dos direitos engendrados pela trama econômica do empresário, a busca de fundamentos adquire tamanho relevo para explicar causas e funções".[65]

2.3 No Direito Constitucional

O Pontes de Miranda constitucionalista em nada compromete ou decepciona o Pontes de Miranda civilista. A propósito, já se disse com acerto que "não se recorda o civilista, o comercialista queda esquecido, quando se lê o Pontes constitucionalista".[66]

Para que as atuais e futuras gerações possam dimensionar a grandeza de Pontes de Miranda enquanto constitucionalista, algumas observações devem ser apontadas. Primeiramente, um fato histórico marcante: Stalin teria convidado o jurista alagoano para redigir a Constituição da União Soviética. Sobre este episódio:

> Pontes de Miranda recusou o convite de Stalin para escrever a Constituição da antiga União Soviética. E o motivo da recusa foi explicado numa das últimas entrevistas, concedida em 1978, ao jornalista e escritor Otto Lara Resende: "constituição feita por uma pessoa é um perigo. Uma constituição tem que ser feita por um parlamento, por uma constituinte. Eu nunca farei uma constituição. O que é essencial é que o povo vote e que os constituintes, recebendo esta sugestão do povo, façam uma constituição não admitindo que ninguém force a colocar uma palavra".[67]

Registre-se que "Pontes de Miranda publicou Comentários acerca de todas as Constituições no período em que esteve vivo, ou seja, de 1934, 1937, 1946 e de 1967, cada vez fazendo com mais riqueza de detalhes".[68]

---

[65] DINIZ, Gustavo Saad. *As contribuições de Pontes de Miranda para o direito comercial.* Lex Magister. Disponível em: https://www.lex.com.br/doutrina_27571925_AS_CONTRIBUICOES_DE_PONTES_DE_MIRANDA_PARA_O_DIREITO_COMERCIAL.aspx. Acesso em 09 set. 2019.
[66] RAMALHETE, Clovis. Pontes de Miranda, teórico do direito. *Revista de Informação Legislativa*, Brasília, a. 25, n. 97, p. 262-269, jan./mar. 1988. p. 269.
[67] Trecho retirado do artigo "Os pontes do conhecimento", publicado pela Justiça do Trabalho, Tribunal Regional do Trabalho da 19ª Região (Alagoas), 2019. p. 17.
[68] Trecho retirado do artigo "Os pontes do conhecimento", publicado pela Justiça do Trabalho, Tribunal Regional do Trabalho da 19ª Região (Alagoas), 2019. p. 16.

Todavia, além dos citados Comentários, o jurista publicou, no Direito Constitucional, os livros "Preliminares para a revisão constitucional" (1924), "Os fundamentos atuais do direito constitucional", em dois tomos, em 1932 (obra que, segundo Miguel Reale, marcou o início de uma nova etapa do citado ramo do Direito no Brasil) e "Conceito de constituição e técnica constitucional" (1966).

De acordo com a Enciclopédia Britânica do Brasil, a contribuição de Pontes de Miranda no Direito Constitucional seria o seu maior legado:

> A mais importante contribuição de Pontes de Miranda situa-se no campo do direito público, em especial no direito constitucional. Nas obras que publicou ao longo de mais de meio século, o autor seguiu uma linha coerente de pensamento, liberal e democrático, e combateu os desvios autoritários que por vezes desfiguraram as instituições brasileiras. Não obstante essa formação liberal e democrática, evitou, em seus estudos, o tratamento político dos temas constitucionais, em favor da preocupação técnico-jurídica. Não se deve esquecer, em sua obra constitucionalista, a valorização dos direitos sociais, que enquadrou e ajustou às liberdades clássicas.[69]

A profundidade das investigações conduzidas pelo jurista alagoano nas temáticas constitucionais levou o ministro Clóvis Ramalhete a ressaltar com precisão que "lendo-se Pontes de Miranda em Direito Constitucional, guarda-se a sensação de comunicar-se com um pensador dos problemas da organização nacional do poder, no Brasil, que a eles dedicasse exclusivamente seus anos de pesquisa, reflexão e escritos".[70]

Segundo o professor alagoano George Sarmento Lins Júnior, "embora pouco estudada nos meios acadêmicos, a contribuição ponteana é imprescindível para a compreensão da teoria geral dos direitos fundamentais nas democracias modernas". E acrescenta:

> Pontes de Miranda foi o primeiro jurista a esboçar uma teoria dos direitos fundamentais no Brasil. Para ele, o comprometimento dos governos com a efetivação dos direitos humanos era a única forma de promover o desenvolvimento e a justiça social. [...] A grande preocupação de Pontes de Miranda era dotar as constituições de mecanismos destinados

---

[69] Informações obtidas no site do Instituto Pontes de Miranda. (INSTITUTO PONTES DE MIRANDA. *Biografia de Pontes de Miranda*. Disponível em: http://www.ipm.al.org.br/historico.htm. Acesso em 08 jan. 2020).
[70] RAMALHETE, Clovis. Pontes de Miranda, teórico do direito. *Revista de Informação Legislativa*, Brasília, a. 25, n. 97, p. 262-269, jan./mar. 1988. p. 268.

a assegurar-lhes perenidade: rigidez constitucional, aplicabilidade imediata, cerne irrestringível e controle de constitucionalidade. Ele temia que interesses circunstanciais e corporativos pudessem fragilizar o Estado Democrático de Direito, impondo reformas constitucionais ilegítimas. Logo percebeu que o tema deveria sair da dimensão política para ser analisado sob o prisma da ciência constitucional.[71]

Em entrevista concedida ao biógrafo Ivan Barros, Pontes de Miranda afirmou que a Constituição ideal seria "uma condensação do melhor da de 34 e 46".[72] Sobre a Constituição de 1967, o jurista tinha a preocupação de fornecer ao leitor "a maior cópia de informações úteis do direito constitucional de outros povos". Segundo o Instituto Pontes de Miranda:

> A mais importante contribuição de Pontes de Miranda situa-se no campo do direito público, em especial no direito constitucional. Nas obras que publicou ao longo de mais de meio século, o autor seguiu uma linha coerente de pensamento, liberal e democrático, e combateu os desvios autoritários que por vezes desfiguraram as instituições brasileiras. Não obstante essa formação liberal e democrática, evitou, em seus estudos, o tratamento político dos temas constitucionais, em favor da preocupação técnico-jurídica. Não se deve esquecer, em sua obra constitucionalista, a valorização dos direitos sociais, que enquadrou e ajustou às liberdades clássicas.[73]

Para Marcos Vasconcelos Filho, pode-se afirmar que Pontes de Miranda, "sem ser um hermeneuta no sentido moderno da tradição neoconstitucionalista, foi – ver-se-á – um positivista sensível ao humanismo e às demandas sociais e humanas do seu e do nosso tempo, ora atolado em atrapalhações, quando a ciência é minada pelo capricho da voluntariedade e o mimo do infantilismo mental, e não munida pelo substrato do argumento e o colorido da dissensão".[74]

---

[71] SARMENTO, George. *Pontes de Miranda e a teoria dos direitos fundamentais*. Recife: Nova livraria, Revista do Mestrado em Direito da UFAL, 2005.
[72] BARROS, IVAN. *Pontes de Miranda, o jurisconsulto*. Maceió: Gráfica Valci Editora Ltda., 1981. p. 61.
[73] Trecho retirado da página da internet do Instituto Pontes de Miranda. (INSTITUTO PONTES DE MIRANDA. *Biografia de Pontes de Miranda*. Disponível em: http://www.ipm.al.org.br/historico.htm. Acesso em 08 jan. 2020).
[74] VASCONCELOS FILHO, Marcos. Pontes de Miranda (I): testemunhos e prismas. *Jornal das Alagoas*, p. 10, 27 set. 2019.

O jurista Caio Mário da Silva Pereira aborda com muita precisão as contribuições ofertadas por Pontes de Miranda no campo do Direito Constitucional:

Devo me referir a Pontes de Miranda constitucionalista. Não é menor a sua contribuição neste setor. Com as "Preliminares para a Revisão Constitucional" atendeu a inquérito a que responderam os "escritores nascidos com a República" reunidas as pesquisas num volume sob o título "À Margem da História da República" publicado em 1924, antecedendo a revisão constitucional promovida no Governo do Presidente Arthur Bernardes (reforma constitucional de 1926). Publicada a Constituição de 1934, Pontes de Miranda teceu-lhe comentários em dois volumes, revelando a sua familiaridade com o movimento publicístico europeu a que não esteve ausente a Constituição de Weimar (Rio de Janeiro, 1934/35). Volta ao Direito Constitucional com os "Comentários à Constituição de 10 de novembro de 1937", de que vieram a lume os volumes I e III (1938). Outorgada em moldes notoriamente poloneses, foi a Carta básica do regime ditatorial estadonovista, que somente haveria de terminar pela deposição de Vargas, quando os ventos democráticos vinham do hemisfério norte, trazendo notícias das vitórias contra o nazi-fascismo europeu. Sua grande obra, nesta área, foi, sem dúvida, os "Comentários à Constituição de 1946" com duas edições, em 5 volumes. Num juízo de valor, Pontes considera essa Constituição "a mais complexa das Constituições americanas". Trabalhando sem qualquer cooperação, reporta-se ao que a doutrina e a justiça produziram de mais relevante, realizando obra de extrema utilidade ao entendimento das inovações contidas naquela Carta. Precede aos Comentários uma introdução que descreve a História do Direito Constitucional Brasileiro, sintetizando a essência do novo diploma, ao dizer: "Ainda que tendente à volta a 1891, a Constituição de 1946 representa a maior parcela nos três caminhos: democracia, liberdade, igualdade".

Novos rumos percorreu a vida política do País. A Constituição de 1946, promulgada no período de retorno às liberdades constitucionais, reconquistadas após o regime autocrático estadonovista e à ditadura Vargas, veio marcada pelo excesso de liberalismo, que avançou ganhando intensidade. Foi nesse período que se verificou o Governo Constitucional de Getúlio Vargas, repentinamente interrompido pelo seu dramático suicídio, seguido dos distúrbios que marcaram o Governo de Café Filho, a tentativa de Carlos Luz, o equilíbrio institucional de Nereu Ramos, o governo desenvolvimentista de Juscelino Kubitschek, a grande esperança nos propósitos de Jânio Quadros, e a grande decepção nacional com a sua renúncia. Ensaia-se um regime parlamentarista de ocasião, assume o poder João Goulart com ideias de retorno ao presidencialismo, democracia corporativista e instabilidade institucional, enfrentada por movimentos populares e por pregação defensiva, culminando com a ruptura do regime. Inicia-se o período militar de 1964, cuja primeira fase é representada pelo legalismo de Castelo Branco e o bom-mocismo de Costa e Silva, em cujo Governo o País tentou o retorno democrático com a reforma constitucional de 1967, mas mergulhou nas sombras do AI-5. Não faltou Pontes de Miranda com seu trabalho de hermenêutica da nova Carta. Nas entrelinhas dos seis volumes de "Comentários à Constituição de 1967" (Revista dos Tribunais, 1967) já se vê a preocupação do jurista em fornecer ao leitor "a maior cópia de informações úteis do direito constitucional de outros povos". Numa visão global analisa a Constituição de 1967 dizendo-a "algo intermediário entre o norte-americano do século XVIII e o europeu de após a primeira e a segunda Guerra". Numa premonição do que viria a ocorrer, Pontes escreveu: "Nada mais perigoso do que fazer-se Constituição sem o propósito de cumpri-la. Ou de só se cumprir nos princípios de que se precisa, ou se entende devam ser cumpridos - o que é pior". Como trabalho técnico, como obra de jurista, as duas coleções de Comentários às Constituições de 1946 e de 1967 representam massa de informações de tão alto nível, que nenhuma obra se pode escrever no Brasil, neste campo da atividade jurídica, sem consulta ao conteúdo científico-constitucional de um e de outro.[75]

2.4 No Direito Processual

Enganam-se os que pensam que o pensamento ponteano somente se voltou ou tem utilidade para o Direito Material. Ao contrário, Pontes de Miranda tinha um especial apreço pelo Direito Processual, e dedicou diversos estudos às referidas temáticas.

Marcos Bernardes de Mello registra, sobre Pontes de Miranda no Direito Processual, que, "já em 1916, com apenas 24 anos de idade, fez preciosas e valiosas anotações à clássica obra "Doutrina das acções", de Correia Telles, na qual prometia sistematizar uma teoria das ações, o que veio a se concretizar com o seu notável "Tratado das ações", trazido a lume em 1970 e que ele considerava sua mais importante obra jurídica, em razão da absoluta originalidade de sua classificação quinária das ações ali desenvolvidas".[76]

Acerca da referida teoria, que se tornou clássica no Direito Processual Civil, já se destacou que "a classificação é a quinária, não

---

[75] PEREIRA, Caio Mário da Silva. No centenário de Pontes de Miranda. *Revista da Academia Brasileira de Letras Jurídicas*, Rio de Janeiro, n. 3, p. 101, 1992.
[76] MELLO, Marcos Bernardes. *A genialidade de Pontes de Miranda*. Rio de Janeiro: FGV, 2008. p. 45.

por essência, mas por peso ou carga preponderante (e sem que a ação de certa classe corresponda, coextensivamente, sentença de classe idêntica): declaratória (positiva e negativa), constitutiva (positiva ou negativa) condenatória, mandamental (positiva e negativa) e executiva. É o conteúdo dos sete tomos do "Tratado das Ações" (Editora RT) a que se dedicou desde 1918 (mais de 50 anos de pesquisa)".[77]

Caio Mário Pereira da Silva, ao tratar da contribuição ponteana ao Direito Processual, ressalta:

> Sua atividade como processualista se faz presente em "História e Prática do Arresto ou Embargo"; em "Ação Rescisória contra Sentenças"; "Embargos, prejulgados e revista no Direito Processual brasileiro". Como outra obra de fôlego, compôs os "Comentários ao Código de Processo Civil Brasileiro", em 15 volumes, em edição dedicada ao Código de Processo Civil de 1939, na qual se revela o seu pioneirismo em relação à doutrina com que Giuseppe Chiovenda revolucionou a processualística moderna. Ao entrar em vigor o novo Código, de 1973, Pontes de Miranda dedica-se ao seu "Comentário", com toda a bagagem de informações científicas e espírito crítico. Neste mesmo plano está o "Tratado das Ações", em que revela a originalidade da classificação que adota.[78]

Registre-se que outra importante contribuição de Pontes de Miranda para o Direito Processual reside na criação da exceção de pré-executividade. O jurista alagoano foi quem abordou pela primeira vez o citado instituto nos termos em que ele é conhecido atualmente, em célebre parecer de 1966,[79] que ele elaborou quando foi contratado pela Companhia Siderúrgica Mannesmann. Sobre este episódio:

> O único meio legal para se opor a um processo de execução é através da ação autônoma incidental de embargos à execução. Existem, porém, algumas situações específicas que obrigam alguém a penhorar seus bens apenas para provar que nada deve, mostra-se injusto demais com o sujeito colocado na situação de executado. Foi justamente para coibir essas injustiças e sanar o que poderia ser uma lacuna na legislação, que o professor Pontes de Miranda criou, doutrinariamente, um instituto,

---

[77] OLIVEIRA, Mozar Costa de. *Pontes de Miranda, Gênio e Sábio*. 06 ago. 2009. Disponível em: http://mozarcostadeoliveira.blogspot.com/2009/08/pontes-de-miranda-genio-e-sabio.html. Acesso em 08 jan. 2020.
[78] PEREIRA, Caio Mário da Silva. No centenário de Pontes de Miranda. *Revista da Academia Brasileira de Letras Jurídicas*, Rio de Janeiro, n. 3, p. 101, 1992.
[79] PONTES DE MIRANDA, Francisco Cavalcanti. *Dez anos de Pareceres*. 1. ed. São Paulo: Editora Francisco Alves, 1974. p. 132.

visando impedir a execução, sem necessidade de penhorar bens daquele que manifestamente não era devedor. O brilhante jurista elaborou uma peça de defesa prévia ao fazer um parecer encomendado pela siderúrgica Mannesmann, que no ano de 1966 estava sendo executada por títulos extrajudiciais, que buscavam realizar penhoras sobre rendas e depósitos bancários da empresa, o que a levaria à paralisação. Ocorre que os títulos que embasavam a ação de execução proposta haviam sido emitidos com a assinatura falsa de um dos diretores da empresa, com intuito de obter vantagens ilícitas. Os falsos credores queriam se aproveitar do caráter executivo dos títulos que, em tese, não admitiam nenhuma defesa anterior à penhora. Desta forma, Pontes de Miranda, com o objetivo de impedir que uma farsa desse origem a um processo de execução, que poderia causar prejuízos enormes à empresa, ou até mesmo a sua paralisação total, desenvolveu a teoria da exceção de pré-executividade. Embora pareça óbvio, o jurista apenas demonstrou ao juiz daquela execução, que suscitado algum indício de falsidade no título executivo extrajudicial, é obrigação do juiz examinar essa possibilidade antes de determinar o prosseguimento da execução, pois esta falsidade, por si só, poderá inviabilizar todo o processo. Esse parecer, que ao longo dos anos se tornou uma referência para pré-questionar execuções manifestamente ilegais, foi publicado em 1974.[80]

Para demonstrar a atualidade do pensamento ponteano e sua grande utilidade para o Direito Processual dos tempos modernos, convém destacar que o pensamento jurídico de Pontes de Miranda foi "redescoberto nos anos 90, sobretudo a partir das obras de Ovídio Baptista da Silva, que publicou o seu "Curso de direito processual", com uma abordagem pontesiana inovadora, havendo muitas contribuições teóricas do autor gaúcho, como o desenvolvimento teórico da eficácia mandamental das ações e sentenças".[81]

Neste contexto de redescobrimento da obra de Pontes de Miranda e sua influência no Direito Processual, em 2013 foi publicada uma

---

[80] TAPAI, Marcelo de Andrade. *Exceção de pré-executividade*: uma construção doutrinária. Artigo publicado no Portal Boletim Jurídico – ISSN 1807-9008. Disponível em: https://www.boletimjuridico.com.br/doutrina/artigo/866/excecao-pre-executividade-construcao-doutrinaria. Acesso em 20 set. 2019.

[81] COSTA, Adriano Soares da. Ciclo de Estudos Pontesianos. *Pontesianas 1*: atos jurídicos processuais e negócios jurídicos processuais (I). 2016. Disponível em: https://www.linkedin.com/pulse/pontesianas-1-atos-jur%C3%ADdicos-processuais-e-neg%C3%B3cios-i-adriano?trk=related_artice_Pontesianas%201%3A%20Atos%20jur%C3%ADdicos%20processuais%20e%20Neg%C3%B3cios%20jur%C3%ADdicos%20processuais%20(I)_article-card_title. Acesso em 20 set. 2019.

importante coletânea organizada por Fredie Didier Júnior, Pedro Henrique Pedrosa Nogueira e Roberto Campos Gouveia Filho.[82]

Da mesma forma, em 2019, ocorreu em Maceió, o evento denominado "Pontes de Miranda e o Direito Processual", realizado pela Procuradoria Geral do Estado de Alagoas, pela Associação dos Procuradores de Estado de Alagoas (APE) e pela Associação Norte Nordeste dos Professores de Processo (ANNEP).

2.5 No Direito Internacional

Antes mesmo de ter começado a se destacar como jurista, Pontes de Miranda já dava sinais que teria uma forte inclinação para as temáticas do Direito Internacional. Isto se percebe em um fato: ao chegar ao Rio de Janeiro, em 1912, o jovem advogado, para se manter, escrevia artigos para os jornais cariocas. Um desses artigos, que levou, inclusive, à contratação de Pontes pelo Jornal do Comércio, era exatamente sobre a questão do Canal do Panamá.[83]

O jurista exerceu a carreira diplomática entre 1939 e 1943. Foi embaixador do Brasil na Colômbia (1939-1941), Secretário Geral da Embaixada brasileira em Washington, nos Estados Unidos (1941-1943), integrou diversas delegações brasileiras no exterior e representou o país em conferências internacionais. Como se vê, Pontes de Miranda tinha muito que ensinar no que diz respeito a questões do Direito Internacional.

Curiosamente, uma das poucas páginas ainda obscuras da vida do jurista diz respeito ao concurso, ocorrido no final da década de 1930, para professor catedrático de Direito Internacional Privado da Universidade do Brasil (Rio de Janeiro). Neste concurso, Haroldo Valladão acusou Pontes de Miranda de ter cometido um suposto plágio, o que fez com que o jurista alagoano se retirasse da disputa.[84]

---

[82] DIDIER, Fredie; NOGUEIRA, Pedro Henrique Pedrosa; GOUVEIA FILHO, Roberto P. (Coords.). *Pontes de Miranda e o Direito Processual*. Salvador: Jus Podium, 2013.

[83] ALVES, Vilson Rodrigues. Pontes de Miranda. *In*: RUFINO, Almir Gasquez; PENTEADO, Jaques de Camargo (Orgs.). *Grandes juristas brasileiros*. São Paulo: Martins Fontes, 2003. p. 262.

[84] Sobre este episódio, vide: CABRAL, Antônio do Passo. *Alguns mitos do processo (III)*: a disputa entre Pontes de Miranda e Haroldo Valladão, em concurso para professor catedrático na Universidade do Rio de Janeiro, entre 1936 e 1940. Disponível em: http://www.verbojuridico. com.br/blog/wp-content/uploads/2016/05/Alguns_mitos_do_processo_III_a_disputa_e.pdf. Acesso em 08 jan. 2020, e, como contraponto, PAULO, José Ysnaldo Alves. *Os desbravadores do amanhã*. Principais juristas históricos alagoanos. São Paulo: Fonte Editorial, 2017. p. 273-283.

De toda forma, é inegável o conhecimento de Pontes de Miranda no Direito Internacional, o que se afere não somente pelas posições diplomáticas que ocupou (que, em certa medida, dependiam de decisões políticas), mas pelos fatos de que publicou obras de fôlego sobre a matéria e de que foi convidado, em algumas oportunidades, para ministrar cursos em locais de grande prestígio. No contexto sob análise, convém ressaltar que:

Pontes de Miranda foi professor de Direito Internacional Privado na "Académie de Droit International de la Haye", em 1932. Como tal, não poderia deixar de trazer sua contribuição a este novo ramo da ciência jurídica. Aí estão, a testemunhá-lo, "La Conception du Droit International Privé d'après la Doctrine et la Pratique au Brésil" (Paris, 1933). No mesmo rumo "La Création et la personnalité des Personnes Juridiques", in Mélanges Streit, Atenas, 1939. No Brasil, publica "Tratado de Direito Internacional Privado" (1935) e "Nacionalidade de Origem e Naturalização no Direito Brasileiro" (1936).[85]

Ao falar sobre o legado de Pontes de Miranda, em especial, no Direito Internacional, o professor internacionalista e ex-ministro do STF, Francisco Rezek, destaca que, "nos Comentários à Constituição, ele consagra 200 páginas à questão da nacionalidade. E não se encontrará no Brasil, e dificilmente se encontrará lá fora, um compêndio relacionado com a nacionalidade, que se contenha em 200 páginas e que liquide de tal maneira a questão".[86]

Registre-se, conforme lembra Clóvis Ramalhete, que Pontes de Miranda era um crítico da própria expressão Direito Internacional Privado, "que na verdade é nacional e de direito público".[87]

Mas não foi só sobre Direito Internacional Privado que tratou o jurista alagoano. No campo do Direito Internacional Público, acerca do papel exercido pelos tratados internacionais, a doutrina aponta que, "desde a década de 40, Pontes de Miranda já levantava a questão

---

[85] PEREIRA, Caio Mário da Silva. No centenário de Pontes de Miranda. *Revista da Academia Brasileira de Letras Jurídicas*, Rio de Janeiro, n. 3, p. 101, 1992.

[86] REZEK, Francisco. *Homenagem a Pontes de Miranda*. Discurso proferido pelo ex-ministro do STF Francisco Rezek. Recife: Seminário Internacional Brasil – Alemanha, 2010. Conselho da Justiça Federal, Centro de Estudos Judiciários; Coordenação científica Márcio Flávio Mafra Leal. Brasília: CJF, 2010. p. 13. Disponível em: https://www2.cjf.jus.br/jspui/bitstream/handle/1234/44072/seriecadernoscej26brasil-alemanha.pdf?sequence=2. Acesso em 07 ago. 2019.

[87] RAMALHETE, Clovis. Pontes de Miranda, teórico do direito. *Revista de Informação Legislativa*, Brasília, a. 25, n. 97, p. 262-269, jan./mar. 1988. p. 268.

da defesa da supra estatalidade dos direitos fundamentais, baseada no direito das gentes que, a princípio, pode ser conceituado como um ordenamento jurídico acima de todos os Estados "soberanos", que banha e encobre os mesmos com seus valores dos quais nenhum deles pode se furtar".[88]

Ademais, "Pontes de Miranda ajudou a melhor compreender a questão da relatividade da soberania, através de um primoroso estudo em que ele denominou de "técnica da liberdade".[89]

2.6 No Direito do Trabalho

Antes mesmo de tratar das normas jurídicas trabalhistas, Pontes de Miranda já se preocupava com questões de ordem jurídico-sociológica. Neste sentido, ao definir e defender os "novos direitos do homem" (direito à subsistência, direito ao trabalho, direito à educação, direito à assistência e direito ao ideal), o jurista alagoano reconhecia as finalidades do "Estado socialista de fins precisos".

Ainda neste contexto, afirmava, já no início da década de 1930 (antes mesmo da Declaração Universal dos Direitos do Homem (1948)), que "a execução dos cinco novos direitos põe o Estado na linha socialista, pela qual marchará, sabendo onde vai a cada momento".[90]

Ao tratar dos direitos sociais, em "Direito à Subsistência e Direito do Trabalho" (1933), "Os Novos Direitos do Homem" (1933) e "Democracia, Liberdade, Igualdade" (1945), Pontes demonstrava toda a sua preocupação com um objetivo essencial do Estado e do Direito: o combate à desigualdade.

Registrou que "a desigualdade humana, obtida por meios artificiais, – invasões, usurpação do poder, – conseguiu fazer-se inserir no indivíduo: há cultos e analfabetos; educados e não educados; instruídos

---

[88] PINHEIRO NETO, Othoniel. O Direito das Gentes e a efetividade dos direitos fundamentais de acordo com a concepção de Pontes de Miranda. *Revista Jus Navigandi*, ISSN 1518-4862, Teresina, a. 17, n. 3216, 21 abr. 2012. Disponível em: https://jus.com.br/artigos/21559. Acesso em 9 jan. 2020.

[89] PINHEIRO NETO, Othoniel. O Direito das Gentes e a efetividade dos direitos fundamentais de acordo com a concepção de Pontes de Miranda. *Revista Jus Navigandi*, ISSN 1518-4862, Teresina, a. 17, n. 3216, 21 abr. 2012. Disponível em: https://jus.com.br/artigos/21559. Acesso em 9 jan. 2020.

[90] PONTES DE MIRANDA, Francisco Cavalcanti. *Os novos direitos do homem*. Rio de Janeiro: Alba, 1933. p. 77.

e não instruídos; pessoas que podem viajar, descansar, divertir-se, e pessoas que têm que viver entre o trabalho, a comida e o sono".[91]

Ainda nesta obra, aduziu com sabedoria:

> Liberdade (fundo), igualdade (fundo) e democracia (forma) são três conceitos distintos, precisos, claros. São como três caminhos, três dimensões, pelas quais se anda: sobe-se por uma; por outra, vai-se para os lados; pela terceira, marcha-se para frente ou para trás. Não se pode por uma só linha caminhar pelas três; nem avançar de um ponto, por uma delas, significa avançar pelas três. Cada uma existe independente das outras. A evolução tem de se processar nas três. Em certos momentos históricos, avança-se mais por uma. Noutras, por uma das outras. A Grã-Bretanha realizou mais liberdade. Os Estados Unidos da América, mais democracia. A Rússia, mais igualdade.[92]

Diante do quadro traçado em linhas anteriores, ao analisar o pensamento de Pontes de Miranda acerca dos direitos sociais, Marcos Vasconcelos Filho conclui:

> Daí a necessidade de se elaborar um programa estatal, de fins precisos na tentativa de apaziguar a contradição maior com que se depara: de poucos terem em demasia ao passo que o grosso populacional detém quase nada. Nem o individualismo nem o coletivismo utópico são nomes apropriados à nova política científica do Estado. A este caberia antes reconhecer que governa homens por demais distintos em gostos e vontades, aspirações e valores. E, uma vez isto esclarecido, não poderá o mesmo Estado deixar de atender ao seu fim preciso, porque é através de um plano que satisfaça a todos os homens de direito e dever que se alcançará o bem comum e a sociabilidade menos cruel para larga maioria desprivilegiada.[93]

Assim, vê-se que embora Pontes de Miranda esteja sendo constantemente associado ao Direito Civil, muito por causa de seu monumental "Tratado de Direito Privado", há uma faceta considerável de sua obra que trata dos direitos sociais, e, mais precisamente, do direito do trabalho.

---

[91] PONTES DE MIRANDA, Francisco Cavalcanti. *Democracia, liberdade, igualdade*. Rio de Janeiro: José Olympio, 1945.
[92] PONTES DE MIRANDA, Francisco Cavalcanti. *Democracia, liberdade, igualdade*. Rio de Janeiro: José Olympio, 1945. p. 183.
[93] VASCONCELOS FILHO, Marcos. *Ao piar das corujas. Uma compreensão do pensamento de Pontes de Miranda*. Maceió: Edufal, 2006. p. 100.

Pontes de Miranda é a grande voz da defesa dos direitos fundamentais. [...] Ao apontar que a crise da República Velha era decorrente da adaptação de institutos de direito comparado, da concentração da propriedade no campo e do aprofundamento da lei econômica capitalista da mais valia, propunha um programa reformista baseado numa intervenção do Estado no processo de produção de riquezas para o progresso social e a cidadania mediante a orientação da ciência positiva (Pontes de Miranda, 1924, p. 190-200). [...] Ao refletir sobre os desafios da incipiente República brasileira, envereda pela crítica ácida e vertical à economia de mercado, diz que o capitalismo financeiro acaba por mostrar que a lógica do lucro conduz ao parasitismo e eleva a exploração do homem pelo homem e a mais-valia à escala internacional (Pontes de Miranda, 1933c, p. 26) [...] O princípio básico é que, quando Pontes de Miranda propõe uma solução eclética, que concilie o individualismo com as garantias sociais defendidas pelo socialismo, trata-se de um embate de forças no momento de sua criação e espelha uma gama de interesses na sociedade. Ao mesmo tempo, tenta construir um discurso racional que transforme um interesse relativo, de uma camada social, em interesse universal, de toda a sociedade. O resultado é a defesa de um pentágono articulado de garantias fundamentais, que Pontes de Miranda chama de "os novos direitos do homem". [...] Os direitos fundamentais em Pontes de Miranda não são apenas limitações ao Estado perante o indivíduo, com fundamento ou não no direito das gentes (o direito humano no mais alto grau), mas obrigações do Estado perante a sociedade (Pontes de Miranda, 1938a, p.371-372). [...] Assim, chama de novos direitos os direitos reformadores, materializados no acesso ao trabalho, à assistência, ao ideal, à subsistência e à educação. Considera-os bases do Estado Democrático de Direito Socialista e direitos subjetivos contra o próprio Estado (Pontes de Miranda, 1933a, p. 37, 39, 56, 64) (Pontes de Miranda, 1938a, p. 378). [...] O catálogo de garantias fundamentais seria o mais importante da Constituição e deveria ser articulado sobre três bases: 1) radicalização das liberdades individuais; 2) manutenção da forma democrática do Estado; 3) efetivação dos direitos sociais como condição do princípio da igualdade jurídica (Pontes de Miranda, 1979, p. 497-601).[94]

Mas, o eclético Pontes de Miranda não abordou apenas os aspectos teóricos, sociológicos ou mesmo constitucionais dos direitos trabalhistas. Neste sentido, no próprio "Tratado de Direito Privado", ele escreveu dois tomos sobre questões relacionadas ao Direito do Trabalho. No

---

[94] MAIA, Fernando Joaquim Ferreira. A retórica de Pontes de Miranda e os direitos fundamentais na República Nova (1930-1945). *Revista Direitos e Garantias Fundamentais*, Vitória, v. 17, n. 1, p. 191-226, jan./jun. 2016. p. 191-225.

caso, os tomos 47 e 48 versam sobre o Direito do Trabalho Individual e Coletivo.[95] Ao escrever artigo sobre Pontes de Miranda, o jurista Caio Mário da Silva Pereira registrou, no início da década de 1990, "o Simpósio que o Instituto dos Advogados Brasileiros e a Academia Nacional de Direito do Trabalho estão a promover, para dar relevo à contribuição pioneira de Pontes de Miranda ao Direito do Trabalho".[96]

2.7 No Direito Tributário

Os estudos que Pontes de Miranda empreendeu no Direito Tributário se deram em diversos momentos, seja em sua atuação como escritor de obras jurídicas, seja em sua atividade de advocacia consultiva.

Neste último contexto, pode ser destacada a elaboração de pareceres sobre matérias tributárias, que ocorreu com certa frequência na vida do jurista alagoano, o que se pode verificar nos pareceres "Sobre isenção de impostos estaduais e exigência posterior de adicional",[97] "Sobre imposto único a comércio de lubrificantes e combustíveis, líquidos e gasosos, e imposto de indústrias e profissões"[98] ou "Sobre serviços públicos e tarifas".[99]

Ainda sobre esta atividade desenvolvida pelo jurista, e que será melhor explicada no item deste livro que aborda a atuação de Pontes de Miranda enquanto parecerista, o professor Marcos Bernardes de Mello relata o seu primeiro encontro com seu mestre, que ocorreu no início da década de 1970, quando o Estado de Alagoas precisou dos serviços do maior parecerista do país. Marcos Bernardes de Mello, então Procurador Geral do Estado de Alagoas, foi pessoalmente ao Rio de Janeiro encomendar um parecer a Pontes de Miranda, o regime jurídico tributário aplicável às autarquias, circunstância que confirma o seu prestígio e capacidade na seara tributária.

---

[95] Tomo XLVII – Direito das Obrigações: Contrato de trabalho. Tomo XLVIII – Direito das Obrigações: Contrato coletivo do trabalho. Contratos especiais de trabalho. Preposição comercial. Ações. Acordos em dissídios coletivos e individuais. Contrato de trabalho rural.
[96] PEREIRA, Caio Mário da Silva. No centenário de Pontes de Miranda. *Revista da Academia Brasileira de Letras Jurídicas*, Rio de Janeiro, n. 3, p. 101, 1992.
[97] PONTES DE MIRANDA, Francisco Cavalcanti. *Dez anos de Pareceres*. Rio de Janeiro: Livraria Francisco Alves, 1965. v. 3, parecer 61.
[98] PONTES DE MIRANDA, Francisco Cavalcanti. *Dez anos de Pareceres*. Rio de Janeiro: Livraria Francisco Alves, 1965. v. 3, parecer 63.
[99] PONTES DE MIRANDA, Francisco Cavalcanti. *Questões Forenses*: direito constitucional, administrativo, penal, processual e privado. Rio de Janeiro: Borsoi, 1957. t. I, parecer 18.

As várias obras sobre comentários às Constituições também abrigaram diversos estudos ponteanos sobre questões tributárias. Neste sentido, pode ser mencionada a adoção, pelo jurista nordestino, da teoria dicotômica, conhecida por teoria clássica ou bipartite, que separava os tributos da seguinte forma: em vinculados a uma atuação estatal (taxas e contribuições de melhoria) e tributos não vinculados (impostos).[100]

Atualmente, a situação que mais relaciona Pontes de Miranda ao Direito Tributário reside na adoção, por alguns tributaristas brasileiros, de sua "Teoria da Incidência das Normas Jurídicas". Neste contexto, há doutrinadores que sustentam que "a teoria de Pontes de Miranda é pertinente, uma vez que a fenomenologia da incidência tributária desde a ocorrência de seus fatos geradores, o nascimento da obrigação, crédito, etc., encadeiam-se numa sequência que podem ser melhor entendidas dentro das categorias por ele teorizadas".[101]

Bruno Tavares explica que, "ao contrário de muitos que seguem a corrente capitaneada por Paulo de Barros Carvalho, o jurista alagoano sustenta que o Direito é uma realidade e a medida do seu ser é conferida pela sua realização". E acrescenta: "Pontes de Miranda busca diferenciar incidência e aplicação. Para o autor, os sistemas jurídicos são sistemas lógicos compostos de normas jurídicas, as quais incidem automática e infalivelmente sobre os suportes fácticos previstos em sua parte antecedente".[102]

Ainda sobre esta temática, tão central para os estudiosos do Direito Tributário, convém transcrever que:

> Ao distinguir leis naturais de leis jurídicas (em sentido amplo de regras jurídicas), Pontes de Miranda (2012, p. 68, 95) aponta a necessidade da "cisão lógica e política 'incidência-aplicação'", visto que, de modo diferente das primeiras, as leis jurídicas não coincidem com os fatos, mas, por serem feitas pelo homem, incidem neles. Dessa forma, já que a regra jurídica é artificial, consistindo em processo de adaptação social, não é possível a regra jurídica de concretização simplesmente mecânica, pois "se ela coincidisse com os fatos, não precisaria de eventual

---

[100] PONTES DE MIRANDA, Francisco Cavalcanti. *Comentários à Constituição de 1967*. Rio de Janeiro: RT, 1970. t. IV, p. 362 e 371-372.

[101] LIMA, Aloysio Cavalcante. Dinâmica da juridicização tributária na concepção ponteana. *Revista Jus Navigandi*, ISSN 1518-4862, Teresina, a. 8, n. 66, 2003. Disponível em: https://jus.com.br/artigos/4127. Acesso em 08 jan. 2020.

[102] MOURA, Bruno Emanuel Tavares de. *A incidência normativa*: análise das concepções de Pontes de Miranda e Paulo de Barros Carvalho sob o prisma de uma teoria pragmática da linguagem. Disponível em: http://www.publicadireito.com.br/artigos/?cod=291d43c696d8c370. Acesso em 09 jan. 2020.

aplicação". Porém, "a vontade humana nada pode contra a incidência da regra jurídica, uma vez que ela se passa em plano do pensamento". Isso significa que o instituto pertence aos domínios da Lógica. Assim, incidência é uma associação lógica que ocorre por se presumir que uma regra jurídica automaticamente se aplica a um caso nela previsto. Em outras palavras, a coexistência dos suportes fáticos abstrato e concreto resulta em um determinismo lógico que torna inevitável a incidência.[103]

2.8 No Direito Penal

Como criminalista, Pontes de Miranda, ainda jovem, escreveu um livro que se tornou um clássico: "História e Prática do Habeas Corpus" (1916). Sobre tal obra, já se destacou na doutrina que:

> São raras, nas estantes dos processualistas, obras como essa que agora resenhamos: "História e Prática do Habeas Corpus", do notável Francisco Cavalcanti Pontes de Miranda. Diante da vastidão da obra e mesmo da importância que temos atribuído a essa questão (teorias da história e processualística), optamos por desmembrar a resenha em cinco partes: 1ª) "O habeas corpus na Inglaterra"; 2ª) "O habeas corpus na América"; 3ª) "O habeas corpus no Brasil-Império"; 4ª) "O habeas corpus na República (1889-1951)"; e 5ª) "Pressupostos e processo do habeas corpus".[104]

Habeas corpus, diz Pontes de Miranda, "eram as palavras iniciais da fórmula no mandado que o Tribunal concedida, endereçado a quantos tivessem em seu poder, ou guarda, o corpo do detido. A ordem era do teor seguinte: 'Toma (literalmente: tome, no subjuntivo, habeas, de habeo, habere, ter, exibir, tomar, trazer, etc.) o corpo dêste detido e vem submeter ao Tribunal o homem e o caso'".[105]

Acrescenta, ainda, que a finalidade do habeas corpus "era evitar, ou remediar, quando impetrado, a prisão injusta, as opressões e as detenções excessivamente prolongadas. Também nesse tempo, em

---

[103] SANTOS, Antônio Wilker dos. A Teoria do fato jurídico de Pontes de Miranda em face do pragmatismo analítico de Wittgenstein. *Cadernos de Direito*, Piracicaba, v. 17(33), p. 187-210, jul./dez. 2017. p. 194.

[104] SILVEIRA, Marcelo Pichioli da. *História e Prática do Habeas Corpus, de Francisco Cavalcanti Pontes de Miranda*. Artigo publicado em 25.05.2018 na coluna Resenha Forense, site emporiododireito.com.br. Disponível em: https://emporiododireito.com.br/leitura/historia-e-pratica-do-habeas-corpus-de-francisco-cavalcanti-pontes-de-miranda. Acesso em 19 jan. 2020.

[105] PONTES DE MIRANDA, Francisco Cavalcanti. *História e Prática do Habeas Corpus*. 3. ed. Rio de Janeiro: José Konfino, 1955. p. 24.

caso de prisão preventiva, o acusado não devia ser tratado como os indivíduos já condenados, recusando-se à prisão o caráter da pena. Por isso mesmo, o paciente havia de comparecer à justiça com as mãos e os pés livres".[106]

No tocante à importância do habeas corpus naqueles tempos, para Pontes, "teremos idéia dos serviços prestados por êsses remédios, se tivermos em memória o que era a liberdade pessoal nos povos antigos e na Idade Média". E prossegue registrando que "o direito de ir e vir era vaga noção, sem as seguranças e garantias necessárias que a efetivassem. Direito subjetivo, não havia; nem a pretensão. As violações ficavam impunes. Por toda a parte coagiam-se indivíduos, ilegalmente. Os próprios magistrados obrigavam homens livres a prestar-lhes serviços domésticos. Daí as leis tendentes a proibir essas vexações, de que é exemplo o preceito de Carlos Magno".[107]

Para a doutrina, o livro História e prática do Habeas Corpus "teve dois méritos: o de ser o primeiro do mundo do direito comparado do habeas corpus e o de não ter tido outro, que fosse o segundo, até hoje".[108]

Também merece menção os estudos que Pontes de Miranda realizou acerca de diversos institutos jurídico-penais presentes nas Constituições brasileiras que o jurista comentou ao longo de sua vida.

Neste tocante, nos "Comentários à Constituição de 1946", dentre os temas de direito penal material e processual, o jurista trata do direito intertemporal e do direito penal; do princípio da incontagiabilidade da pena; da vedação de penas como as corporais, perpétuas, banimento, confisco, de morte, sequestro, perda de bens; da prisão civil e limitações ao direito coativo; do direito de defesa e nota de culpa; da vedação do foro privilegiado e dos tribunais de exceção; dos princípios do juiz competente e da forma legal; da instituição do júri e individualização da pena.[109]

Para aqueles que eventualmente ainda estejam incrédulos com a existência de um Pontes de Miranda criminalista, a doutrina aponta que o jurista, quando morreu, estava preparando o "Tratado de Direito

---

[106] PONTES DE MIRANDA, Francisco Cavalcanti. *História e Prática do Habeas Corpus*. 3. ed. Rio de Janeiro: José Konfino, 1955. p. 24.
[107] PONTES DE MIRANDA, Francisco Cavalcanti. *História e Prática do Habeas Corpus*. 3. ed. Rio de Janeiro: José Konfino, 1955.
[108] ALVES, Vilson Rodrigues. Pontes de Miranda. *In*: RUFINO, Almir Gasquez; PENTEADO, Jaques de Camargo (Orgs.). *Grandes juristas brasileiros*. São Paulo: Martins Fontes, 2003. p. 280.
[109] PONTES DE MIRANDA, Francisco Cavalcanti. *Comentários à Constituição de 1946*. 3. ed. Rio de Janeiro: Borsoi, 1960. v. 4.

Penal". Sobre esta obra, "segundo registros, somente o plano desse tratado consistia numa pilha de quarenta centímetros de altura de folhas".[110] [111]

3 Pontes de Miranda e o Direito Administrativo

E o Direito Administrativo, teria Pontes de Miranda deixado de lado exatamente esse importante ramo do Direito Público? E os administrativistas, qual a relação desses juristas com a obra de Pontes de Miranda?

Nas próximas palavras, tais perguntas servirão de norte para a presente investigação. De pronto, toma-se aqui como inspiração e ponto de partida para esta empreitada, o pensamento de que "ninguém jamais viu o fundo dos vulcões, mas ele existe", conforme registrou Pontes de Miranda na obra "Sabedoria da inteligência". Assim, conforme a frase destacada, pode-se afirmar que o Pontes de Miranda administrativista existe, embora quase ninguém procure enxergá-lo.

Talvez esta falta de visibilidade ocorra, pois, ao contrário do que fez em relação a outros ramos do Direito, o jurista Pontes de Miranda não escreveu nenhum livro específico sobre Direito Administrativo.[112]

Não obstante, a ausência de livros de Pontes de Miranda sobre o citado ramo do Direito não significa que o jurista não tenha se debruçado sobre muitas questões da disciplina jurídica dedicada à função administrativa do Estado.[113]

---

[110] ALVES, Vilson Rodrigues. Pontes de Miranda. *In*: RUFINO, Almir Gasquez; PENTEADO, Jaques de Camargo (Orgs.). *Grandes juristas brasileiros*. São Paulo: Martins Fontes, 2003. p. 295, nota de rodapé 88.

[111] OLIVEIRA, Mozar Costa de. *Centenário do nascimento de Pontes de Miranda*. (Conferência proferida para o Órgão Especial do Egrégio Tribunal de Justiça de São Paulo e no Instituto dos Advogados de São Paulo). Ribeirão Preto: Associação Paulista dos Magistrados, 1994, p. 09.

[112] Apesar de não ter escrito qualquer livro de Direito Administrativo, o mesmo não se pode dizer em relação a artigos. Em sua extensa bibliografia, constam os artigos "Sociedade de Economia Mista" (PONTES DE MIRANDA, Francisco Cavalcanti. Sociedade de Economia Mista. *Revista de Direito Administrativo*, Rio de Janeiro: Fundação Getúlio Vargas, v. 29, 1952), e "A Eficácia Contenutística do Decreto nº 63.166, de 20.08.1968, relativo à dispensa de reconhecimento de firma em documentos para processos e atos administrativos" (PONTES DE MIRANDA, Francisco Cavalcanti. *A eficácia contenutística do Decreto nº 63.166, de 20.08.1968, relativo à dispensa de reconhecimento de firma em documentos para processos e atos administrativos*. Rio de Janeiro: Revista Trimestral da Divisão Jurídica do Instituto do Açúcar e do Álcool, 1969).

[113] Vale registrar que o subtítulo de um de seus livros faz menção expressa ao Direito Administrativo. Trata-se de um livro em que Pontes de Miranda, em oito tomos, cataloga 362 pareceres de sua autoria sobre questões de diversas áreas jurídicas (PONTES DE

Na verdade, ao longo de toda a sua vida, Pontes de Miranda realizou diversas pesquisas e emitiu várias opiniões sobre os mais diversos institutos jurídico-administrativos. Tal vasta produção pode ser dividida em dois grandes ofícios exercidos pelo jurista: como doutrinador e como parecerista. Mas também, como se verá, de onde menos se espera também surge o Pontes administrativista, o que se verifica nos lugares mais inusitados, como em obras de processo civil ou de direito privado.

3.1 O comentarista de várias Constituições brasileiras

Dentre os grandes juristas que analisaram com seus comentários as Constituições brasileiras, o nome de Pontes de Miranda é, certamente, um dos mais lembrados. Acerca desta nuance do jurista, certa vez, o ex-ministro do STF, Clóvis Ramalhete, elencou algumas características que faziam de Pontes o jurista ideal para analisar a diversidade de matérias contempladas em uma Constituição:

> Jurista múltiplo, Pontes de Miranda era equipado com a vasta e especializada erudição apropriada a cada departamento do direito. Sua mente plástica era pronta em tomar a feição natural e diferenciadora do ramo do direito que passasse a versar em livro. Pontes, sensível às características das divisões do direito, entendeu-as como regiões diferenciadas. Sabia serem criadores, cada qual delas, de conceitos próprios a serem expressos em linguagem própria. Traduziu tudo isto afirmando: "Tem-se que ser civilista quando se está no terreno do Direito Civil, constitucionalista no terreno do Direito Constitucional, administrativista no terreno do Direito Administrativo, e processualista no terreno do Direito Processual. O que importa é erguer a sistemática que serve à lei e fazê-la fecunda no seu plano e dentro dos limites em que tem de ser aplicada.[114]

Durante quase quatro décadas, Pontes de Miranda analisou os mais variados temas de Direito Administrativo à medida que comentava as várias Constituições brasileiras publicadas durante sua vida profissional (no caso, as de 1934, 1937, 1946, 1967 e esta, com a Emenda Constitucional de 1969).

MIRANDA, Francisco Cavalcanti. *Questões Forenses*: direito constitucional, administrativo, penal, processual e privado. Rio de Janeiro: Borsoi, 1957).

[114] RAMALHETE, Clovis. Pontes de Miranda, teórico do direito. *Revista de Informação Legislativa*, Brasília, a. 25, n. 97, p. 262-269, jan./mar. 1988.

Destaque-se que os "Comentários à Constituição da República dos Estados Unidos do Brasil", que analisou os dispositivos da Constituição de 1934, tinha 02 (dois) tomos; os "Comentários à Constituição de 10 de novembro de 1937" possui 03 (três) tomos (ou volumes); os "Comentários à Constituição de 1946" abrangem 08 (oito) tomos; e os "Comentários à Constituição de 1967" foram escritos em 06 (seis) volumes. Assim, Pontes de Miranda escreveu nada menos que 19 (dezenove) tomos sobre as Constituições brasileiras de seu tempo.

E mais: apenas para ilustrar, somente os "Comentários à Constituição de 1967" (com a emenda nº 01 de 1969), possui 586 páginas em seu tomo I, o tomo II tem 607 páginas; o tomo III 648 páginas; o tomo IV abrange 709 páginas; o tomo V possui 701 páginas, e o tomo VI foi escrito em 664 páginas, o que totaliza 3.915 páginas.

Quando verificados todos os diversos tomos dos Comentários às referidas Constituições brasileiras, e mesmo destacadas apenas as análises que o citado jurista dedicou às questões jurídico-administrativas, chega-se facilmente à constatação de que poucos administrativistas brasileiros tiveram uma produção tão fecunda e abrangente.

Quanto à fecundidade, só para que se possa ter ideia do grau de aprofundamento das análises que Pontes de Miranda realizava, quando escreveu os "Comentários à Constituição de 1946", somente acerca do tema "desapropriação", o jurista dedicou nada menos que cento e dezenove páginas, e para abordar as questões que envolvem os "funcionários públicos", outras noventa e sete foram escritas.[115]

Por sua vez, quanto à abrangência, nas obras em que comentou as Constituições brasileiras, Pontes de Miranda se consolidou como grande publicista, pois enfrentou todos os problemas que envolviam a atuação do Estado e suas relações com a sociedade nos mais diversos aspectos (administrativo, financeiro, tributário, econômico, etc.). E, no tocante às temáticas jurídico-administrativas, praticamente todas as questões relevantes (no caso, as que estavam contempladas nos textos constitucionais) receberam sua especial atenção.

Assim, é plenamente possível afirmar que Pontes de Miranda é um dos principais comentaristas das Constituições brasileiras, ao lado de juristas como Pinto Ferreira, Ives Gandra da Silva Martins, Manoel Gonçalves Ferreira Filho, dentre outros.

---

[115] PONTES DE MIRANDA, Francisco Cavalcanti. *Comentários à Constituição de 1946*. 3. ed. Rio de Janeiro: Borsoi, 1960. t. V e VII, p. 23-142 e p. 267-364 respectivamente.

Destaque deve ser conferido às palavras de Marcos Bernardes de Mello acerca dos Comentários de Pontes de Miranda sobre as Constituições brasileiras:

> Não se limitavam à pura e simples exegese dos textos, não se restringiam a repeti-los com outros fraseados, como é tão comum entre os exegetas. Ao contrário, ia bem além. Fundados nos mais modernos e abalizados autores do direito público, seus Comentários constituíam primorosas, precisas, elegantes, profundas e, em geral, definitivas exposições doutrinárias sobre os institutos codificados, desenvolvendo, ao mesmo tempo, crítica severa, perspicaz, inteligente e apropriada de suas disposições normativas, apontando-lhes os defeitos, erros, inadequações à nossa realidade e equívocos que os enfeavam, sem deixar de oferecer as correções pertinentes e suscitar os possíveis problemas que deles poderiam advir, apontando as soluções que lhe pareciam, em regra eram, adequadas.[116]

3.2 O parecerista mais consagrado do país

O jurista considerado, ainda nos dias de hoje, como o mais influente do país, se notabilizou por sua profícua atividade enquanto consultor jurídico. Tendo exercido a advocacia entre 1912 e 1924, e entre 1943 e 1979, sua produção chega até os dias de hoje a partir da publicação de seus pareceres jurídicos, que eram elaborados em suas bibliotecas pessoais, que segundo relatos, ultrapassavam a cifra de 100 mil livros,[117] tendo uma parcela sido adquirida pelo Supremo Tribunal Federal, após a morte do jurista.

Conforme já destacado, em sua vida profissional, Pontes de Miranda ocupou cargos públicos, seja na magistratura, seja na diplomacia, e até mesmo como Delegado de Polícia. Todavia, em 1943, ele deixou sua carreira diplomática para se dedicar exclusivamente às atividades de parecerista e escritor. Sobre esta atividade:

> Pensar, pesquisar e compreender eram tarefas diárias na vida de Pontes de Miranda, as quais realizava com extremo prazer e satisfação. Fez mais de mil pareceres ao longo de sua vida. Não deixou de abordar nenhum assunto relacionado à ciência jurídica. [...] Certa vez, ao ser perguntado

---

[116] MELLO, Marcos Bernardes. *A genialidade de Pontes de Miranda*. Rio de Janeiro: FGV, 2008. p. 46.
[117] PAULO, José Ysnaldo Alves. *Os desbravadores do amanhã*. Principais juristas históricos alagoanos. São Paulo: Fonte Editorial, 2017. p. 229.

por um repórter como elaborava seus pareceres e porque eles eram tão famosos em todo o mundo, Pontes de Miranda respondeu: "Quando escrevo um livro é como se estivesse em um castelo, com o mobiliário que escolhi, a comida de que gosto e as bebidas que aprecio. Quando eu tenho que dar um parecer, a pedido de um advogado brasileiro ou estrangeiro ou de uma empresa brasileira ou estrangeira que vem me consultar, é como se o interessado entrasse no castelo, retirasse toda a mobília ali existente, trocasse as bebidas e as comidas que gosto. Assim me vejo obrigado a entrar em outro mundo para melhor compreender o clima e os anseios dos meus clientes" [...] Fazer pareceres se tornou a especialidade de Pontes de Miranda. Sua imensa capacidade de organização e os seus fichários que continham as anotações de tudo que já havia lido e considerado importante muito o ajudaram na elaboração de seus pareceres. Pontes esgotava o tema abordado, fazia citações e comparava opiniões de vários juristas sobre o tema que estava sendo abordado e, no final, com uma precisão matemática, dava o veredito final.[118]

Registra ainda a doutrina que como parecerista, Pontes de Miranda legou-nos "notável quantidade de pareceres de insuperável qualidade sobre os mais variados ramos do direito interno e internacional, publicados em revistas especializadas, 285 deles condensados nos dez tomos da obra "Dez anos de pareceres", de 1974-1977, e outros 362 na obra sobre direito constitucional, direito administrativo, direito penal, direito processual e direito privado, denominada "Questões Forenses", em oito tomos, em edições de 1953-1965".[119]

Dentre os incontáveis pareceres que Pontes de Miranda escreveu durante várias décadas de atividade intensa na advocacia consultiva, muitos foram os que analisaram problemas que envolviam o Direito Administrativo.

Nestes pareceres, vê-se um Pontes de Miranda que, com brilhantismo, resolvia as questões práticas que lhe eram encaminhadas por clientes de todo o Brasil.[120] Se é verdade que o parecer, quando encomendado por uma pessoa física ou jurídica, muitas vezes com o

---

[118] Trecho retirado do artigo *"Os pontes do conhecimento"*, publicado pela Justiça do Trabalho, Tribunal Regional do Trabalho da 19ª Região (Alagoas), 2019. p. 19.

[119] ALVES, Vilson Rodrigues. Pontes de Miranda. *In*: RUFINO, Almir Gasquez; PENTEADO, Jaques de Camargo (Orgs.). *Grandes juristas brasileiros*. São Paulo: Martins Fontes, 2003. p. 285.

[120] Sobre o papel do jurista, Pontes de Miranda registrou que *"com antipatia não se interpreta, ataca-se"*, e que o intérprete deve exercer o seu ofício "de ânimo desarmado" (PONTES DE MIRANDA, Francisco Cavalcanti. *Comentários à Constituição de 1967*. Rio de Janeiro: Forense, 1987. t. I, p. 5).

propósito de ver defendida uma determinada tese, não possui o mesmo grau de isenção da atuação do cientista do Direito, também é fato que Pontes de Miranda sempre manteve uma coerência entre o que escrevia como doutrinador e o que opinava como consultor jurídico.

Também chama a atenção a circunstância de que o Pontes de Miranda parecerista a toda hora fazia referência direta ao que o Pontes de Miranda doutrinador havia produzido. Assim, mais que argumentos de autoridade, tem-se nos citados pareceres a própria autoridade usando os seus argumentos.

De toda forma, ainda que tenham sido concebidas para atender aos interesses daqueles que arcavam com o pagamento dos honorários, é inegável que nestas respostas às consultas podem ser encontradas valiosas análises de temáticas diversas, e que hoje devem ser conhecidas por aqueles que se dedicam ao Direito Administrativo.

Neste tocante, há pareceres sobre questões de função pública (*e.g.*, estabilidade, equiparação, concurso público), de controle de atos da Administração Pública via mandado de segurança ou ações anulatórias, poder regulamentar, intervenção estatal na propriedade, contratos com entidades estatais, dentre outros assuntos.

Na obra "Questões Forenses",[121] em oito tomos, o jurista apresenta nada menos que 362 (trezentos e sessenta e duas) peças jurídicas que elaborou, enquanto advogado, entre o final da década de 1940 e o início da década de 1960.

Para ilustrar a relação da referida obra com o Direito Administrativo, no tomo I (pareceres 1 a 55), logo o primeiro parecer trata de questão relacionada a funcionários públicos interinos;[122] o parecer 18 versa sobre serviços públicos e tarifas;[123] o de número 25 aborda questão relacionada aos advogados e procuradores da Prefeitura do Distrito Federal[124] (então o Rio de Janeiro); o de número 30 sobre a figura do corregedor;[125] o parecer número 34 sobre direitos dos funcionários

---

[121] PONTES DE MIRANDA, Francisco Cavalcanti. *Questões Forenses*: direito constitucional, administrativo, penal, processual e privado. Rio de Janeiro: Borsoi, 1957.

[122] PONTES DE MIRANDA, Francisco Cavalcanti. *Questões Forenses*: direito constitucional, administrativo, penal, processual e privado. Rio de Janeiro: Borsoi, 1957. t. I, p. 1-3.

[123] PONTES DE MIRANDA, Francisco Cavalcanti. *Questões Forenses*: direito constitucional, administrativo, penal, processual e privado. Rio de Janeiro: Borsoi, 1957. t. I, p. 142-152.

[124] PONTES DE MIRANDA, Francisco Cavalcanti. *Questões Forenses*: direito constitucional, administrativo, penal, processual e privado. Rio de Janeiro: Borsoi, 1957. t. I, p. 224-240.

[125] PONTES DE MIRANDA, Francisco Cavalcanti. *Questões Forenses*: direito constitucional, administrativo, penal, processual e privado. Rio de Janeiro: Borsoi, 1957. t. I, p. 288-289.

públicos;[126] o 42º sobre médicos-chefes da Prefeitura do Distrito Federal;[127] o de número 47 sobre pesquisa de lavras e minas;[128] o de número 49 acerca de vencimentos de militares inativos;[129] o de número 51 sobre interinidade e concurso.[130] Por sua vez, no tomo II (pareceres 56-104), Pontes de Miranda escreve sobre vedação de advogar aos membros do Ministério Público (parecer 70);[131] sobre aproveitamento de funcionários aposentados (parecer 73);[132] acerca da responsabilidade dos Interventores nos Estados-membros (parecer 74);[133] sobre hipóteses de segredo (sigilo) de segurança nacional (parecer 85);[134] a respeito da acumulação de cargo de deputado diplomado como Diretor do Banco do Brasil (parecer 87);[135] sobre licenças decorrentes do poder de polícia (pareceres 97[136] e 104):[137] sobre prazo preclusivo e competência em mandado de segurança (parecer 98)[138] e acerca da redução de vencimentos de funcionários públicos (parecer 101).[139]

Conforme se verifica, dentre 55 (cinquenta e cinco) pareceres do tomo I da obra "Questões Forenses", 08 (oito) versam sobre questões

---

[126] PONTES DE MIRANDA, Francisco Cavalcanti. *Questões Forenses*: direito constitucional, administrativo, penal, processual e privado. Rio de Janeiro: Borsoi, 1957. t. I, p. 303-306.

[127] PONTES DE MIRANDA, Francisco Cavalcanti. *Questões Forenses*: direito constitucional, administrativo, penal, processual e privado. Rio de Janeiro: Borsoi, 1957. t. I, p. 371-382.

[128] PONTES DE MIRANDA, Francisco Cavalcanti. *Questões Forenses*: direito constitucional, administrativo, penal, processual e privado. Rio de Janeiro: Borsoi, 1957. t. I, p. 430.

[129] PONTES DE MIRANDA, Francisco Cavalcanti. *Questões Forenses*: direito constitucional, administrativo, penal, processual e privado. Rio de Janeiro: Borsoi, 1957. t. I, p. 440.

[130] PONTES DE MIRANDA, Francisco Cavalcanti. *Questões Forenses*: direito constitucional, administrativo, penal, processual e privado. Rio de Janeiro: Borsoi, 1957. t. I, p. 451.

[131] PONTES DE MIRANDA, Francisco Cavalcanti. *Questões Forenses*: direito constitucional, administrativo, penal, processual e privado. Rio de Janeiro: Borsoi, 1957. t. II, p. 162-169.

[132] PONTES DE MIRANDA, Francisco Cavalcanti. *Questões Forenses*: direito constitucional, administrativo, penal, processual e privado. Rio de Janeiro: Borsoi, 1957. t. II, p. 222-226.

[133] PONTES DE MIRANDA, Francisco Cavalcanti. *Questões Forenses*: direito constitucional, administrativo, penal, processual e privado. Rio de Janeiro: Borsoi, 1957. t. II, p. 227-233.

[134] PONTES DE MIRANDA, Francisco Cavalcanti. *Questões Forenses*: direito constitucional, administrativo, penal, processual e privado. Rio de Janeiro: Borsoi, 1957. t. II, p. 346-349.

[135] PONTES DE MIRANDA, Francisco Cavalcanti. *Questões Forenses*: direito constitucional, administrativo, penal, processual e privado. Rio de Janeiro: Borsoi, 1957. t. II, p. 359-366

[136] PONTES DE MIRANDA, Francisco Cavalcanti. *Questões Forenses*: direito constitucional, administrativo, penal, processual e privado. Rio de Janeiro: Borsoi, 1957. t. II, p. 486-490.

[137] PONTES DE MIRANDA, Francisco Cavalcanti. *Questões Forenses*: direito constitucional, administrativo, penal, processual e privado. Rio de Janeiro: Borsoi, 1957. t. II, p. 554.

[138] PONTES DE MIRANDA, Francisco Cavalcanti. *Questões Forenses*: direito constitucional, administrativo, penal, processual e privado. Rio de Janeiro: Borsoi, 1957. t. II, p. 491-498.

[139] PONTES DE MIRANDA, Francisco Cavalcanti. *Questões Forenses*: direito constitucional, administrativo, penal, processual e privado. Rio de Janeiro: Borsoi, 1957. t. II, p. 525-541.

jurídico-administrativas, e dos 48 (quarenta e oito) pareceres inseridos no tomo II, 09 (nove) tratam de questões de Direito Administrativo. Projetando esses números aos oito tomos da obra, verifica-se que Pontes de Miranda brinda o público com mais de setenta estudos que podem ser extremamente úteis à doutrina administrativista.

Por sua vez, na obra "Dez anos de pareceres",[140] que possui dez volumes, Pontes de Miranda compartilha com o público 285 (duzentos e oitenta e cinco) pareceres que elaborou entre 1963 e 1973. Dentre estas peças, que consistem em estudos relevantes sobre as mais diversas temáticas, o jurista analisa inúmeras questões que envolvem a atividade administrativa do Estado.

Para ilustrar a fecunda produção de pareceres na seara do Direito Administrativo, tome-se como amostra o primeiro volume da citada obra. Nele, Pontes de Miranda analisa as seguintes questões jurídico-administrativas: já no parecer número 01, trata sobre "reserva remunerada da marinha e exercício de cargo em serviço federal ou estadual ou municipal".[141] Por sua vez, o parecer número 5 analisa resolução que criou cargos na Câmara Municipal de São Paulo;[142] o de número 6 dispõe sobre questões relacionadas aos regimentos internos dos órgãos do Poder Legislativo;[143] o de número 9 analisa o mandado de segurança;[144] o parecer número 11 versa sobre imissão provisória na posse em caso de desapropriação, não provada a necessidade pública ou a utilidade pública, ou o interesse social;[145] o de número 16 versa sobre desapropriação de ações de companhias;[146] o de número 18 sobre equiparação de vencimentos das carreiras de médicos, engenheiros, dentistas e advogados e inconstitucionalidade de redução de vencimentos;[147] o

---

[140] PONTES DE MIRANDA, Francisco Cavalcanti. *Dez anos de Pareceres, dez volumes*. Rio de Janeiro: Editora Francisco Alves, 1974.
[141] PONTES DE MIRANDA, Francisco Cavalcanti. *Dez anos de Pareceres, dez volumes*. Rio de Janeiro: Editora Francisco Alves, 1974. v. 1, p. 1-5.
[142] PONTES DE MIRANDA, Francisco Cavalcanti. *Dez anos de Pareceres, dez volumes*. Rio de Janeiro: Editora Francisco Alves, 1974. v. 1, p. 28-37.
[143] PONTES DE MIRANDA, Francisco Cavalcanti. *Dez anos de Pareceres, dez volumes*. Rio de Janeiro: Editora Francisco Alves, 1974. v. 1, p. 38-45.
[144] PONTES DE MIRANDA, Francisco Cavalcanti. *Dez anos de Pareceres, dez volumes*. Rio de Janeiro: Editora Francisco Alves, 1974. v. 1, p. 55-62.
[145] PONTES DE MIRANDA, Francisco Cavalcanti. *Dez anos de Pareceres, dez volumes*. Rio de Janeiro: Editora Francisco Alves, 1974. v. 1, p. 72-81.
[146] PONTES DE MIRANDA, Francisco Cavalcanti. *Dez anos de Pareceres, dez volumes*. Rio de Janeiro: Editora Francisco Alves, 1974. v. 1, p. 121-137.
[147] PONTES DE MIRANDA, Francisco Cavalcanti. *Dez anos de Pareceres, dez volumes*. Rio de Janeiro: Editora Francisco Alves, 1974. v. 1, p. 146-153.

de número 19 sobre a criação de sociedade de economia mista;[148] o de número 21 acerca de enquadramento de servidores contratados e o respeito das regras jurídicas pelo conselho de administração de autarquia; e o de número 28 versa sobre o monopólio estatal.[149]

Assim, como se vê, no volume 1 da obra "Dez anos de pareceres", de 28 (vinte e oito) estudos de consultoria jurídica, 10 (dez) tratam de temas relacionados ao Direito Administrativo. Uma vez que esta média é mantida nos demais volumes, vê-se que Pontes de Miranda publicou, somente nesta obra, aproximadamente uma centena de pareceres jurídico-administrativos.

Assim, se somados os pareceres publicados nas obras "Questões Forenses" e "Dez anos de pareceres", que tratam sobre temas jurídico-administrativos, os pesquisadores do Direito Administrativo terão à disposição, para a surpresa de muitos, quase duas centenas de estudos com a qualidade e o brilhantismo peculiares de um dos maiores juristas brasileiros de todos os tempos.

Acerca da atividade de parecerista de Pontes de Miranda, o professor Marcos Bernardes de Mello relata[150] que, no início da década de 1970, o Estado de Alagoas precisou dos serviços do maior parecerista do país. Então, na condição de Procurador Geral do Estado, ele resolveu ir pessoalmente ao Rio de Janeiro, encomendar um parecer a Pontes de Miranda.

A questão objeto da consulta versava sobre o regime jurídico tributário aplicável às autarquias, o que teria grande repercussão na Administração Pública Estadual. Naquela oportunidade, o cotidiano de Pontes de Miranda era bastante metódico, e ocorria dentro da maior disciplina, sempre trabalhando com uma regularidade incorruptível.

Marcos Bernardes de Mello chegou ao Rio de Janeiro e tomou a direção da casa de Pontes de Miranda, no bairro de Ipanema. O belíssimo imóvel, tombado desde 2003 pela Prefeitura do Rio de Janeiro

---

[148] PONTES DE MIRANDA, Francisco Cavalcanti. *Dez anos de Pareceres, dez volumes*. Rio de Janeiro: Editora Francisco Alves, 1974. v. 1, p. 154-174.

[149] PONTES DE MIRANDA, Francisco Cavalcanti. *Dez anos de Pareceres, dez volumes*. Rio de Janeiro: Editora Francisco Alves, 1974. v. 1, p. 282.

[150] Vide o texto "O dia em que Marcos Bernardes de Mello conheceu Pontes de Miranda", (CARVALHO, Fábio Lins de Lessa Carvalho. *O dia em que Marcos Bernardes de Mello conheceu Pontes de Miranda*. Elaborado a partir de entrevista realizada com o professor Marcos Bernardes de Mello, em 2018. Disponível em https://culturaeviagem.wordpress.com/2019/05/24/o-dia-em-que-marcos-bernardes-de-mello-conheceu-pontes-de-miranda/. Acesso em 17. nov. 2019).

(e infelizmente demolido para dar lugar a um prédio de apartamentos), ficava no número 1.356 da Rua Prudente de Morais.[151] Em sua mansão em Ipanema, o jurista viveu durante 50 anos, e lá morreu, em 1979, depois de tomar o café da manhã. No episódio em questão, ao entrar no imóvel, Marcos Bernardes de Mello encontrou o velho Pontes de Miranda, seu ídolo de toda a vida. Era uma segunda-feira. A razão da visita foi explicada e o parecer foi então encomendado. Pontes de Miranda pediu a Marcos Bernardes que voltasse na sexta-feira, às 5 horas da tarde.

No dia e horário que havia sido solicitado, Marcos Bernardes de Mello retornou à casa do jurista. A secretária de Pontes de Miranda, uma senhora loura, já de idade avançada, ainda estava datilografando a página final do parecer. Nada menos que 106 páginas, com incontáveis citações da doutrina nacional e estrangeira.

3.3 De onde menos se espera, eis que surge o Pontes administrativista

As contribuições ponteanas ao Direito Administrativo foram ofertadas não apenas em forma de comentários às Constituições ou de pareceres sobre questões relacionadas à Administração Pública. Também é possível encontrar várias opiniões do jurista alagoano sobre temas jurídico-administrativos nos lugares mais inusitados.

Neste contexto, o Pontes administrativista pode ser encontrado em obras que o leitor dificilmente imaginaria, como em livros de processo civil ou de direito privado, ou mesmo em artigos publicados em revistas jurídicas.

E, para o deleite (e surpresa) de quem se interessa pelo Direito Administrativo, tais contribuições costumam ocorrer não em doses homeopáticas, mas por intermédio de extensas e profundas análises.

---

[151] Sobre o impacto que o imóvel causava em seus visitantes, Raul Floriano escreveu: "Se cruzardes os pórticos de seu doce retiro de Ipanema, puro estilo ellisabetiano, caminhareis entre os "Gobelins", os estofos de "Aubusson", os capacetes de Toledo, os cristais de Auvelais, as cerâmicas de Cazaux e as tapeçarias de Cachemira, tudo disposto com o primoroso gosto de D. Amnéris, sua esposa dedicada. Um ambiente de artista conduz a uma biblioteca de 70.000 volumes, de Direito mundial e Ciências matemáticas, físicas, biológicas, antropológicas e sociológicas, distribuída em dois pavimentos, nos quais o Mestre circulava lepidamente, sem dificuldades [...]. Tudo que vos mostrei do retiro de Ipanema não está num templo de AMON vedado aos infiéis. Está num lar aconchegante, aberto aos visitantes amigos". (FLORIANO, Raul. O adeus a Pontes de Miranda. Conferência proferida na sessão solene da Academia Brasileira de Letras Jurídicas em homenagem a Pontes de Miranda, no dia 22 de janeiro de 1980. In: *Revista Legislativa*, Brasília, a. 11, n. 65, jan./mar. 1980).

É o que acontece, por exemplo, quando o jurista analisa diversas questões que giram em torno da responsabilidade civil do Estado em dezessete páginas do tomo LIII do "Tratado de Direito Privado".[152]

Também merece registro a inesperada análise sobre a natureza jurídica das entidades da Administração Indireta, que Pontes de Miranda faz no tomo I dos "Comentários ao Código de Processo Civil".[153]

Outra importante contribuição ponteana ao Direito Administrativo ocorreu em local não muito comum: no tomo I do "Tratado das Ações". Na citada obra, o jurista discorre em várias páginas sobre atos e fatos de Direito Público, atos do Estado no Direito Privado, fatos administrativos e atos discricionários.[154]

4 A doutrina administrativista brasileira e Pontes de Miranda

Há várias décadas, diversas gerações de cultores do Direito Administrativo brasileiro têm recorrido, em maior ou menor intensidade, aos ensinamentos ponteanos, quando se deparam com as mais distintas questões.

Clóvis Ramalhete ressalta que Pontes de Miranda, apesar de ter sido um grande especialista em outras áreas do direito, ao tratar do Direito Administrativo, "não padeceu, em seus escritos, da imperfeição encontradiça, por exemplo, naqueles administrativistas cujas dissertações não destacam a natureza própria da Administração, e que descrevem a realidade dela em linguagem e conceitos tirados do Direito Civil".[155]

Conforme apreciado, evidentemente, por não existir, na vasta produção do jurisconsulto, uma bibliografia exclusivamente dedicada ao Direito Administrativo, não se pode falar em uma corrente ponteana sistemática entre os administrativistas brasileiros.

Todavia, tal fato não significa que os mais importantes doutrinadores da ciência jurídico-administrativa no Brasil não tenham adotado,

---

[152] PONTES DE MIRANDA, Francisco Cavalcanti. *Tratado de Direito Privado*. 3. ed. Rio de Janeiro: Borsoi, 1973. t. LIII, p. 447-463.
[153] PONTES DE MIRANDA, Francisco Cavalcanti. *Comentários ao Código de Processo Civil*. Rio de Janeiro: Forense, 1973. t. I, p. 13-23.
[154] PONTES DE MIRANDA, Francisco Cavalcanti. *Tratado das ações*. 2. ed. São Paulo: RT, 1972. t. I, p. 18-28.
[155] RAMALHETE, Clovis. Pontes de Miranda, teórico do direito. *Revista de Informação Legislativa*, Brasília, a. 25, n. 97, p. 262-264, jan./mar. 1988. p. 267.

em momentos distintos e para a análise das mais diversas questões, posicionamentos consagrados pelo jurista alagoano.

Todavia, é importante deixar claro que, em geral, quando a doutrina do Direito Administrativo brasileiro traz à lume as lições de Pontes de Miranda, isso geralmente sucede a partir da evocação do Pontes constitucionalista, civilista, processualista ou mesmo teórico do direito. Em outras palavras, praticamente se desconhece o Pontes administrativista.

Para investigação do acolhimento das ideias ponteanas entre os administrativistas brasileiros, será realizada uma divisão que leva em consideração três fases da doutrina administrativista nacional: a doutrina clássica, que, para efeito deste trabalho, abrange os juristas da mesma geração de Pontes de Miranda ou que eram seus contemporâneos; a doutrina da virada dos séculos XX para XXI, que iniciou sua atuação acadêmico-profissional já em uma fase derradeira da atuação profissional de Pontes; e a doutrina do século XXI, cujos integrantes surgiram no cenário jurídico após a morte do alagoano, que ocorreu em 1979.[156]

4.1 Doutrina administrativista clássica

Entre 1920 e 1970, diversos juristas brasileiros se destacaram na investigação das temáticas jurídico-administrativas. Em seus estudos, com grande frequência, tais juristas costumavam buscar fundamentações teóricas na obra de Pontes de Miranda.

Neste contexto, merecem registro, dentre outros nomes, Themístocles Brandão Cavalcanti (Rio de Janeiro, 1889-1980), que em seu livro

---

[156] Em artigo sobre a história do Direito Administrativo brasileiro, o professor Edmir Netto de Araújo aponta a seguinte relação de grandes administrativistas brasileiros a partir da década de 1930: "Inicialmente com Masagão e Cirne Lima, depois com Matos de Vasconcelos, Tito Prates da Fonseca, Guimarães Menegale e Themístocles Brandão Cavalcanti, e logo a seguir uma nova geração, onde brilhavam (e muitos ainda brilham) nomes como Caio Tácito, Oswaldo Aranha Bandeira de Mello, José Cretella Jr., Olavo Bilac Pinto, Hely Lopes Meirelles, José de Aguiar Dias, Manoel de Oliveira Franco Sobrinho, Fernando Andrade Oliveira, Lafayette Ponde e outros, até os expoentes de nossos dias, tais como Maria Sylvia Zanella Di Pietro, Odette Medauar, Celso Antônio Bandeira de Mello, Adilson Abreu Dallari, Lúcia Valle Figueiredo, Diógenes Gasparini, Diogo de Figueiredo Moreira Neto, Sérgio de Andréa Ferreira, Sérgio Ferraz, Carlos Reis Velloso, Pedro Paulo de Almeida Dutra, Paulo Neves Carvalho, Valmir Pontes Filho, e tantos outros, com tantas e tão variadas obras sistemáticas e monografias, que preferimos não citá-las especificadamente, pois, em grande parte, compreendem obras ainda atuais e em uso e consulta pelos cultores da matéria". (ARAÚJO, Edmir Netto de. *O Direito Administrativo e sua história*. São Paulo: Revista USP, 2000. p. 165).

"Teoria dos Atos Administrativos", cita Pontes, quando se refere ao habeas-corpus.[157]

Por sua vez, Miguel Seabra Fagundes, no seu consagrado livro "O controle dos Atos Administrativos pelo Poder Judiciário", menciona expressamente o pensamento de Pontes de Miranda em onze oportunidades.[158] Dentre as temáticas versadas pelo jurista potiguar e que sofreu a influência do alagoano, podem ser citadas a natureza jurídica dos regulamentos,[159] a atuação do Tribunal de Contas,[160] o controle dos atos políticos pelo Poder Judiciário,[161] o conceito de direito líquido e certo,[162] cabimento de mandado de segurança.[163]

Oswaldo Aranha Bandeira de Melo, pai do também administrativista Celso Antônio Bandeira de Mello, utiliza-se das lições ponteanas, ao abordar questão relativa à teoria da lesão para anulação de contratos administrativos.[164]

Em sua principal obra no Direito Administrativo, o jurista gaúcho Ruy Cirne Lima cita Pontes de Miranda em cinco oportunidades,[165] fazendo referência a diversas de suas obras, do "Sistema de Ciência Positiva do Direito" ao "Tratado de Direito Privado", além dos "Comentários à Constituição de 1946 e de 1967".

Em uma das passagens mais emblemáticas, chama o mestre alagoano de "insigne" e de "notável jurista": "Comentando a aludida Constituição, advertia com percuciência o insigne Pontes de Miranda que "[n]ada mais perigoso do que fazer-se Constituição sem o propósito de cumpri-la" (Comentários à Constituição de 1967, t. I, São Paulo, Ed.

---

[157] BRANDÃO CAVALCANTI, Themístocles. *Teoria dos Atos Administrativos*. São Paulo: Editora Revista dos Tribunais, 1973. p. 309.
[158] FAGUNDES, Miguel Seabra. *O Controle dos Atos Administrativos pelo Poder Judiciário*. 3. ed. Rio de Janeiro: José Konfino Editor, 1957.
[159] FAGUNDES, Miguel Seabra. *O Controle dos Atos Administrativos pelo Poder Judiciário*. 3. ed. Rio de Janeiro: José Konfino Editor, 1957. p. 35.
[160] FAGUNDES, Miguel Seabra. *O Controle dos Atos Administrativos pelo Poder Judiciário*. 3. ed. Rio de Janeiro: José Konfino Editor, 1957. p. 141-142.
[161] FAGUNDES, Miguel Seabra. *O Controle dos Atos Administrativos pelo Poder Judiciário*. 3. ed. Rio de Janeiro: José Konfino Editor, 1957. p. 167.
[162] FAGUNDES, Miguel Seabra. *O Controle dos Atos Administrativos pelo Poder Judiciário*. 3. ed. Rio de Janeiro: José Konfino Editor, 1957. p. 280.
[163] FAGUNDES, Miguel Seabra. *O Controle dos Atos Administrativos pelo Poder Judiciário*. 3. ed. Rio de Janeiro: José Konfino Editor, 1957. p. 293.
[164] BANDEIRA DE MELLO, Oswaldo Aranha. *Princípios Gerais de Direito Administrativo – Introdução*. 1. ed. Rio de Janeiro: Livraria Forense, 1969. v. 1, p. 453.
[165] LIMA, Ruy Cirne de. *Princípios de Direito Administrativo*. 7. ed. São Paulo: Malheiros Editores, 2007.

RT, 1967, p. 15). As palavras do notável jurista foram proféticas, pois a recém-aprovada Constituição teve vida efêmera".[166]

Outro administrativista clássico que sempre recorreu aos ensinamentos de Pontes de Miranda foi José Cretella Júnior. Neste contexto, a título de ilustração, somente no volume IV de seu "Direito Administrativo no Brasil",[167] que foi dedicado ao estudo do poder de polícia, faz referência ao jurista alagoano em nada menos que 45 (quarenta e cinco) oportunidades. No caso, a citada edição data de 1961, e, em todas as referidas citações, a obra mencionada é o "Comentários à Constituição de 1946".

Por sua vez, o jurista Almiro Couto e Silva, outro consagrado administrativista do século XX, baseia-se na teoria de Pontes de Miranda para escrever artigo sobre atos administrativos.[168]

4.2 Doutrina administrativista da virada do século XX para XXI

Dentre os administrativistas que iniciaram suas atividades acadêmicas no período final da vida de Pontes de Miranda, muitos deles fazem referências às obras do jurista de Alagoas em seus estudos no campo do Direito Administrativo.

Celso Antônio Bandeira de Mello se utiliza dos ensinamentos de Pontes de Miranda ao tratar do poder regulamentar,[169] citando-o em várias oportunidades, especialmente para reforçar o argumento de que os decretos, no ordenamento jurídico brasileiro, desempenham um papel acessório. Ademais, ao tratar do poder regulamentar em artigo sobre o tema, Bandeira de Mello recorre mais uma vez às lições do jurista alagoano, afirmando que Pontes de Miranda bordara "com pena de ouro" seus argumentos contrários à possibilidade de os regulamentos inovarem a ordem jurídica.[170]

---

[166] LIMA, Ruy Cirne de. *Princípios de Direito Administrativo*. 7. ed. São Paulo: Malheiros Editores, 2007. p. 67.
[167] CRETELLA JÚNIOR, José. *Direito Administrativo no Brasil, Poder de Polícia*. São Paulo: Revista dos Tribunais, 1961. v. IV.
[168] COUTO E SILVA, Almiro. Atos jurídicos de Direito Administrativo praticados por particulares e direitos formativos. *Revista de Direito Administrativo*, Rio de Janeiro, n. 95, p. 19-39, jan./mar. 1969. p. 19-37.
[169] BANDEIRA DE MELLO, Celso Antônio. *Curso de Direito Administrativo*. 32. ed. São Paulo: Malheiros Editores, 2015.
[170] BANDEIRA DE MELLO, Celso Antônio. "Poder" regulamentar ante o princípio da legalidade. *Revista Trimestral de Direito Público – RTDP*, Belo Horizonte, edição 64, jan./mar. 2016.

Hely Lopes Meirelles, em seu clássico Direito Administrativo Brasileiro, apesar de não incluir qualquer obra de Pontes de Miranda na relação dos grandes livros da disciplina no país, citada o jurista de Alagoas ao tratar da questão da responsabilidade civil do Estado.[171] A professora Maria Sylvia Zanella di Pietro, em seu consagrado livro Direito Administrativo,[172] também faz uso dos estudos de Pontes de Miranda, como no capítulo em que trata das fundações públicas.

José dos Santos Carvalho Filho, em seu "Manual de Direito Administrativo", cita expressamente Pontes de Miranda, quando aborda a questão da natureza dos atos normativos, mais especificamente das resoluções expedidas pelo Poder Legislativo.[173]

Podem ainda ser destacadas figuras importantes para o Direito Administrativo no país, como Diógenes Gasparini, cuja obra "Direito Administrativo"[174] traz em sua bibliografia referência aos "Comentários à Constituição de 1967", de Pontes de Miranda.

Por sua vez, a professora Lúcia Valle Figueiredo fez uso do legado ponteano, o que se vê na bibliografia de seu "Curso de Direito Administrativo",[175] que traz os livros "Comentários à Constituição de 1967" e "Tratado de Direito Privado", tomos II e XIV. O professor paulista Carlos Ari Sundfeld cita Pontes de Miranda diversas vezes em seu artigo publicado acerca do princípio da publicidade.[176]

Ressalte-se, ainda, que o jurista fluminense Diogo de Figueiredo Moreira Neto[177] e o paranaense Marçal Justen Filho[178] também citam obras de Pontes de Miranda em seus "cursos de Direito Administrativo". Por sua vez, a professora Odete Medauar, em seu "Direito Administrativo Moderno",[179] não traz nenhuma referência ponteana.

---

[171] MEIRELLES, Hely Lopes. *Direito Administrativo Brasileiro*. 12. ed. São Paulo: RT, 1986. p. 21-24.
[172] DI PIETRO, Maria Sylvia Zannela. *Direito Administrativo*. São Paulo: Atlas, 2011.
[173] CARVALHO FILHO, José dos Santos. *Manual de Direito Administrativo*. São Paulo: Atlas, 2015.
[174] GASPARINI, Diógenes. *Direito Administrativo*. 11. ed. Belo Horizonte: Saraiva, 2006.
[175] FIGUEIREDO, Lúcia Valle. *Curso de Direito Administrativo*. 5. ed. São Paulo: Malheiros, 2001.
[176] SUNDFELD, Carlos Ari. Princípio da publicidade administrativa (direito de certidão, vista e intimação). *Revista de Direito Administrativo*, Rio de Janeiro, n. 199, p. 97-110, jan./mar. 1995.
[177] MOREIRA NETO, Diogo de Figueiredo. *Curso de Direito Administrativo*. Rio de Janeiro: Forense, 2013.
[178] JUSTEN FILHO, Marçal. *Curso de Direito Administrativo*. São Paulo: Revista dos Tribunais, 2015.
[179] MEDAUAR, Odete. *Direito Administrativo Moderno*. 14. ed. São Paulo: Revista dos Tribunais, 2010.

Vale a pena destacar que Juarez Freitas, por sua obra "Princípios Fundamentais e Sustentabilidade: Direito ao Futuro",[180] recebeu a Medalha Pontes de Miranda, em 2011, pela Academia Brasileira de Letras Jurídicas. Freitas cita em quatro passagens de seu livro "Direito fundamental à boa administração pública" trechos dos "Comentários à Constituição de 1967".

Os trechos citados dizem respeito à discussão quanto à natureza jurídica da relação entre o Estado e os servidores públicos. Em determinada passagem de seu livro, o professor Juarez Freitas, em rara e feliz demonstração explícita de reconhecimento da doutrina administrativista brasileira à relevância do legado ponteano para o Direito Administrativo, diz que:

> Pontes de Miranda foi um dos que bem meditaram sobre a matéria. Embora o sistema constitucional brasileiro – de 1946 para cá – tenha sofrido expressivas alterações na seara do regime jurídico dos servidores públicos, não se pode negar que nas linhas mestras a reflexão ponteana sobre o trabalho público ostenta o raro mérito de resistir a sobressaltos e às mudanças circunstanciais, transformando-se em fonte valiosa não só de orientação para os administradores, mas, igualmente, de esclarecido alerta para os legisladores.[181]

Registre-se, ainda, que o citado jurista gaúcho, durante a conferência de encerramento do XXXIII Congresso Brasileiro de Direito Administrativo, realizado pelo IBDA em Campo Grande – MS (2019), ao abordar a questão de desenvolvimento nacional e os desafios para o Direito Administrativo do século XXI, especialmente para se adequar às novas exigências de uma sociedade tecnologicamente avançada, declarou de público como fazia falta hoje em dia um Pontes de Miranda, que certamente analisaria com maestria tais mudanças.

4.3 Doutrina administrativista do século XXI

Dentre os doutrinadores mais recentes que vêm atuando no campo do Direito Administrativo pátrio, percebe-se, claramente, uma cada vez maior diminuição da influência da obra ponteana. Aliás, na maior parte das obras, sequer há referências ao legado de Pontes de Miranda.

---

[180] FREITAS, Juarez. *Sustentabilidade*: direito ao futuro. 4. ed. Belo Horizonte: Fórum, 2019.
[181] FREITAS, Juarez. *Direito fundamental à boa administração pública*. 3. ed. São Paulo: Malheiros, 2007. p. 138.

Neste sentido, vê-se, por exemplo, que no "Curso de Direito Administrativo" do professor Dirley da Cunha Júnior,[182] não há qualquer citação ou referência em sua bibliografia a respeito dos estudos publicados por Pontes.

A professora mineira Raquel Melo Urbano de Carvalho, em seu "Curso de Direito Administrativo",[183] da mesma forma que os demais administrativistas de sua geração, também não faz referência às obras de Pontes de Miranda. A mesma constatação se obtém a partir da leitura do livro "Direito Administrativo", de Fernanda Marinela.[184]

Todavia, embora ocorra de forma esporádica, há alguns administrativistas mais recentes que também citam Pontes de Miranda em suas obras. São os casos de Bruno Miragem[185] e de Gustavo Binenbojm.[186] Vale a pena registrar que ambos citam lições ponteanas retiradas dos "Comentários à Constituição de 1967".

4.4 Da ausência de estudos sobre Pontes de Miranda no Direito Administrativo

Após demonstrado no capítulo anterior que Pontes de Miranda também dedicou seus estudos ao Direito Administrativo (o que será aprofundado na segunda parte deste livro, com a exposição do pensamento do jurista sobre os mais diversos temas jurídico-administrativos), neste capítulo, procurou-se responder uma segunda indagação: ao longo do século XX e das duas primeiras décadas do século atual, os administrativistas brasileiros vêm dando a devida atenção à obra ponteana?

Conforme se verificou, embora um bom número de administrativistas brasileiros consagrados faça algumas referências às obras de Ponte de Miranda em suas publicações, pode-se afirmar que o pensamento ponteano, atualmente, não mais ocupa um papel decisivo ou que

---

[182] CUNHA JÚNIOR, Dirley da. *Curso de Direito Administrativo*. 5. ed. Salvador: Jus Podium, 2007.
[183] CARVALHO, Raquel Melo Urbano de. *Curso de Direito Administrativo*. Salvador: Jus Podivm, 2008.
[184] MARINELA, Fernanda. *Direito Administrativo*. 2. ed. Salvador: Podivm, 2006.
[185] MIRAGEM, Bruno. *A nova Administração Pública e o Direito Administrativo*. São Paulo: Revista dos Tribunais, 2011.
[186] BINENBOJM, Gustavo. *Uma teoria do direito administrativo*: direitos fundamentais, democracia e constitucionalização. São Paulo: Renovar, 2006.

influencie de forma marcante as discussões que vêm sendo travadas na doutrina administrativista nacional.

Também se constatou que enquanto há muitas referências de livros do jurista alagoano nas bibliografias de vários administrativistas clássicos, como em Ruy Cirne Lima, Miguel Seabra Fagundes e José Cretella Júnior, que foram seus contemporâneos, tal influência se torna mais reduzida nas obras dos juristas da virada do século, como Hely Lopes Meirelles, Celso Antônio Bandeira de Mello e Maria Sylvia Zanella di Pietro, e, por sua vez, praticamente desaparece nos representantes da doutrina administrativista que surgiu neste século XXI.

Assim, nas últimas décadas, percebe-se que o impacto do legado ponteano na doutrina jurídico-administrativa vai se diluindo cada vez mais, e embora seus livros ainda se encontrem presentes nas bibliografias dos principais cursos e manuais de Direito Administrativo atualmente adotados no país, as referências e citações acontecem geralmente de forma pontual, esporádica e vindas de estudos realizados em áreas diversas (em geral, no Direito Constitucional, Processual e Privado), que, em algum momento, repercutiram nas investigações jurídico-administrativas.

Talvez por esta razão, curiosamente, em alguns desses livros de Direito Administrativo no Brasil, há mais referências de Pontes de Miranda relacionadas ao "Tratado de Direito Privado" que aos vários "Comentários às Constituições", o que, se por um lado, é compreensível, pois aquela é sua obra mais lida, por outro, causa surpresa, pois são nestes onde se encontra o Pontes de Miranda publicista.

Neste contexto, embora se verifique a presença da obra ponteana nos cursos de Direito Administrativo escritos pelos professores mais consagrados do país, como Celso Antônio Bandeira de Mello, Maria Sylvia Zanella di Pietro e José dos Santos Carvalho Filho, só para citar alguns exemplos, e apesar de tal presença ser um inequívoco reconhecimento da relevância do legado ponteano feito pelos ilustres administrativistas, é inegável que prevalece um grande distanciamento entre a doutrina do Direito Administrativo e a obra de Pontes de Miranda.

4.5 Que valores defendia Pontes de Miranda?

Parece evidente que, para que haja uma maior aproximação entre o Direito Administrativo e Pontes de Miranda, convém que os administrativistas saibam quais eram os valores jurídicos e políticos adotados pelo jurista. Certamente esta não é uma questão simples de ser respondida.

Todavia, de plano, pode-se afirmar que um traço relevante do pensamento jurídico-político ponteano é a sua extrema obsessão com o tratamento científico a ser conferido ao Direito.[187] Neste contexto, um resumo sobre a metodologia empregada por Pontes de Miranda foi traçado por Marcos Bernardes de Mello, que destaca:

> Conhecedor profundo do Direito Romano e das sábias lições dos velhos juristas portugueses, dominando a notável contribuição científica dos juristas germânicos, também dos franceses e italianos, Pontes de Miranda dedicou a argúcia de sua inteligência a construir, com rigoroso critério metodológico, de insuperável lógica, uma concepção do fenômeno jurídico distinta de tudo que existia até então, portanto, com absoluta originalidade.[188]

Por sua vez, no tocante aos valores políticos que norteavam o pensamento ponteano, para Marcos Bernardes de Mello, Pontes de Miranda merece uma referência especial "por suas ideias políticas, por seu humanismo defendido em suas obras de Sociologia e Política, por sua intolerância ao arbítrio e a radicalismos, por sua crítica aberta e destemida contra as ditaduras, por seu amor à liberdade, enfim, por sua consciência da grandeza inerente ao ser humano e do irrestrito respeito devido à sua dignidade".[189]

Em relação à aversão de Pontes de Miranda ao autoritarismo, isto é imediatamente percebido, seja em sua obra, seja nos estudos daqueles que se propuseram a analisá-la. Inegavelmente, o jurista de Alagoas era um grande defensor dos valores democráticos.[190]

---

[187] Neste sentido, "a sua imensa obra jurídica precisa ser vista de modo separado da obra política. Como o próprio autor sempre deixou claro, seus estudos técnicos não se confundiam com o que esperava para a sociedade" (SANTOS, Sérgio Coutinho dos. *História das ideias políticas de Pontes de Miranda*. Maceió: Editora Cesmac, 2019. p. 103).

[188] MELLO, Marcos Bernardes. *A genialidade de Pontes de Miranda*. Rio de Janeiro: FGV, 2008. p. 46.

[189] MELLO, Marcos Bernardes. *A genialidade de Pontes de Miranda*. Rio de Janeiro: FGV, 2008. p. 48.

[190] Para Pontes de Miranda, "a solução estaria justamente na "lei de democratização" ("lei de redução das dissimetrias"; "civilidade", porque "o papel da violência diminui através da civilização"; "política progressista"; "processos de harmonização" ou "socialização"; "lei de metaquímica social"; "dilatabilidade"; "lei de expansão"), a qual (nas suas sinonímias todas pontemirandianas) tenderia a uma redução no valor de despotismo do processo político

Neste contexto, é importante destacar a tendência muitas vezes encontrada de conivência entre os juristas e os regimes ditatoriais. Sobre essa constatação, já se destacou que "o silêncio sobre a colaboração com as ditaduras tende a se acentuar no meio jurídico, no qual a ascensão a posições de destaque e mesmo êxito na advocacia tendem a ser mais fáceis para quem sabe manter canais abertos, não provocar "antipatias", impedir vetos informais e evitar a fama de "criador de casos".[191]

Ao contrário de outros juristas, lembre-se que Pontes de Miranda foi um crítico ferrenho dos regimes ditatoriais. Neste contexto, um dos fatos mais destacados pelos biógrafos de Pontes foi sua recusa do posto de Embaixador do Brasil na Alemanha, por causa de sua aversão a Adolf Hitler. Sobre este episódio, já se registrou, em discurso dirigido ao próprio jurista, que "as vossas vinculações culturais e afetivas com a Alemanha, e da Alemanha convosco, mostram como deve ter sido doloroso recursar Berlim, sob um governo ditatorial".[192]

Ademais, pode-se afirmar, sem dúvidas, que Pontes de Miranda era um humanista de caráter inabalável,[193] da justiça social, da liberdade e da igualdade.[194] O próprio jurista revelava suas aspirações e inspirações: "Queremos nós a Justiça concreta, social, verificável e conferível como fato, a Justiça que se prove com o número das estatísticas e com as realidades da vida. E a esta somente se chega pelo caminho das verdades científicas – penosamente, é certo – mas a passos firmes e de mãos agarradas aos arbustos da escarpa, para os esforços de avanço e a segurança da escalada".[195] Pontes de Miranda, em entrevista à televisão, concedida ao jornalista Otto Lara Resende, em 1977, deu

---

de adaptação e, por sua vez, nesta relação matemática e lógica, há uma maior propensão à estabilidade salvaguardada pela realidade política de teor empírico, em que se apagariam as diferenças, os privilégios e as desigualdades". (VASCONCELOS FILHO, Marcos. *Ao piar das corujas. Uma compreensão do pensamento de Pontes de Miranda*. Maceió: Edufal, 2006. p. 67).

[191] SEELAENDER, Airton Cerqueira-Leite. Juristas e ditaduras: uma leitura brasileira. *In*: FONSECA, Ricardo Marcelo; SEELAENDER, Airton Cerqueira-Leite (Orgs.). *História do Direito em Perspectiva. Do Antigo Regime à Modernidade*. Curitiba: Juruá Editora, 2009. p. 416.

[192] HORTA, Pedroso. *Pontes de Miranda*. Discurso proferido em Brasília, Departamento de Imprensa Oficial, 1970.

[193] Acerca deste traço, "era coerente, reto, leal, fiel aos princípios que pregava, inabalável nas suas convicções, embora nunca tenha militado na política, não obstante, recebia políticos e estadistas. Dizia-me que não tinha jeito para se adaptar ao malabarismo e à demagogia dos políticos brasileiros que distorciam a verdadeira finalidade da política". (BARROS, IVAN. *Pontes de Miranda, o jurisconsulto*. Maceió: Gráfica Valci Editora Ltda., 1981. p. 21).

[194] Vide: PONTES DE MIRANDA, Francisco Cavalcanti. *Democracia, liberdade, igualdade*. Rio de Janeiro: José Olympio, 1945.

[195] PONTES DE MIRANDA, Francisco Cavalcanti. *Sabedoria dos instintos*. Rio de Janeiro: Ed. Garnier, 1929. p. 113.

várias opiniões que refletem suas ideias e valores. Neste aspecto, ao ser indagado se considerava importante a contribuição dos bacharéis em Direito na tradição cultural brasileira, respondeu sem titubear: "Mas claro. É com os fios invisíveis do Direito que se fazem as civilizações, e não com discursos de economistas e de politiqueiros".

Em outro momento da entrevista, ao ser questionado sobre as melhores Constituições que o país já tivera, citou as Cartas de 1934 e de 1946, promulgadas por Assembleias Constituintes. Ao ser lembrado deste fato, Pontes, em pleno período de regime militar, afirmou: "Claro. Constituição feita por uma pessoa é um perigo". Logo após, indagado se já havia sido convidado para elaborar alguma Constituição, ele respondeu que sim, mas que não havia aceito o convite, pois uma Constituição teria que "ser feita por um Parlamento, por uma Constituinte [...] não admitindo que ninguém force a botar uma palavra no texto".

Destacou, ainda, que os professores de Direito não devem sofrer influências político-partidárias. "Ele está ensinando Ciência do Direito. Não está observando o lado esquerdo, o lado direito ou o centro". E quando lhe foi solicitado que passasse uma mensagem aos juristas iniciantes, curiosamente, apesar de ter sido tão multidisciplinar, destacou a necessidade do profissional do Direito se especializar em uma determinada área do conhecimento jurídico.

Há um momento crucial da entrevista, quando Otto Lara Resende pergunta se Pontes de Miranda considera que há o devido reconhecimento de sua contribuição ao Direito. O jurista responde que tanto não pode negar que sempre foi tratado com muito carinho desde que chegou ao Rio de Janeiro, como também que nunca se decepcionou com os juristas da nova geração, que lhe surpreendem a cada dia por conhecerem a sua produção.

Na conclusão da entrevista, solicitado a dar um aconselhamento aos juristas para que tivessem uma vida intelectual tão produtiva, confessou ser muito procurado pelos jovens estudantes, que queriam ouvir suas opiniões. Pontes de Miranda disse que fazia questão absoluta de recebê-los em sua casa. De fato, isso aconteceu até a sua morte, dois anos após a referida entrevista.[196]

Aliás, para desmitificar a figura de Pontes de Miranda, é relevante até mesmo ressaltar seu lado humano. Sobre esse aspecto, "maior do que sua inteligência deve ser ressaltada a sua encantadora figura humana.

---

[196] Entrevista concedida por Pontes de Miranda ao jornalista Otto Lara Resende em 1977. (YOUTUBE. *Entrevista Pontes ao jornalista Otto Lara*. Disponível em: https://youtu.be/0IanYDsa6sw. Acesso em 08 fev. 2020).

Era o homem simples que a todos abraçava e dirigia uma palavra de consideração. Era o companheiro de todas as atividades, sempre pronto a nos acompanhar, com uma saúde e uma disposição invejáveis. Sabia de tudo e nenhum assunto o tomava despreparado: cinema, esportes, vida social, economia, política".[197] Durante a vida, praticou esportes (natação e equitação), apreciava a doutrina franciscana, tinha gosto pelo bom vinho e pela boa mesa, era assíduo frequentador de restaurantes e participava de encontros sociais.[198]

Pontes de Miranda era um apaixonado pelo Brasil. Não são raras as suas manifestações de patriotismo. Destaquem-se algumas passagens que confirma esse sentimento: "Temos que valorizar o Brasil, as coisas de nossa terra e não nos deixar governar por coisas de fora"; "o amor ao Brasil foi que me guiou em toda a vida. Nunca o traí. Nunca o trairei"; e "no amor ao Brasil busquei a força para a minha vida".[199]

Outro aspecto característico de sua personalidade é que ele tinha uma grande preocupação com a ética. Sobre este traço de seu caráter nem sempre divulgado (posto que o da genialidade se sobrepôs aos demais), Pontes de Miranda sempre denunciou "a falta de ética com a coisa pública. Isso considerando a prática, por ele registrada, da corrupção política e administrativa. Esses males, comuns ao seu tempo, causavam-lhe verdadeira indignação e desejo de que a justiça se realizasse de fato". Acrescente-se que ele "percebia que o descomprometimento com a ética por parte do governo, bem como a má gestão dos recursos públicos tinham como principal consequência o crescimento da miséria entre a população. Dentro deste quadro e imbuído de uma grande preocupação ética, Pontes de Miranda propôs uma série de medidas e alternativas que viessem a coibir a corrupção e a má gestão dos recursos públicos".[200]

Em tempos em que os debates no Direito Administrativo brasileiro ora defendem uma visão mais voltada ao interesse público, muitas vezes confundidas com uma visão mais estatizante, ora uma posição

---

[197] SALVADOR, Antônio Rafael Silva. *Homenagem ao maior dos gênios brasileiros*: Pontes de Miranda. São Paulo: Diário Oficial do Estado, 1992. p. 35.
[198] ALVES, Vilson Rodrigues. Pontes de Miranda. *In*: RUFINO, Almir Gasquez; PENTEADO, Jaques de Camargo (Orgs.). *Grandes juristas brasileiros*. São Paulo: Martins Fontes, 2003. p. 293.
[199] ALVES, Vilson Rodrigues. Pontes de Miranda. *In*: RUFINO, Almir Gasquez; PENTEADO, Jaques de Camargo (Orgs.). *Grandes juristas brasileiros*. São Paulo: Martins Fontes, 2003. p. 263.
[200] SILVA, José Adelmo da. O pensamento jurídico de Pontes de Miranda. *Revista Estudos Filosóficos*, UFSJ, São João Del Rei, p. 65-78, n. 14, 2015. Disponível em: http://www.ufsj.edu.br/revistaestudosfilosoficos. Acesso em 10 set. 2019.

mais crítica, utilizando-se a bandeira do liberalismo e dos direitos fundamentais,[201] Pontes de Miranda representa um ponto de equilíbrio entre essas concepções.

Neste sentido, "entre os interesses individuais de um lado e o organismo social de outro, urgia um ponto de equilíbrio e harmonia, considerava Pontes de Miranda. E o equilíbrio e a harmonia de que tanto necessitavam a sociedade somente poderiam ser buscados e encontrados através de uma solução científica".[202]

---

[201] BINENBOJM, Gustavo. *Uma teoria do direito administrativo*: direitos fundamentais, democracia e constitucionalização. 3. ed. Rio de Janeiro: Renovar, 2014.
[202] SILVA, José Adelmo da. O pensamento jurídico de Pontes de Miranda. *Revista Estudos Filosóficos*, UFSJ, São João Del Rei, p. 65-78, n. 14, 2015. Disponível em: http://www.ufsj.edu.br/revistaestudosfilosoficos. Acesso em 10 set. 2019.

SEGUNDA PARTE

AS CONTRIBUIÇÕES DE PONTES DE MIRANDA AO DIREITO ADMINISTRATIVO

Conforme destacado na primeira parte deste livro, ao longo de quase sete décadas dedicadas à Ciência do Direito, Pontes de Miranda teve a oportunidade de analisar, muitas vezes com profundidade inesperada, os mais diversos institutos que dizem respeito ao Direito Administrativo.

Não obstante esta constatação, e apesar de ser, ainda hoje, o jurista mais citado pelos magistrados brasileiros, raros são os estudos levados adiante por administrativistas que se baseiam em sua doutrina ou mesmo aqueles que buscam, em sua obra, subsídios argumentativos centrais.

A seguir, serão apontadas e brevemente comentadas algumas das opiniões do doutrinador e do parecerista Pontes de Miranda, com o objetivo de apresentar ao público (e, em especial, aos administrativistas), as ideias, os pontos de vista, os argumentos e as teses de um jurista erudito, eclético e coerente, que certamente poderão enriquecer os debates que envolvem o Direito Administrativo nos dias de hoje.

Cabe a advertência de que, "muito ao contrário do que acusam injustamente os detratores, a obra de Pontes de Miranda não é hermética em germanismos inaplicáveis à nossa realidade, seja de quando foi escrita, seja nos dias atuais". Ademais, esclareça-se desde logo que "também não é mera exteriorização de um positivismo arcaico ou de preciosismos técnicos. Antes disso, saber estudar e desvendar Pontes de Miranda é atividade que deve ser realizada para investigação de fundamentos, porque é nesse campo que se destaca o autor".[203]

---

[203] DINIZ, Gustavo Saad. *As contribuições de Pontes de Miranda para o direito comercial*. Lex Magister. Disponível em: https://www.lex.com.br/doutrina_27571925_AS_CONTRIBUICOES_DE_PONTES_DE_MIRANDA_PARA_O_DIREITO_COMERCIAL.aspx. Acesso em 09 set. 2019.

Assentada a questão da relevância do presente estudo, é importante destacar que não se trata, todavia, de uma tentativa de analisar com profundidade ou de buscar adequar a complexa teoria ponteana ao Direito Administrativo, pretensão incompatível com os objetivos deste trabalho. Acolhe-se aqui a advertência de Marcos Bernardes de Mello:

> Com efeito, os escritos de Pontes de Miranda são considerados difíceis, em face de seu modo de expor. Mas não somente. Também pelo seu conteúdo. Em seus textos nada do que está escrito pode ser desprezado, tudo tem importância, porque nada é ornamental. Há autores que permitem ao leitor deixar de ler páginas inteiras sem que perca o fio da meada, pois ali há muito de despiciendo. Ao estudar Pontes de Miranda, ao contrário, é preciso ler cada parágrafo, cada frase e cada palavra. Uma palavra que o leitor despreze pode ser a chave de tudo e a sua falta tornar incompreensível o texto. Não é possível lê-lo aos pulos, um trecho aqui, outro ali, porque os conceitos estão concatenados e as ideias relacionadas. Os conceitos são usados com rigor e sem variação. Um conceito posto com um sentido nas primeiras páginas será empregado com o mesmo significado em todo o restante da obra. Em Pontes, não se pode deixar de ler nem o prefácio de seus livros, uma vez que nele são postas premissas essenciais à compreensão da matéria da própria obra.[204]

1 Conceito do Direito Administrativo

Um dos temas mais discutidos ao longo dos quase dois séculos e meio de história do Direito Administrativo girou em torno do conceito deste ramo jurídico.[205] Ao contrário do que possa se pensar a princípio, não se trata de um debate menor: ao se adotar determinado conceito, define-se o objeto de estudo de um determinado campo do conhecimento, o que é imprescindível para a tarefa investigadora.

---

[204] MELLO, Marcos Bernardes. *A genialidade de Pontes de Miranda*. Rio de Janeiro: FGV, 2008. p. 47.

[205] Tema dos mais examinados, o conceito do Direito Administrativo foi sendo alterado à medida em que este ramo jurídico evoluía. José Cretella Júnior já advertia: "o Direito Administrativo suscita e por muito tempo suscitará ainda infindáveis controvérsias a respeito do objeto exato que tem em mira". (CRETELLA JÚNIOR, José. *Direito Administrativo no Brasil, Poder de Polícia*. São Paulo: Revista dos Tribunais, 1961. v. IV, p. 23). Ao catalogar a doutrina internacional, o citado jurista apresenta treze distintos critérios para conceituação do Direito Administrativo, divididos em três grupos: a) unidimensionais (legalista, do Poder Executivo, das Relações Jurídicas, dos Serviços Públicos, da Hierarquia dos Órgãos e Teleológico-Administrativo); b) bidimensionais (Legalista e do Poder Executivo, Legalista e do Serviço Público, Legalista e das Relações Jurídicas e Relações Jurídicas e do Serviço Público); c) pluridimensionais (conjugação de critérios unidimensionais, conjugação de critérios bidimensionais e conjugação de critério uni e bidimensionais).

Sabedor dessa infindável polêmica a respeito da conceituação do Direito Administrativo, Pontes de Miranda ressalta que os problemas de definição conceitual ocorreram porque foram utilizadas considerações negativas (conceitos residuais) e por invadir o direito constitucional e outros ramos do Direito Público.

1.1 Evolução do conceito de Direito Administrativo

Sobre a evolução do conceito, Pontes de Miranda registrou que o Direito Administrativo, no Estado pré-constitucional, "era o sistema de normas que partia da administração para os indivíduos". Por sua vez, no Estado Constitucional, é sistema de normas "dentro dos limites traçados pela Constituição".[206]

Antecipando em muitos anos a discussão sobre a constitucionalização deste ramo do Direito, acrescenta que "o direito administrativo atravessou, assim, transformação que se dava fora dele, acima dele, e consistia na constitucionalização de grande parte do direito político".[207]

Destaca o jurista alagoano:

> Na taxinomia do direito público, não têm sido acordes os escritores em conceituar o direito administrativo. Alguns juristas, sobretudo franceses, reduzem-no ao conjunto de princípios e regras com que se exercem as funções dos poderes públicos, exceto a Justiça, e se realizam os serviços chamados públicos. Outros entendem que o direito administrativo só se refere aos atos do Poder Executivo, portanto à administração em sentido restrito. Outros, ainda, pretendem que ele apanhe os atos administrativos de outros poderes, de modo que da definição de "atos administrativos" se partiria para a definição do direito administrativo.[208]

Ressalta, ainda, que quanto mais próximo da política, o Direito Administrativo será menos estável. Assim, no passado, "era apenas o corpo de resoluções do príncipe", enquanto no presente, é formado por

---

[206] PONTES DE MIRANDA, Francisco Cavalcanti. *Comentários à Constituição de 1946*. 3. ed. Rio de Janeiro: Borsoi, 1960. t. I, p. 259.

[207] PONTES DE MIRANDA, Francisco Cavalcanti. *Comentários à Constituição de 1946*. 3. ed. Rio de Janeiro: Borsoi, 1960. t. I, p. 259.

[208] PONTES DE MIRANDA, Francisco Cavalcanti. *Comentários à Constituição de 1946*. 3. ed. Rio de Janeiro: Borsoi, 1960. t. I, p. 149.

"normas legais, normas de decretos, normas regulamentares e outras, emanadas de quem administra".[209]

Por sua vez, quanto ao objeto do Direito Administrativo, ressalta que este abrange tanto as questões materiais quanto questões processuais relacionadas à administração pública: "A concepção do direito administrativo como só referente à atividade administrativa limita e deforma: limita, porque conceptualmente apenas admite no conceito o que é de direito material; deforma, porque não atende a que a autoridade administrativa para a qual se recorre também pratica ato administrativo, ou reformando o ato de que se recorreu, ou fazendo-o seu". E acrescenta:

> A afirmação da supremacia natural e lógica da administração, em relação às outras funções do Estado, revela resquícios de tempos despóticos. À medida que se progride, nos sistemas democráticos liberais, em que se tem por fito cada vez mais a igualdade, ou a atividade privada cresce e só a lei é a controla, ou a atividade privada quase toda se publiciza, com a ditadura, a socialização ou a comunicação. O direito administrativo tem, de qualquer maneira, grande relevo, porém não só o ato administrativo é elemento do suporte fáctico do direito administrativo.[210]

1.2 Relações entre Direito Administrativo e Direito Constitucional

Para Pontes de Miranda, há de ser feita uma clara distinção entre o Direito Constitucional e o Administrativo, já que esse é "dentro do poder de administrar". Acrescenta que "os olhos do especialista do direito administrativo, necessariamente colocados nos umbrais desse ramo, não veem entre os poderes, ou por cima deles, mas para baixo, para onde se realizam as funções de administração".[211]

Essa afirmação, aparentemente depreciativa, ao contrário de reduzir a relevância do Direito Administrativo, dá-lhe um objeto

---

[209] PONTES DE MIRANDA, Francisco Cavalcanti. *Comentários à Constituição de 1946*. 3. ed. Rio de Janeiro: Borsoi, 1960. t. I, p. 258.
[210] PONTES DE MIRANDA, Francisco Cavalcanti. *Tratado das ações*. 2. ed. São Paulo: RT, 1972. t. I, p. 26.
[211] Neste tocante, em uma fase em que o Direito Administrativo ainda não havia se constitucionalizado com a intensidade como ocorreu em 1988, ele cita como exemplos de normas do Direito Administrativo as regras sobre provas para concursos de funcionários públicos ou sobre a profilaxia da lepra ou da malária (PONTES DE MIRANDA, Francisco Cavalcanti. *Tratado das ações*. 2. ed. São Paulo: RT, 1972. t. I, p. 260).

próprio, um campo de estudo específico.[212] Pontes arremata: "o direito administrativo ganha em supor o direito constitucional, e perderia em clareza repondo no seu plano o que pertence ao plano acima".[213]

Para o jurista, historicamente, uma das distinções entre o direito administrativo e o direito constitucional dizia respeito a mais "rápida permanência das normas administrativas, por serem todas facilmente modificáveis pelos príncipes. [...] O direito administrativo, mais próximo da política, havia de ser menos estável que os outros ramos do direito. O conteúdo mesmo acelerava-lhe a vida".[214]

Pontes de Miranda arremata, resolvendo, ao mesmo tempo, a questão da relação do Direito Administrativo com o Direito Constitucional, e delimitando o objeto daquele:

> De todos os ramos do Direito, o mais próximo do direito constitucional (de que às vezes recobre parte, por ser divisão do direito público, mais larga do que aquela que dá as duas porções, a constitucional e a extraconstitucional ou não constitucional) é o direito administrativo, relativo a todas as relações em que uma das partes seja o Estado como administrador.[215]

1.3 Rechaço aos conceitos residuais

Na evolução do Direito Administrativo, houve um período em que os doutrinadores se utilizavam de conceituações residuais, que são aquelas em que, ao invés de apresentar os elementos essenciais de

---

[212] O jurista italiano Sabino Cassese esclarece: "Las Constituciones dedican un número creciente de normas a la Administración, que termina camuflada o escondida em el Derecho Constitucional. En certo sentido, éste contiene las grandes elecciones políticas, mientras que el Derecho Administrativo contempla em aparencia problemas técnicos, neutros, politicamente indiferentes, como la discusión entre monismo y dualismo jurisdicional o entre centralización y descentralización. Em la vida concreta de las instituciones, la relación se torna más compleja. El Derecho Administrativo se revela como konkretisiertes Verfassungrecht. Ello no se refiere únicamente a problemas de eficiencia y de asignación de poderes, relativamente neutrales, sino también a problemas fundamentales relacionados com la libertad y la protección de intereses colectivos. En suma, del Derecho Administrativo dependen, en concreto, derechos y deberes, por lo que uma circular administrativa puede resultar más importante que una solemne declaración constitucional". (CASSESE, Sabino. *Derecho Administrativo*: historia y futuro. Madrid: INAP, 2014. p. 25).
[213] PONTES DE MIRANDA, Francisco Cavalcanti. *Tratado das ações*. 2. ed. São Paulo: RT, 1972. t. I, p. 260.
[214] PONTES DE MIRANDA, Francisco Cavalcanti. *Tratado das ações*. 2. ed. São Paulo: RT, 1972. t. I, p. 257.
[215] PONTES DE MIRANDA, Francisco Cavalcanti. *Tratado das ações*. 2. ed. São Paulo: RT, 1972. t. I, p. 101.

um determinado objeto, ao contrário, indicava as características que o citado objeto não possuía.

Trata-se, portanto, da adoção de critério negativo, que considerava, por exemplo, o Direito Administrativo como o ramo do direito público que disciplina todas as atividades estatais que não sejam judiciais ou legislativas.

Pontes de Miranda rechaçava veementemente a adoção de conceitos residuais: "o direito administrativo é tecido por instituições "positivas", e não por linhas (negativas de limitação). A soma dos direitos subjetivos dos súditos não perfaz o direito administrativo; nem cabem no conceito de direito administrativo todas as normas de que nascem ou podem nascer direitos públicos subjetivos".[216]

Conforme se vê, Pontes de Miranda já adotava, há mais de sessenta anos, o conceito de Direito Administrativo que acabou por prevalecer na doutrina administrativista internacional e brasileira: o critério da administração pública.

2 Atos Administrativos

Desde o século XIX, o Direito Administrativo tem se desenvolvido a partir de um tratamento jurídico diferenciado conferido à Administração Pública, especialmente quando comparado àquele que é atribuído aos particulares. Temas como servidores públicos, responsabilidade civil do Estado, serviços públicos, contratos administrativos e bens públicos são exemplos de situações jurídicas que receberam traços próprios, exatamente por estarem incluídos no contexto de dar à Administração Pública normas próprias, seja para lhe garantir determinadas prerrogativas, seja para lhe impor certas restrições.

Certamente, a temática dos atos administrativos é aquela em que se vê com maior clareza a presença deste regime especial da atividade administrativa do Estado. Conforme se verá, Pontes de Miranda realizou vários estudos sobre atos administrativos, especialmente quando procurou demonstrar como se daria a utilização de sua mais famosa teoria no Direito Público.

---

[216] PONTES DE MIRANDA, Francisco Cavalcanti. *Comentários à Constituição de 1946*. 3. ed. Rio de Janeiro: Borsoi, 1960. t. I, p. 257.

2.1 Conceito e classificação

Pontes de Miranda, ao tratar dos atos praticados pela Administração Pública, destaca seu fundamento: "os atos administrativos são atos que supõem outorga de poder. O poder estatal, que está com o povo, confere poderes de Constituição donde surgiu o poder constituinte. Esse, por sua vez, divide os poderes que hão de ser exercidos, um quais o de legislar". E acrescenta: "os atos administrativos têm que ser praticados na medida e como a Constituição, ou a lei, os permita, de modo que não há o princípio da autonomia da vontade, tal como existe no direito privado, onde se pode dizer que é permitido tudo o eu se não proíbe".[217]

Em relação à classificação dos atos administrativos, Pontes de Miranda se utiliza de sua consagrada teoria da carga de eficácia das sentenças. Assim, ele registra: "há os atos condenatórios, assim como há os simples atos declaratórios, ou constitutivos, ou mandamentais, ou executivos". Como exemplos de atos declarativos de direito público, cita os atos de admissão a concurso para cargos públicos, atos de verificação de qualidade para se inscrever em montepio ou instituto de seguros, as certidões e atestados, e todos os atos de indeferimento.

Por sua vez, seriam atos constitutivos de direito público as permissões ou autorizações, as licenças, as revogações, as cassações de permissões, as autorizações e licenças. Por sua vez, seriam atos condenatórios de direito público as penas de serviço ou disciplinares, penas, inclusive multas, em que a autoridade não pune por falta no serviço ou por indisciplina, como a que o guarda de estrada impõe ao automóvel que infringe o regulamento. Enquanto isso, os atos mandamentais de direito público seriam as ordens, positivas ou negativas, e os mandados em geral, e os atos executivos de direito público decorreriam de decisões judiciais ou restituição de posse, que possa resultar de decisão administrativa, como seria o caso do delegado de polícia que entrega ao dono o bem que fora furtado e apreendido.[218]

---

[217] PONTES DE MIRANDA, Francisco Cavalcanti. *Tratado das ações*. 2. ed. São Paulo: RT, 1972. t. I, p. 18.

[218] PONTES DE MIRANDA, Francisco Cavalcanti. *Tratado das ações*. 2. ed. São Paulo: RT, 1972. t. I, p. 19.

2.2 Aplicação da teoria do fato jurídico ao Direito Administrativo

Uma das principais contribuições de Pontes de Miranda à Ciência do Direito diz respeito à sua teoria do fato jurídico. Nela, dentre outras questões, ele tratou da classificação dos fatos jurídicos a partir dos critérios da conformidade destes com o direito e da presença de ato humano volitivo no seu suporte fático.

Neste contexto, os fatos jurídicos *lato sensu* seriam classificados, inicialmente, em fatos jurídicos lícitos (conforme o Direito) e fatos jurídicos ilícitos (contrários ao direito). Por sua vez, os atos lícitos seriam classificados em fatos jurídicos *stricto sensu*, atos jurídicos *lato sensu* e atos-fatos jurídicos.[219]

Fato jurídico *stricto sensu* seriam os fatos da natureza, independentes de ato humano como dado essencial. São exemplos dessa espécie de fato jurídico o nascimento, a morte, o implemento de idade, a aluvião, a avulsão, dentre outros.

Por sua vez, no ato-fato jurídico, o ordenamento jurídico desconsidera a vontade e considera relevante tão somente o evento (fato), o que faz com que a ação humana, independentemente da vontade, adquira relevância para o Direito. Assim, não importa se houve ou não vontade em praticar o ato. É ressaltada a consequência do ato, ou seja, o fato resultante, como é o caso de um louco que pinta um quadro.

Por fim, ato jurídico *lato sensu* é o fato jurídico cujo suporte fático tem como cerne uma exteriorização consciente da vontade, dirigida a um resultado. A vontade é o elemento nuclear do suporte fático.[220]

Ressalta que "é de notar-se que os juristas, de regra, ao falarem de ato administrativo, não precisam a qual conceito de ato administrativo se referem: aos negócios jurídicos, tão só, ou aos atos jurídicos *stricto sensu*, ou aos atos-fatos. Quase sempre, exame atento do que enunciam mostra que só aludem a negócios jurídicos", esquecendo-se das demais categorias.[221]

Neste contexto, Marcos Bernardes de Mello, ao apresentar a teoria do fato jurídico desenvolvida por Pontes de Miranda, destaca

---

[219] PONTES DE MIRANDA, Francisco Cavalcanti. *Tratado de Direito Privado*. Rio de Janeiro: Borsoi, 1954. t. II, p. 183-185.
[220] Sobre esta temática, vide: MELLO, Marcos Bernardes. *Teoria do Fato Jurídico. Plano da existência*. 21. ed. São Paulo: Saraiva, 2017.
[221] PONTES DE MIRANDA, Francisco Cavalcanti. *Comentários à Constituição de 1967*. Rio de Janeiro: Forense, 1987. t. II, p. 269.

que, à exceção dos atos normativos (como leis e decretos), "os atos praticados no plano do direito público são classificáveis na categoria de ato jurídico *lato sensu*. Não diferem, em essência, dos demais atos jurídicos (de direito privado) e, portanto, ou são atos jurídicos *stricto sensu*, ou são negócios jurídicos, ou atos mistos".[222]

Almiro do Couto e Silva registra que:

> É sabido que nem todos os atos contemplados por regras jurídicas de direito administrativo são atos administrativos. A aula que o titular de cargo de magistério profere, as contas feitas pelo tesouro, a informação que o porteiro presta, embora sejam atos praticados por agentes da administração não têm, contudo, o caráter de atos administrativos. São simples Tathandlungen, atos-fatos jurídicos. Mas não apenas sôbre atos da administração, quer sejam êles atos-fatos ou atos jurídicos propriamente ditos (Rechtshandlungen), dos quais o ato administrativo é uma espécie, incidem normas de direito administrativo.[223]

O citado jurista aponta o equívoco cometido por parte da doutrina alemã, ao não diferenciar

> a nomeação de funcionário público, a aposentadoria voluntária, a isenção, a licença, a autorização ou a permissão que a lei subordinou a requerimento (desde que êste crie para a administração, o dever de isentar, licenciar, autorizar ou permitir, i. e., desde que a medida não seja discricionária) – são exemplos de atos administrativos que precisam da expressão da vontade dos destinatários para adquirir eficácia. Walter Jellinek, impressionado com a indispensabilidade da exteriorização da vontade dos particulares e entendendo que sua falta implicaria na nulidade do ato, propôs o nome de atos administrativos bilaterais (zweiseitige Venvaltungsakte). A designação era equívoca e foi rejeitada, por lembrar, embora êsse não fôsse o sentido que Jellinek lhe atribuía, a concepção que via na relação de emprêgo e em situações análogas um vínculo nascido do contrato. Muitos, porém, concordam com Jellinek quanto à nulidade do ato administrativo que necessitava da cooperação do particular e esta não se verificou. O êrro advém de não ter ainda sido traçada, no Direito alemão, precisa linha diferenciadora entre os conceitos de validade e eficácia dos atos jurídicos, qual a realizada, entre

---

[222] MELLO, Marcos Bernardes. *Teoria do Fato Jurídico. Plano da existência.* 22. ed. São Paulo: Saraiva, 2019. p. 222.
[223] COUTO E SILVA, Almiro. Atos jurídicos de Direito Administrativo praticados por particulares e direitos formativos. *Revista de Direito Administrativo*, Rio de Janeiro, n. 95, p. 19-39, jan./mar. 1969. p. 19.

nós, por Pontes de Miranda. Não há aí, nulidade do ato, como julgou Jellinek, nem inexistência, como pensariam os contratualistas, mas mera ineficácia do ato que nomeia para cargo público pessoa que não quer ser funcionário é ato administrativo, e ato administrativo válido, porém ineficaz para tornar funcionário a quem não o deseje ser.[224]

Apesar da aplicabilidade da teoria do fato jurídico ao Direito Administrativo, o próprio Pontes de Miranda alerta:

> Quando a maioria dos juristas diz que os atos de direito público, particularmente os atos de direito administrativo, se regem pelos princípios e regras jurídicas concernentes ao direito privado, por estarem mais conhecidos os princípios e regras do direito privado [...] desatende a que essa explicação supõe que a revelação do direito privado é independente da adaptação do homem ao meio social. Quando os grupos sociais, pelo costume ou através de órgãos legislativos, edictam regras jurídicas, ou levam em consideração fatos concernentes só ao direito privado ou fatos concernentes ao direito privado e ao público. Não há extensão das regras jurídicas do direito privado ao direito público; o que há é segunda revelação, e por vezes a primeira se fez no plano do direito público. Nem se pode antepor a essa explicação, de fundo sociológico, a de ser preferível o paralelismo entre os dois ramos do direito.[225]

2.3 Extinção dos atos administrativos

No tocante aos atos administrativos, provavelmente, a questão tratada por Pontes de Miranda que maior impacto tem gerado entre os administrativistas é a da invalidação dos referidos atos.[226]

É que no Brasil, a doutrina é bastante divergente quanto aos graus de desconformidade do ato administrativo com o Direito. Basicamente, em termos simplificadores, pode-se destacar que existem diversas correntes doutrinárias a respeito:

---

[224] COUTO E SILVA, Almiro. Atos jurídicos de Direito Administrativo praticados por particulares e direitos formativos. *Revista de Direito Administrativo*, Rio de Janeiro, n. 95, p. 19-39, jan./mar. 1969. p. 19.

[225] PONTES DE MIRANDA, Francisco Cavalcanti. *Tratado das ações*. 2. ed. São Paulo: RT, 1972. t. I, 1972, p. 22.

[226] Neste sentido, "a doutrina brasileira ainda não se mostra acorde no tocante à invalidação dos atos administrativos. É certo que a falta de sistematização legal a respeito do problema leva a tal dificuldade". (OLIVEIRA, Régis Fernandes de. *Ato administrativo*. 4. ed. São Paulo: Editora Revista dos Tribunais, 2001. p. 125).

a) a que entende que sempre que um ato administrativo possui um vício de legalidade ele será nulo;[227]
b) a que adota, no Direito Administrativo, a divisão dicotômica entre atos nulos e anuláveis, oriunda não do Direito Privado, mas da Teoria Geral do Direito;[228]
c) a que considera que há três possibilidades de desconformidade do ato administrativo, quais sejam, atos nulos, atos anuláveis e atos irregulares;[229] e
d) a que sustenta que os atos administrativos podem ser inexistentes, nulos, anuláveis e irregulares.[230]

Como se vê, trata-se de uma questão extremamente complexa e controvertida, à medida que, no Direito Administrativo, além das questões já apreciadas no Direito Privado, há outras ponderações, como a natureza dos interesses em jogo (sempre públicos), a indisponibilidade de tais interesses, a possibilidade (ou dever) de convalidação, a presunção de legalidade dos atos administrativos, dentre outros aspectos.

De toda forma, Pontes de Miranda ofereceu uma análise bastante fecunda sobre essa temática, e ainda que o tenha feito em sua obra Tratado de Direito Privado, teve a pretensão de dar uma sistemática geral, própria da Teoria Geral do Direito.[231]

De plano, registre-se que, para o jurista alagoano, os fatos jurídicos devem ser analisados nos planos da existência, validade e eficácia. É exatamente no plano da validade que a presente análise deve ocorrer.

---

[227] Vide: MEIRELLES, Hely Lopes. *Direito Administrativo Brasileiro*. 32. ed. São Paulo: Malheiros, 2006. p. 173; e AMARAL, Antônio Carlos Cintra do. *Extinção do ato administrativo*. São Paulo: RT, 1978. p. 68, nota de rodapé 14.

[228] Vide: BANDEIRA DE MELLO, Oswaldo Aranha. *Princípios Gerais de Direito Administrativo – Introdução*. 1. ed. Rio de Janeiro: Livraria Forense, 1969. v. 1, p. 651.

[229] Vide: FAGUNDES, Miguel Seabra. *O controle dos atos administrativos pelo Poder Judiciário*. 3. ed. Rio de Janeiro: Forense, 1957. p. 60.

[230] Vide: BANDEIRA DE MELLO, Celso Antônio. *Curso de Direito Administrativo*. 30. ed. São Paulo: Malheiros Editores, 2012. p. 463.

[231] Sobre esta questão, o professor Marcos Bernardes de Mello, um dos maiores difusores da obra de Pontes de Miranda, destaca que o fato jurídico "é um conceito cuja utilidade existe em qualquer área da Ciência Jurídica. Estamos acostumados, é verdade, a ver o fato jurídico estudado quase que exclusivamente como tema de direito civil. [...] Essa visão, no entanto, parece-nos míope, se levarmos em conta, como vimos, que nada acontece no mundo jurídico senão como produto de um fato jurídico, seja em que ramo da Ciência Jurídica for". Mello registra, todavia, que os atos processuais e os atos de Direito Administrativo, embora, em essência, sejam atos jurídicos *lato sensu*, devem ser analisados com "as particularidades de que se revestem em razão do ramo jurídico em que se inserem". (MELLO, Marcos Bernardes. *Teoria do fato jurídico. Plano da existência*. 19. ed. São Paulo: Saraiva, 2013. p. 28).

No caso, "a invalidade passa-se no mundo jurídico [...] o ato jurídico nulo entrou no mundo jurídico: se assim não o fosse, nulo seria igual a inexistente; não haveria distinção entre o ser e o ser nulamente".[232] Ele acrescenta: "já no suporte fático está o défice; a despeito do défice, o ato penetrou no mundo jurídico, embora nulamente, exposto, de regra, como ato jurídico de suporte fático gravemente deficitário, a ataques fáceis e de quem quer que tenha interesse. Não nasceu morto, o que seria não nascer; nasceu impróprio à vida, por sua extrema debilidade".[233]

Superada esta primeira questão, Pontes prossegue, confirmando a existência do nulo e do anulável: "O nulo é ato que entrou, embora nulamente, no mundo jurídico. Também entra, e menos débil, no mundo jurídico o suporte fático do negócio jurídico anulável. Nulo e anulável existem. [...] Toda distinção só se pode fazer no plano da validade".[234] E o que diferencia o nulo do anulável? Para Pontes de Miranda, tal distinção é fruto de uma criação técnica, "baseada em maior ou menor gravidade do défice", gerando tratamentos diferentes, como a irrenunciabilidade da nulidade.[235]

Para o jurisconsulto, compete à técnica legislativa discriminar as causas de nulidade e de anulabilidade para que se observem os dois regimes. Registra, ainda, algo de grande relevância ao Direito Administrativo: "a nulidade é inconvalidável; não sobrevém, jamais, validação".[236]

Para ilustrar a diferença entre o nulo e anulável, apresenta Pontes um exemplo esclarecedor: "a imagem mais própria para se diferenciar o nulo e o anulável é a de coleção de cubos (elementos), empilhados regularmente, formando o suporte fático, a que ou faltou alguns dos cubos, vendo-se o espaço vazio, e é a imagem do suporte fático do negócio nulo, ou a que alguns dos cubos menores não foi junto, mas é juntável pelo que o devia ter posto lá, o cubo complementar, ou, pelo tempo mesmo que decorreu, não pode mais ser visto o vazio".[237]

---

[232] PONTES DE MIRANDA, Francisco Cavalcanti. *Tratado de Direito Privado*. 1. ed. Campinas: Bookseller, 2000. t. IV, p. 62.
[233] PONTES DE MIRANDA, Francisco Cavalcanti. *Tratado de Direito Privado*. 1. ed. Campinas: Bookseller, 2000. t. IV, p. 63.
[234] PONTES DE MIRANDA, Francisco Cavalcanti. *Tratado de Direito Privado*. 1. ed. Campinas: Bookseller, 2000. t. IV, p. 63.
[235] PONTES DE MIRANDA, Francisco Cavalcanti. *Tratado de Direito Privado*. 1. ed. Campinas: Bookseller, 2000. t. IV, p. 64.
[236] PONTES DE MIRANDA, Francisco Cavalcanti. *Tratado de Direito Privado*. 1. ed. Campinas: Bookseller, 2000. t. IV, p. 64.
[237] PONTES DE MIRANDA, Francisco Cavalcanti. *Tratado de Direito Privado*. 1. ed. Campinas: Bookseller, 2000. t. IV, p. 69.

Neste contexto, para Pontes de Miranda, os atos administrativos, tais quais os atos jurídicos de uma forma geral, estariam sujeitos aos mesmos planos da existência, validade e eficácia. Todavia, conforme adverte Marcos Bernardes de Mello: "os atos administrativos, sejam atos da administração, contratos administrativos, ou contratos da administração, que são atos jurídicos *stricto sensu* ou negócios jurídicos, conforme a espécie, se violam normas jurídicas cogentes, infringem a moralidade ou são lesivos ao patrimônio público, são nulos".[238]

Assim, pode-se afirmar, a partir da premissa de que a invalidade do ato administrativo, quando grave (violadora de norma cogente, infringente da moralidade ou lesiva ao patrimônio público), gera sua nulidade, tais atos nulos não estão sujeitos à convalidação. Por sua vez, somente quando o ato administrativo apresente desconformidades leves, não enquadradas nas situações mencionadas, é que os mesmos poderão ser considerados anuláveis, ou, o que seria mais adequado, sujeitos à convalidação, que envolveria medidas de sanabilidade do ato.

2.4 Discricionariedade administrativa

Outra temática analisada por Pontes de Miranda diz respeito à discricionariedade. Com maestria, explica:

Os que tentavam definir os atos discricionários como atos políticos não atendiam a que a feitura da lei é ato político. A diferença entre o processo de adaptação social, mais estável, a que se chama Direito, e o processo de adaptação social, que é a Política, só se pode caracterizar quando à lei, pela contemplação em dois momentos: o de criação de regra jurídica e o da incidência da regra jurídica, que são marcos no caminhado que vai da Política ao Direito. Também houve os que queriam distinguir administrar e praticar atos discricionários, como se administrar fosse só aplicar as leis. Ora, os atos discricionários do Poder Executivo são atos de administração, *lato sensu*.[239]

Com grande riqueza simbólica, Pontes declara: "no branco que a Constituição ou a Constituição e as leis deixam à atividade do Poder Executivo, os atos dizem-se atos discricionários. São, por isso mesmo,

---

[238] MELLO, Marcos Bernardes. *Teoria do Fato Jurídico. Plano da validade.* 15. ed. São Paulo: Saraiva, 2019. p. 94.

[239] PONTES DE MIRANDA, Francisco Cavalcanti. *Tratado das ações.* 2. ed. São Paulo: RT, 1972. t. I, p. 25.

atos regrados por fora, atos que têm de ocorrer como se houvesse aquário em que os peixes nadassem, parassem, se encostassem, descessem e subissem. É liberdade dentro de limites, como todas as liberdades. [...] São atos do Poder Executivo, de ordem criadora".[240]

Ademais, Pontes de Miranda apresenta um entendimento que, nos últimos tempos, passou a ser adotado pela doutrina administrativista:[241] o de que os atos administrativos têm diferentes graus de vinculação à lei, ao invés de serem considerados como vinculados ou discricionários. Neste contexto, Pontes afirma que "não há atos administrativos inteiramente discricionários. A discricionariedade é sempre dentro de branco que a Constituição e as leis deixam, ou, até, instruções, ou circulares, ou avisos. Nos próprios atos administrativos tidos como inteiramente vinculados, há, de regra, elemento de discricionariedade".[242]

Principal discípulo da obra ponteana, Marcos Bernardes de Mello explica que os atos jurídicos de direito público, dentre outros fatores, diferem-se dos atos jurídicos de direito privado, porque enquanto estes se sujeitam ao princípio do autorregramento ou autonomia da vontade, aqueles estão submetidos ao princípio da legalidade. Acrescenta que, "mesmo quando há discricionariedade, nos negócios jurídicos a administração não tem liberdade negocial. O princípio da legalidade os preside. A discricionariedade se prende ao aspecto da oportunidade de praticar o ato, não em relação ao ato em si e ao seu conteúdo".[243]

3 Controle da Administração Pública

Na condição de comentarista das Constituições brasileiras de 1934, 1937, 1946 e 1967, Pontes de Miranda teve a oportunidade de analisar diversas questões que dizem respeito aos mecanismos de controle da atividade administrativa do Estado.

Dentre os referidos temas, destacam-se princípios como o da inafastabilidade da apreciação judicial, mecanismos de controle, como

---

[240] PONTES DE MIRANDA, Francisco Cavalcanti. *Tratado das ações*. 2. ed. São Paulo: RT, 1972. t. I, p. 27.
[241] Neste sentido, vide: KRELL, Andreas J. *Discricionariedade administrativa e conceitos legais indeterminados*. Porto Alegre: Livraria do Advogado, 2013.
[242] PONTES DE MIRANDA, Francisco Cavalcanti. *Comentários à Constituição de 1967*. Rio de Janeiro: Forense, 1987. t. II, p. 273.
[243] MELLO, Marcos Bernardes. *Teoria do Fato Jurídico. Plano da existência*. 22. ed. São Paulo: Saraiva, 2019. p. 224.

a ação popular, e órgãos de controle, como o Ministério Público e o Tribunal de Contas.

3.1 Princípio da inafastabilidade da apreciação judicial

Neste contexto, o jurista, ao analisar o conteúdo do art. 141, §4º da Constituição de 1946, que determina que "a lei não poderá excluir da apreciação do Poder Judiciário qualquer lesão de direito individual", logo destaca que "no sistema jurídico brasileiro, o controle judicial vai muito mais longe do que nos outros sistemas jurídicos, inclusive no dos Estados Unidos da América".[244]

Pontes de Miranda chega ao ponto de afirmar que "a regra jurídica constitucional do art. 141, §4º, em que o legislador constituinte formulou o princípio de ubiquidade da justiça, foi a mais típica e a mais prestante criação de 1946".

Ainda no tocante ao princípio da inafastabilidade do controle judicial, Pontes de Miranda ressalta o amplo conteúdo da norma constitucional, que tanto veda que as leis ordinárias excluam da apreciação judicial as próprias leis, como a defesa dos direitos individuais "que se fundem nas normas da Constituição", como os próprios direitos individuais "que se fundem em leis ordinárias".[245]

Acrescenta que esta norma se dirige aos legisladores ordinários, que nenhuma regra podem editar que permita preclusão em processo administrativo, ou em inquérito parlamentar, "de modo que se exclua (coisa julgada material) a cognição pelo Poder Judiciário, se a *res deducta* é um direito individual [...] tratando-se de discussão em torno de direito individual, a autoridade administrativa não pode ser a última instância, porque o titular do direito individual, não se conformando com o decidido, pode propor ação judicial".[246]

Todavia, quando analisa a competência do julgamento de contas pelo Tribunal de Contas, ainda comentando a Constituição de 1946, Pontes afirma que "a função de julgar as contas está claríssima no texto constitucional. Não havemos de interpretar que o Tribunal de Contas

---

[244] PONTES DE MIRANDA, Francisco Cavalcanti. *Comentários à Constituição de 1946*. Rio de Janeiro: Henrique Cahen, 1947. t. IV, p. 411.
[245] PONTES DE MIRANDA, Francisco Cavalcanti. *Comentários à Constituição de 1946*. Rio de Janeiro: Henrique Cahen, 1947. t. IV, p. 410.
[246] PONTES DE MIRANDA, Francisco Cavalcanti. *Comentários à Constituição de 1946*. Rio de Janeiro: Henrique Cahen, 1947. t. IV, p. 412.

julgue e outro juiz as re-julgue depois. Tratar-se-ia de absurdo *bis in idem*. Ou o Tribunal de Contas julga, ou não julga".[247]

No que concerne à operacionalização do princípio da inafastabilidade, Pontes esclarece que "a lei ordinária pode criar ações, além do habeas corpus e do mandado de segurança, ações e remédios jurídicos processuais, para que se assegure, facilmente, ou em figura definida, a apreciação dos atos do poder público, quando ofensivos ao direito individual. Então, o legislador, em vez de ir contra o art. 141, §4º, vai ao alcance do pensamento da Constituição".[248]

Em relação à possibilidade de controle judicial sobre os atos administrativos discricionários, o jurista já destaca há meio século que "a própria lei não pode dispensar o exame da compatibilidade do ato discricionário com os princípios constitucionais, nem dos limites que existem fundados em lei, ou em regra jurídica a que os atos discricionários hajam de ater-se. À Justiça cabe dizer que há o branco e se, dentro dele, sem qualquer violação da Constituição ou de regra jurídica que se havia de observar, foi exercido o poder discricionário".[249]

Apesar de destacar o papel do Poder Judiciário no controle dos atos administrativos, Pontes de Miranda registra que "infelizmente, por deficiência de conhecimentos de direito público, pois são mais afeitos o juízes ao trato das questões de direito privado, muitas vezes tem a Justiça cometido verdadeiras postergações de direitos, recusando-se a amparar os que lhe batem às portas, para que se restaure a ordem jurídica violada, ou se assegure a ordem jurídica ameaçada".[250]

3.2 Ação popular

Conforme se vê, o foco da norma constitucional de então era a proteção ao direito individual. Todavia, a Carta de 1946 também previa, no §38 do art. 141, que "qualquer cidadão será parte legítima para pleitear a anulação ou a declaração de nulidade de atos lesivos

---

[247] PONTES DE MIRANDA, Francisco Cavalcanti. *Comentários à Constituição de 1946*. Rio de Janeiro: Henrique Cahen, 1947. t. II, p. 95.

[248] PONTES DE MIRANDA, Francisco Cavalcanti. *Comentários à Constituição de 1946*. Rio de Janeiro: Henrique Cahen, 1947. t. IV, p. 411.

[249] PONTES DE MIRANDA, Francisco Cavalcanti. *Tratado das ações*. 2. ed. São Paulo: RT, 1972. t. I, p. 27.

[250] PONTES DE MIRANDA, Francisco Cavalcanti. *Comentários à Constituição de 1967*. Rio de Janeiro: Forense, 1987. t. IV, p. 468.

do patrimônio da União, dos Estados, dos Municípios, das entidades autárquicas e das sociedades de economia mista".

Sobre este dispositivo constitucional, Pontes de Miranda ressaltou se tratar de um direito público subjetivo dos brasileiros que ostentassem a condição de cidadãos. Todavia, a norma em comento somente seria objeto de regulamentação com a edição da lei de ação popular (Lei nº 716/65).

Sobre esta questão, Pontes destacava que "a legislação ordinária, desde o Império, fez do habeas corpus ação popular. Agora, o §38 dá-nos caso típico. As leis podem criar outras, inclusive para a guarda e a execução da Constituição. Da criação de algumas depende mesmo o bom êxito de muitos artigos da Constituição de 1946, assaz programática, porém sem suficiente rol de direitos públicos subjetivos".[251]

Quanto à natureza da ação popular, o jurista dá uma verdadeira aula, ao registrar que se trata de "ação constitutiva negativa, razão por que seria melhor dizer-se "a anulação ou a decretação de nulidade", em vez de se falar em "declaração" de nulidade, expressão viciosa. Ato nulo não se declara nulo; ato nulo é, existe, embora nulamente (=eivado de nulidade): ato nulo desconstitui-se".[252]

3.3 Ministério Público

Ao comentar a Constituição de 1967, com a Emenda nº 01, o jurista expõe algumas opiniões sobre este importante órgão de controle, que considera como aquele "pelo qual se exerce o interesse público em que a justiça funcione".[253]

Sobre a atividade desenvolvida pelo Ministério Público, Pontes de Miranda afirma: "Trata-se de ofício particularmente ativo, a que não se pode emprestar, sem grave deformação semântica, o significado de órgão coordenador de atividades governamentais".[254]

Acrescenta: "Ele não ordena, nem tampouco, coordena. Ele promove, postula, pede, impetra, litiga. Nenhum ato dele é de ordenação,

---

[251] PONTES DE MIRANDA, Francisco Cavalcanti. *Comentários à Constituição de 1967*. Rio de Janeiro: Forense, 1987. t. IV, p. 402.
[252] PONTES DE MIRANDA, Francisco Cavalcanti. *Comentários à Constituição de 1967*. Rio de Janeiro: Forense, 1987. t. IV, p. 402.
[253] PONTES DE MIRANDA, Francisco Cavalcanti. *Comentários à Constituição de 1967*. Rio de Janeiro: Forense, 1987. t. III, p. 405.
[254] PONTES DE MIRANDA, Francisco Cavalcanti. *Comentários à Constituição de 1967*. Rio de Janeiro: Forense, 1987. t. III, p. 405.

ou de coordenação. É de promoção. A atividade, a que se possa aludir, é sua, e consiste em promover. O velho termo Promotor era expressivo".[255] Décadas antes do Ministério Público alcançar a dimensão que conquistou a partir da Constituição de 1988, Pontes de Miranda já profetizava: "é essencial ao ofício do Ministério Público promover, e esse promover é tão essencial à vida das sociedades contemporâneas, e cada vez o será mais intimamente, que constitui atividade obrigatória".[256]

Pontes de Miranda também já defendia a necessidade de autonomia do Ministério Público, já que se trata de um órgão técnico (e não político) e que só deve obediência ao ordenamento jurídico. Sobre esta questão:

> O exercício das atribuições do Ministério Público não pode depender de considerações de oportunidade. Existe Ministério Público, assim na União como nos Estados-membros, e as suas funções têm que ser exercidas. O Governador não pode, como o Presidente da República também não o poderia, ordenar que, em certo caso, ou em certas espécies, o Ministério Público não promova. A inserção do Ministério Público na tratação institucional da Constituição explica-se pela natureza obrigatória do ofício. Não se pode cercear; ou tolher, ou dirigir a liberdade de juízo, de pensamento e de ação, do Ministério Público.[257]

3.4 Tribunal de Contas

Até hoje, a natureza dos Tribunais de Contas, assim como de suas decisões, representa um espaço de controvérsias doutrinárias. Pontes de Miranda procurou oferecer luz ao debate, em geral, defendendo posições vanguardistas.

Para o jurista, ao tratar da natureza jurídica e da posição estatal das referidas Cortes, "a Constituição de 1934 considerou-o órgão de cooperação nas atividades governamentais. Ao antigo Tribunal de Contas – que a Constituição manteve (art. 99: é mantido) – o texto de 1934 conferiu, assim, a mais, a atribuição de julgar as contas dos responsáveis por dinheiros ou bens públicos em toda a sua extensão. O acréscimo, em vez de o tornar órgão cooperador do Poder Executivo,

---

[255] PONTES DE MIRANDA, Francisco Cavalcanti. *Comentários à Constituição de 1967*. Rio de Janeiro: Forense, 1987. t. III, p. 405.
[256] PONTES DE MIRANDA, Francisco Cavalcanti. *Comentários à Constituição de 1967*. Rio de Janeiro: Forense, 1987. t. III, p. 405.
[257] PONTES DE MIRANDA, Francisco Cavalcanti. *Comentários à Constituição de 1967*. Rio de Janeiro: Forense, 1987. t. III, p. 405.

acentuou o elemento judiciário que já ele tinha, inclusive pelo modo de composição e garantias de seus membros.[258] Em outra passagem, Pontes de Miranda ressalta:

> Desde 1934, a função de julgar as contas estava, claríssima, no texto constitucional. Não havíamos de interpretar que o Tribunal de Contas julgasse, e outro juiz as julgasse novamente depois. Tratar-se-ia de absurdo *bis in idem*. Ou o Tribunal de Contas julgava, ou não julgava. O art. 114 da Constituição de 1937 também dizia, insofismavelmente: 'julgar das contas dos responsáveis por dinheiros ou bens públicos'. [...] foi a Constituição de 1934 que lhe deu caráter de corpo de julgamento, o que as leis ordinárias não podiam fazer. [...] A que poder pertence o Tribunal de Contas na Constituição de 1937? [...] Ao Poder Judiciário, posto que de modo especial, como função, sim; como órgão, não. Era um tribunal e julgava. Não importa o caráter à parte que teve; isso não lhe tirava a função de julgar. Tanto quanto ao Tribunal de Contas de 1934, ao Tribunal de Contas de 1937 reconhecêramos função judiciária. [...] a Constituição de 1946 teve o Tribunal de Contas como órgão (auxiliar) do Poder Legislativo. Mas a função de julgar ficou-lhe. No plano material, era corpo judiciário; no formal, corpo auxiliar do Congresso Nacional.[259]

O jurista também entende ser possível o Tribunal de Contas exercer o controle de constitucionalidade de leis: "Pode o Tribunal de Contas, no julgamento de contas de responsáveis por dinheiros ou bens públicos, interpretar a Constituição, definitivamente, e julgar a constitucionalidade de leis, regulamentos ou atos do Poder Executivo? O Tribunal de Contas tem duas funções – uma, que é a antiga, liga à execução orçamentária, e outra, de julgamento de contas. Tanto numa como noutra é possível que ocorra a necessidade de se responde à pergunta – é, ou não é, inconstitucional a regra jurídica? Como tribunal, tem de julgá-lo".[260]

Pontes de Miranda apontou que houve o enfraquecimento das Cortes de Contas, pois a Constituição de 1967 (com a EC nº 01/1969) retirou:

---

[258] PONTES DE MIRANDA, Francisco Cavalcanti. *Comentários à Constituição de 1967*: com a EC nº 01, de 1969. São Paulo: Revista dos Tribunais, 1970. t. III, p. 248.
[259] PONTES DE MIRANDA, Francisco Cavalcanti. *Comentários à Constituição de 1967*. Com a Emenda nº 1, de 1969. 2. ed. (arts. 32-117). São Paulo: RT, 1970. t. III, p. 248, 251, 250.
[260] PONTES DE MIRANDA, Francisco Cavalcanti. *Comentários à Constituição de 1946*. (arts. 73-128). Rio de Janeiro: Ed. Borsoi, 1960. t. III, p. 20.

[...] quase toda a função judiciária do Tribunal de Contas. O Tribunal de Contas dá parecer prévio sobre as contas do Presidente da República [...] elabora seu regimento [...] representa ao Poder Executivo e ao Congresso Nacional [...] susta a execução de ato, se não se trata de contrato, mas o Presidente da República pode ordenar que se execute, *ad referendum* do Congresso Nacional. Se a despesa é resultante de contrato, ele apenas solicita que o Congresso Nacional suste a execução do ato [...] A função judicialiforme do Tribunal de Contas diminuiu, porém não profundamente.[261]

3.5 Advocacia Pública

Tendo em vista que ainda não tinham assento constitucional (o que veio a acontecer em 1988), os advogados públicos não foram objeto dos comentários que Pontes de Miranda fez às Constituições de seu tempo.

Todavia, é possível encontrar algumas opiniões do jurista sobre a advocacia pública em parecer elaborado em 1971.[262] Nele, Pontes de Miranda ressalta que "os Procuradores sempre tiveram funções especiais". Aponta que os citados profissionais estavam previstos nas Ordenações Afonsinas, Manuelinas e Filipinas, que dispunham acerca "dos conhecimentos e responsabilidades que haviam de ter os Procuradores".[263]

Ao destacar a necessidade de profissionalização da função pública, Pontes de Miranda lembra que, "o Estado precisou, quando se tornou Estado de Direito, de advogados, procuradores judiciais e consultores. Teve de atraí-los, estabilizá-los, assegurar-lhes promoções e aposentadorias. [...] Teve de desviá-los das suas profissões, originalmente privadas".[264]

No tempo em que Pontes de Miranda era vivo, o conceito de advocacia era diretamente associado à litigiosidade (o que hoje se chama de advocacia contenciosa). O jurista alagoano, que atuou várias décadas apenas como parecerista, dizia-se jurisconsulto (e não advogado). No

---

[261] PONTES DE MIRANDA, Francisco Cavalcanti. *Comentários à Constituição de 1967. Com a Emenda nº 1, de 1969*. 2. ed. São Paulo: RT, 1970. t. III, p. 255.
[262] PONTES DE MIRANDA, Francisco Cavalcanti. Parecer 236, sobre atividade de profissional de direito e contratos com entidade estatal. Rio de Janeiro, 06 jul. 1971. In: *Dez anos de Pareceres, dez volumes*. Rio de Janeiro: Editora Francisco Alves, 1974. t. IX, p. 183.
[263] PONTES DE MIRANDA, Francisco Cavalcanti. Parecer 236, sobre atividade de profissional de direito e contratos com entidade estatal. Rio de Janeiro, 06 jul. 1971. In: *Dez anos de Pareceres, dez volumes*. Rio de Janeiro: Editora Francisco Alves, 1974. t. IX, p. 185.
[264] PONTES DE MIRANDA, Francisco Cavalcanti. *Comentários à Constituição de 1967*. Rio de Janeiro: Forense, 1987. t. IV, p. 440.

trecho a seguir destacado, ele ressalta o papel do advogado público na área consultiva:

A entidade estatal, seja a União, seja Estado-membro, ou o Distrito Federal, ou Território, ou Município, ou mesmo autarquia, ou entidade paraestatal, pode precisar da opinião, ou do parecer, de algum jurisconsulto. [...] A função do bacharel ou doutor em direito não é só a de advogar. O advogado defende os interesses das partes no Fôro, ou perante autoridades administrativas. O jurisconsulto não advoga.[265]

No parecer sob análise, Pontes de Miranda se debruça sobre a Secretaria dos Negócios Internos e Jurídicos do Município de São Paulo (Lei Municipal nº 5.331, de 17 de julho de 1958). O jurista lembra que a citada lei dividiu o Departamento Jurídico em departamentos: Consultivo, Judicial, Patrimonial e Fiscal, algo não muito diferente do que ocorre com as Procuradorias nos dias de hoje.

A questão que o jurista analisa na consulta trata da possibilidade jurídica de contratação de bacharéis em Direito, mas, para a presente pesquisa, tem como maior mérito ressaltar a necessidade da presença de bacharéis em Direito para atuarem na prestação de assessoramento jurídico à Administração Pública em assuntos ligados a licitações, contratos, obras, desapropriações e serviços públicos. Ele destaca que, "na contratação de empreitadas, ou de obras e de serviços," a entidade estatal ou "cria funcionários públicos de especialidade para que colaborem, ou contrata bacharéis ou doutores que possam assistir às confabulações, às programações, às indagações sobre as soluções jurídicas, e assumam responsabilidade quanto a reclamações necessárias".[266]

Assim, no caso dos entes públicos, ressalta que caso não haja um órgão jurídico criado por lei, com cargos efetivos, seria possível recorrer a advogados contratados, pois é imprescindível que os problemas jurídicos devam ser resolvidos por bacharéis em Direito. "Em se tratando de obras e serviços públicos, para cuja realização seja necessária, de presença, a colaboração de pessoas entendidas em direito, nada impede que se celebrem contratos, inclusive para a assessoria ou a assistência".

---

[265] PONTES DE MIRANDA, Francisco Cavalcanti. Parecer 236, sobre atividade de profissional de direito e contratos com entidade estatal. Rio de Janeiro, 06 jul. 1971. In: *Dez anos de Pareceres, dez volumes*. Rio de Janeiro: Editora Francisco Alves, 1974. t. IX, p. 183.

[266] PONTES DE MIRANDA, Francisco Cavalcanti. Parecer 236, sobre atividade de profissional de direito e contratos com entidade estatal. Rio de Janeiro, 06 jul. 1971. In: *Dez anos de Pareceres, dez volumes*. Rio de Janeiro: Editora Francisco Alves, 1974. t. IX, p. 183.

Evidentemente, com a nova sistemática introduzida pela Constituição de 1988 (com a criação de um capítulo próprio sobre a advocacia pública, e previsão expressa da Advocacia Geral da União e das Procuradoria Estaduais), a solução em questão somente teria eventual aplicabilidade aos municípios.

4 Processo Administrativo

Embora somente nos últimos anos o processo administrativo tenha passado a gozar de algum prestígio na doutrina brasileira, Pontes de Miranda já tratava do referido instituto, em especial, nos comentários que fez às Constituições brasileiras.

Para o jurista, "o direito administrativo não regula somente os fatos concernentes à atividade dos poderes administrativos, como fato regidos por direito material. O direito administrativo processual também é direito administrativo *lato sensu*".[267]

Em seguida, serão apresentadas algumas considerações que o jurista fez sobre diversas questões relacionadas à processualidade administrativa.

4.1 Ausência de definitividade das decisões

Uma das questões abordadas era a ausência de definitividade das decisões proferidas no processo administrativo.

Neste sentido, ao tratar do Poder Executivo, destacava que seus "órgãos deliberam sobre matérias cuja cognição lhes seja permitida e decidam, administrativamente, em caso de controvérsias entre o Estado e outras pessoas privadas ou de direito público, se a lei lhes atribui competência".

Todavia, apontava que "decidir, como órgão administrativo, com eficácia administrativa de coisa julgada, não é decidir judicialmente com eficácia de *res iudicata*. O Poder Executivo não tem, no sistema jurídico brasileiro, tal atribuição".[268] Registrava, ainda, que fora do Poder Judiciário, apenas o Tribunal de Contas possuía tal característica.

---

[267] PONTES DE MIRANDA, Francisco Cavalcanti. *Tratado das ações*. 2. ed. São Paulo: RT, 1972. t. I, p. 26.
[268] PONTES DE MIRANDA, Francisco Cavalcanti. *Comentários à Constituição de 1967*. Rio de Janeiro: Forense, 1987. t. III, p. 269.

4.2 Rápido andamento dos processos

Na Constituição de 1946, o art. 141, §36 tratou de algumas questões relacionadas aos processos administrativos. Na citada Constituição, tais processos eram denominados de "processos nas repartições públicas".

Surpreendentemente, cinquenta e oito anos antes da publicação da Emenda Constitucional nº 45/2004, que determinou que "a todos, no âmbito judicial e administrativo, são assegurados a razoável duração do processo e os meios que garantam a celeridade de sua tramitação" (inciso LXXXVIII, art. 5º, CF/88), a Carta de 1946 já estabelecia que "a lei assegurará [...] o rápido andamento dos processos nas repartições públicas".

Sobre este preceito, Pontes de Miranda afirmou que "trata-se de simples regra programática, de sugestão constitucional aos legisladores ordinários. Direito constitucional nasce dele: o de pedir-se, por exemplo, que a Justiça fixe prazo, de acordo com a matéria".[269] E acrescenta que tal regra se aplica a todas as entidades da Administração federal, estadual, municipal, distrital, autárquica e às sociedades de economia mista.

4.3 Direito de comunicação aos interessados

Quanto ao direito de comunicação aos interessados dos despachos e das informações que a eles se refiram (art. 141, §36, II, Constituição de 1946), Pontes de Miranda registrou que esta norma era self-executing (autoexecutável). E mais, "a legislação que exclua tal comunicação, a ponto de prejudicar os interessados, é inconstitucional".

E a consequência administrativa para a ausência de ciência pelo interessado é a ineficácia da decisão administrativa, "de jeito que não pode a administração pretender que qualquer efeito desfavorável possa ter: o despacho existe, porque foi proferido, talvez valha, por se não ter infringido regra jurídica; porém, antes da comunicação, não se pode executar, nem, sequer, o elemento declarativo pode atingir, ofendendo a esfera jurídica do interessado".[270] Diferentemente pensa o mestre alagoano quando os efeitos são favoráveis, defendendo que, neste caso, há a eficácia da decisão.

---

[269] PONTES DE MIRANDA, Francisco Cavalcanti. *Comentários à Constituição de 1946*. 3. ed. Rio de Janeiro: Borsoi, 1960. t. IV, p. 387.
[270] PONTES DE MIRANDA, Francisco Cavalcanti. *Comentários à Constituição de 1946*. 3. ed. Rio de Janeiro: Borsoi, 1960. t. IV, p. 388.

Ademais, Marcos Bernardes de Mello, ao analisar a teoria do fato jurídico de Pontes de Miranda, registra: "a publicação, quando necessária, entra no ato administrativo como elemento integrativo concernente à eficácia. Nunca é elemento de existência ou validade. A falta de publicidade do ato administrativo implica, assim, sua ineficácia". E acrescenta: "no plano do direito público, essa ineficácia faz nulos os atos que sejam de execução do ato não publicado",[271] citando como exemplo a nulidade da posse que venha a ocorrer antes da nomeação de um servidor ser publicada.

4.4 Direito à obtenção de certidões

Quanto ao direito à obtenção de certidões para defesa de direitos, Pontes de Miranda já ressaltava, de forma vanguardista, que o exercício de tal direito "de modo algum pode depender de apreciação da espécie pela repartição que as há de passar; seria permitir-se à autoridade administrativa arbítrio, ou, pelo menos, pré-exame do direito do requerente" e que "a repartição não pode exigir que se lhe declare qual a via que se vai tomar".[272]

Cabe destaque a opinião manifestada pelo mestre alagoano, ao rechaçar outro argumento invocado pela Administração para negar cópia de pareceres. Pontes de Miranda, ao comentar disposição da Constituição de 1967, idêntica ao §35 do art. 153 da Carta de 1969, registra:

> Um dos argumentos é o de que, se houvesse tal direito à certificação, também a União, os Estados-membros e as outras entidades de direito público o teriam, quanto ao parecer que o jurisconsulto houvesse dado, contrário à pretensão de seu consulente. Tal argumento é de nenhum valor. Não há, para as entidades de direito público, em relação aos particulares, qualquer regra jurídica que, ainda aproximadamente, equivalha ao art. 150. §34.[273]

Estas conclusões, produzidas a mais de sete décadas, estão em perfeita consonância com os valores que inspiraram a Lei de Acesso à Informação, que, por exemplo, veda "quaisquer exigências relativas

---

[271] MELLO, Marcos Bernardes. *Teoria do Fato Jurídico. Plano da existência*. 22. ed. São Paulo: Saraiva, 2019. p. 224.
[272] MELLO, Marcos Bernardes. *Teoria do Fato Jurídico. Plano da existência*. 22. ed. São Paulo: Saraiva, 2019. p. 389.
[273] PONTES DE MIRANDA, Francisco Cavalcanti. *Comentários à Constituição de 1946*. 3. ed. Rio de Janeiro: Borsoi, 1960. t. IV, p. 388.

aos motivos determinantes da solicitação de informações de interesse público" (art. 10, §3º, Lei nº 12.527/2011).

Pontes de Miranda, ao comentar o direito à certidão, apresenta as suas mais profundas convicções, ao afirmar que "deve repelir-se a mentalidade reacionária [...] que tudo faz para reduzir a nada as melhores conquistas jurídicas".[274]

Registre-se que, muitas décadas depois, o jurista Carlos Ari Sundfeld cita os ensinamentos de Pontes de Miranda a respeito do direito à obtenção de certidões, em artigo sobre o tema.[275]

4.5 Direito à informação

A propósito, quanto ao acesso à informação, Pontes faz referência a um julgado do Supremo Tribunal Federal da década de 1950, em que o próprio jurista é citado. No referido julgado, o STF reconhece o direito dos brasileiros "de se esclarecer acerca dos negócios públicos".[276]

Ainda sobre o referido direito, previsto no inciso IV, §38, do art. 141, da Constituição de 1946, Pontes de Miranda ressalta que o direito à obtenção de certidão que sirva ao esclarecimento de negócio público é a regra, e as hipóteses de sigilo (segredo ou reserva) somente se justificam diante do interesse público e desde que previstas em lei. E mais: "negando a certidão, tem a autoridade pública de dizer qual o interesse público em se manter o sigilo",[277] ressaltando, desde aquele tempo, o dever de motivação das decisões administrativas.

Por sua vez, o texto da Constituição de 1946 também previa que "é assegurado a quem quer que seja o direito de representação, mediante petição dirigida aos poderes públicos, contra abusos de autoridades, e promover a responsabilidade delas" (art. 141, §37). Pontes de Miranda se referia à citada hipótese como direito de petição, embora este, em 1946, ainda não tivesse a amplitude daquela prevista em 1988 ("são a todos assegurados [...]: a) o direito de petição aos Poderes Públicos em

---

[274] PONTES DE MIRANDA, Francisco Cavalcanti. *Comentários à Constituição de 1946*. 3. ed. Rio de Janeiro: Borsoi, 1960. t. IV, p. 389.
[275] SUNDFELD, Carlos Ari. Princípio da publicidade administrativa (direito de certidão, vista e intimação). *Revista de Direito Administrativo*, Rio de Janeiro, n. 199, p. 97-110, jan./mar. 1995.
[276] Supremo Tribunal Federal, Mandado de Segurança nº 2.256, Diário da Justiça de 10 de novembro de 1958).
[277] PONTES DE MIRANDA, Francisco Cavalcanti. *Comentários à Constituição de 1946*. 3. ed. Rio de Janeiro: Borsoi, 1960. t. IV, p. 391.

defesa de direitos ou contra ilegalidade ou abuso de poder", cf. art. 5º, XXXIV, a).

Segundo o jurista, o direito de petição, "consiste em poder se representar, observar e reclamar contra autoridades, ou denunciar abusos delas, mediante petição".[278] havendo, portanto, o dever do Estado, pelo menos, de responder à petição. Quanto à legitimidade, Pontes ressalta que este direito "independe de qualquer prova de interesse próprio",[279] sendo, portanto, "um dos esteios da civilização ocidental".[280]

Acerca do sigilo, Pontes afirma que "a autoridade pública que nega a certidão tem o ônus de alegar e provar que há interesse público na guarda do segredo".[281]

4.6 Direito de petição

A Constituição de 1946 assegurava a "quem quer que seja o direito de representar, mediante petição, dirigida aos poderes públicos, contra abusos de autoridades, e promover a responsabilidade delas" (art. 141, §37).

Para o jurista alagoano, o direito de petição consiste "em poder se representar, observar e reclamar contra autoridades, ou denunciar abusos delas, mediante petição",[282] contra quaisquer autoridades, de todos os poderes e âmbitos da federação.

Ele ressalta que esse direito pode ser utilizado para proteger algum interesse particular, "por ter sido vítima de um algum ato injusto de autoridade [...] que reclama e pede providência" ou interesse geral. Neste último caso, sustenta Pontes que se trata de um direito público subjetivo de petição, com as pretensões respectivas, "qualquer que seja o interesse ou direito-base que invoque o peticionário, e independe de qualquer prova de interesse próprio".[283]

---

[278] PONTES DE MIRANDA, Francisco Cavalcanti. *Comentários à Constituição de 1946*. 3. ed. Rio de Janeiro: Borsoi, 1960. t. IV, p. 393.
[279] PONTES DE MIRANDA, Francisco Cavalcanti. *Comentários à Constituição de 1946*. 3. ed. Rio de Janeiro: Borsoi, 1960. t. IV, p. 394.
[280] PONTES DE MIRANDA, Francisco Cavalcanti. *Comentários à Constituição de 1946*. 3. ed. Rio de Janeiro: Borsoi, 1960. t. IV, p. 397.
[281] PONTES DE MIRANDA, Francisco Cavalcanti. *Comentários à Constituição de 1967*. São Paulo: Editora Revista dos Tribunais, 1968. t. V, p. 616.
[282] PONTES DE MIRANDA, Francisco Cavalcanti. *Comentários à Constituição de 1946*. 3. ed. Rio de Janeiro: Borsoi, 1960. t. IV, p. 392.
[283] PONTES DE MIRANDA, Francisco Cavalcanti. *Comentários à Constituição de 1946*. 3. ed. Rio de Janeiro: Borsoi, 1960. t. IV, p. 393.

Para Pontes, o direito de petição, embora tenha reduzido sua importância diante do surgimento de outros mecanismos de controle cidadão, ainda "é um dos esteios de civilização ocidental".[284]

5 Intervenção Estatal na Propriedade

Em sua produtiva atuação profissional dedicada ao Direito, Pontes de Miranda tratou de alguns dos principais institutos de intervenção estatal na propriedade privada, como é o caso da desapropriação, da requisição administrativa, da ocupação temporária, da limitação administrativa e do tombamento.

Convém destacar que as referidas investigações tanto ocorreram em sua atividade de parecerista, que foi exercida durante várias décadas e que, vez por outra, exigia a apreciação de questões relacionadas aos limites impostos pelo Poder Público aos direitos dos proprietários,[285] quanto por ter comentado várias Constituições brasileiras do século XX, que definiram o perfil de um Estado marcadamente intervencionista.

O jurista chega a ressaltar que "a propriedade tem passado, desde o terceiro decênio do século, por transformação profunda, a qual ainda não se habituaram os juristas, propensos a só consulta do Código Civil, em se tratando de direito de propriedade".[286]

Vale lembrar, ainda, que o jurista, profundo conhecedor do direito privado, adverte, ao tratar da servidão administrativa (e tal observação vale para toda a temática da intervenção estatal na propriedade), que "é que preciso que se conceituem, no direito administrativo, as limitações ao conteúdo do direito de propriedade e as restrições, entre as quais estão as servidões, sem se solapar a apurada terminologia do direito privado, fruto de séculos de pesquisa".[287]

---

[284] PONTES DE MIRANDA, Francisco Cavalcanti. *Comentários à Constituição de 1946*. 3. ed. Rio de Janeiro: Borsoi, 1960. t. IV, p. 397.

[285] É o caso do parecer em que o jurista analisa a possibilidade de desapropriação de uma área na cidade do Rio de Janeiro em favor de entidade privada sem fins lucrativos. (PONTES DE MIRANDA, Francisco Cavalcanti. Parecer 217 – Limitação inconstitucional ao conteúdo do direito de propriedade e desapropriação ilegal e inconstitucional, de 11 out. 1970. *In: Dez anos de Pareceres*. Rio de Janeiro: Livraria Francisco Alves, 1977. v. 8, p. 3).

[286] PONTES DE MIRANDA, Francisco Cavalcanti. *Comentários à Constituição de 1946*. 3. ed. Rio de Janeiro: Borsoi, 1960. t. V, p. 22.

[287] PONTES DE MIRANDA, Francisco Cavalcanti. *Tratado de Direito Privado*. Rio de Janeiro: Borsoi, 1957. t. XVIII, p. 228.

Pontes de Miranda insiste, em outra oportunidade, que no tocante à temática em questão, "é aqui que os administrativistas pecam por falta de precisão, se não de aprofundamento e de precisão".[288]

Ressalte-se que Pontes de Miranda, ao analisar a presente temática em termos gerais, destaca que as modalidades de intervenção do Poder Público ou criam limitações ao direito de propriedade ou impõem a retirada da propriedade.

Neste sentido, "dentre as incursões na esfera jurídica da pessoa, no que se refere ao patrimônio, há espécies típicas: a) há incursões que consistem em limitações legais do conteúdo do direito da propriedade [...] b) a desapropriação é a retirada da propriedade com indenização integral".[289]

5.1 Limitação administrativa

Dentre as modalidades de intervenção estatal na propriedade, as limitações administrativas representam todas as situações em que o Estado impõe, a partir de leis, obrigações aos proprietários em geral.

Acerca do referido instituto jurídico-administrativo, Pontes de Miranda ressalta que "onde houve limitação do direito de propriedade, o que somente pode ser em geral e respeitado o princípio da isonomia, indenização somente há quando a lei, que limita, o estabelece".[290]

Sobre o caráter genérico e isonômico das limitações administrativas, ele chega a exemplificar: "se alguma lei determina a largura das calçadas, a altura dos edifícios, a área que deve ficar sem construção, somente pode fazer para todos os terrenos que sejam da mesma zona".[291]

---

[288] PONTES DE MIRANDA, Francisco Cavalcanti. *Tratado de Direito Privado*. Rio de Janeiro: Borsoi, 1957. t. XVIII, p. 228.

[289] PONTES DE MIRANDA, Francisco Cavalcanti. Parecer 217 – Limitação inconstitucional ao conteúdo do direito de propriedade e desapropriação ilegal e inconstitucional, de 11 out. 1970. In: *Dez anos de Pareceres*. Rio de Janeiro: Livraria Francisco Alves, 1977. v. 8, p. 3.

[290] PONTES DE MIRANDA, Francisco Cavalcanti. Parecer 217 – Limitação inconstitucional ao conteúdo do direito de propriedade e desapropriação ilegal e inconstitucional, de 11 out. 1970. In: *Dez anos de Pareceres*. Rio de Janeiro: Livraria Francisco Alves, 1977. v. 8, p. 05.

[291] PONTES DE MIRANDA, Francisco Cavalcanti. Parecer 217 – Limitação inconstitucional ao conteúdo do direito de propriedade e desapropriação ilegal e inconstitucional, de 11 out. 1970. In: *Dez anos de Pareceres*. Rio de Janeiro: Livraria Francisco Alves, 1977. v. 8, p. 08.

5.2 Ocupação temporária

O instituto de intervenção estatal na propriedade denominado ocupação temporária está previsto no art. 36 do Decreto-Lei nº 3.365/41. Dispõe a norma em questão que "é permitida a ocupação temporária, que será indenizada, afinal, por ação própria, de terrenos não edificados, vizinhos às obras e necessários à sua realização".

Pontes de Miranda destaca que "tal ocupação é expropriação temporária do uso, e, até certo ponto, eventual vedação de uso. Todavia, é preciso que se trate de terreno não edificado, ou que não esteja em edificação, a qual o uso pela administração pública crie óbices".

O jurista alagoano acrescenta, ainda, que para que haja a utilização legítima da ocupação temporária, "são pressupostos necessários a vizinhança às obras e o ser necessária à realização delas a ocupação".[292]

5.3 Desapropriação

No tocante à desapropriação, pode-se afirmar que até mesmo se analisados os administrativistas, poucos juristas brasileiros dedicaram tantas páginas ao estudo dos efeitos jurídicos que o referido instituto gera, como Pontes de Miranda o fez.

Dentre as diversas questões abordadas, podem ser citadas algumas, como a possibilidade de desapropriação de bens públicos[293] e a análise da possibilidade jurídica de imissão provisória na posse, em caso de não provada a necessidade pública ou a utilidade pública ou o interesse social.[294]

O jurista também aborda a solução concebida pelo ordenamento jurídico para solucionar o conflito entre o interesse público e o privado. De acordo com Pontes de Miranda, "o fundamento da expropriação está em que, havendo conflito entre o interesse público e o privado, que se não previu em lei, se há de atender àquele, dando-se satisfação a esse,

---

[292] PONTES DE MIRANDA, Francisco Cavalcanti. *Comentários à Constituição de 1946*. 3. ed. Rio de Janeiro: Borsoi, 1960. t. V, p. 34.

[293] PONTES DE MIRANDA, Francisco Cavalcanti. *Parecer sobre áreas desapropriadas a favor de empresa siderúrgica, por utilidade pública e interesse social, e negócios jurídicos posteriores à aquisição com destinações específicas*. Rio de Janeiro, 21 de maio de 1973. Disponível no arquivo do Memorial Pontes de Miranda, situado no TRT/19ª Região.

[294] PONTES DE MIRANDA, Francisco Cavalcanti. Parecer nº 11 sobre imissão provisória na posse, em caso de desapropriação, não provada a necessidade pública ou a utilidade pública ou o interesse social, de 01 jun. 1963. In: *Dez anos de Pareceres*. 1. ed. São Paulo: Editora Francisco Alves, 1974.

indiretamente. [...] Interesse público e interesse privado teriam que ser tratados em pé de igualdade; no conflito, que há de ser apreciado devidamente, o interesse privado flete-se, mas apenas para permitir que se substitua ao direito o valor".[295]

No que se refere à possibilidade de apreciação judicial quanto à ocorrência do fundamento da desapropriação, segundo Pontes de Miranda, "a afirmativa de que ao Poder Judiciário não cabe apreciar e julgar a utilidade pública, a necessidade pública ou o interesse social que se invoca é fruto de tempos ditatoriais, que se mantém em mentalidades de juízes que sob a ditadura se formaram e foram feitos".[296]

Acerca da natureza publicista da citada modalidade de intervenção estatal na propriedade, registra que "a desapropriação nada tem de instituto jurídico misto, como pareceu ao Supremo Tribunal Federal (31 de janeiro de 1914, R. de D., 33, 472), parte de direito administrativo e parte de direito civil e processual civil. Como instituto e como fato jurídico, a desapropriação é de direito público, constitucional, administrativo e processual".[297]

Sem fugir das questões polêmicas que giram em torno da desapropriação, Pontes de Miranda também se manifestou sobre o direito de extensão, direito de preferência e direito de retrocessão assegurados ao proprietário.[298]

5.4 Requisição administrativa

Por sua vez, no tocante à requisição administrativa, Pontes de Miranda, assim como diversos administrativistas que tratam do referido instituto, procura diferenciá-lo da desapropriação.

Em seguida, o jurista aborda a questão do fundamento da requisição (no caso, o perigo iminente), destacando que "no plano do direito público, tudo se passa, a respeito das requisições, como, no plano do direito privado, a respeito dos atos em estado de necessidade".[299]

---

[295] PONTES DE MIRANDA, Francisco Cavalcanti. *Comentários à Constituição de 1946*. 3. ed. Rio de Janeiro: Borsoi, 1960. t. V, p. 27.
[296] PONTES DE MIRANDA, Francisco Cavalcanti. *Comentários à Constituição de 1946*. 3. ed. Rio de Janeiro: Borsoi, 1960. t. V, p. 31.
[297] PONTES DE MIRANDA, Francisco Cavalcanti. *Comentários à Constituição de 1946*. 3. ed. Rio de Janeiro: Borsoi, 1960. t. V, p. 32.
[298] PONTES DE MIRANDA, Francisco Cavalcanti. *Comentários à Constituição de 1946*. 3. ed. Rio de Janeiro: Borsoi, 1960. t. V, p. 51.
[299] PONTES DE MIRANDA, Francisco Cavalcanti. *Comentários à Constituição de 1946*. 3. ed. Rio de Janeiro: Borsoi, 1960. t. V, p. 148.

Acerca da indenização nas requisições administrativas, ressalta ser aquela "prestação pelo fato do prejuízo sofrido pelo dono dos bens ou pelo que lhes tem o *usus*, e não pressuposto".

E, quanto ao fato de a indenização ser posterior, aponta a decisão do Supremo Tribunal Federal, de 16 de novembro de 1934 (A.J., 40, 247), que assentou que: "utilizada, assim, a propriedade particular, até onde o bem público o exija, é óbvio – porque a lei diz e decorre da própria natureza das coisas – que a indenização devida só pode ser liquidada *a posteriori*. Não é possível saber-se, antecipadamente, que tempo levará a ocupação da coisa, nem que dano haverá a ressarcir".[300]

5.5 Servidão administrativa

No âmbito do direito civil, Pontes de Miranda já abordava a questão relacionada às servidões no tomo XVIII de seu clássico "Tratado de Direito Privado". Neste momento, já destacava que o referido instituto também pode ser utilizado no âmbito da atividade administrativa do Estado.

Destaca na referida obra que "as servidões ou são negociais, provenientes de uso por algum tempo, ou resultam de texto de lei que dê ao dono de um prédio pretensão à constituição de servidão". E acrescenta, dando exemplos de servidões instituídas pela atividade administrativa: "o Estado, quando por ato próprio, ou por ato de empresas autorizadas ou concessionárias, lanças linhas telegráficas, ou telefônicas, exerce direito de incursão".[301]

Por sua vez, ele também tratou de uma das espécies de servidões administrativas instituída por lei, ao analisar, nas Constituições brasileiras, a temática relacionada aos terrenos de marinha.

No caso, destacou que "são terrenos reservados para a servidão pública nas margens dos rios navegáveis e de que fazem navegáveis, todos os que, banhados pelas águas dos ditos rios, fora do alcance das marés, vão até a distância de sete braças craveiras (15,4 metros) para a parte da terra, contadas desde ponto médio das enchentes ordinárias".[302]

---

[300] PONTES DE MIRANDA, Francisco Cavalcanti. *Comentários à Constituição de 1946*. 3. ed. Rio de Janeiro: Borsoi, 1960. t. V, p. 145.

[301] PONTES DE MIRANDA, Francisco Cavalcanti. *Tratado de Direito Privado*. Rio de Janeiro: Borsoi, 1957. t. XVIII, p. 227.

[302] PONTES DE MIRANDA, Francisco Cavalcanti. *Comentários à Constituição da República dos Estados Unidos do Brasil*. Rio de Janeiro: Ed. Guanabara, 1936. t. I.

5.6 Tombamento

Por fim, quanto ao tombamento, após analisar a etimologia e a história do instituto de proteção cultural, registra que tal ato consiste na "inscrição no livro do tombo, tal como acontecia com os bens da Coroa" e que seus pressupostos "são de direito administrativo, bem como as regras sobre forma" e que cabe à lei administrativa determinar "quais são os livros do tombo".[303]

Pontes esclarece que "os pressupostos para o tombamento são de direito administrativo, bem como as regras jurídicas sobre forma. [...] Quais são os livros do tombo, di-lo a lei administrativa. Ao direito privado importa a eficácia que tem, no plano do direito das coisas, o tombamento".[304]

No tocante à intervenção estatal na propriedade, mais uma vez, Pontes de Miranda impressiona pela qualidade e aprofundamento de suas investigações, tendo, nessa temática, conciliado os seus aprofundados conhecimentos de Direito Privado com suas acuradas pesquisas no Direito Público.

6 Licitações e Contratos Administrativos

Seja como comentarista das Constituições ou como parecerista, Pontes de Miranda teve a oportunidade de manifestar suas opiniões acerca de diversas questões que envolvem as contratações administrativas.

Neste sentido, a título de ilustração, na obra "Dez anos de pareceres", ele escreveu o parecer nº 39, que versa sobre concorrência pública, contrato de empreitada e princípios que regem os figurantes do contrato (27 de julho de 1964) e de nº 40, que trata de cláusula de preferência inserta em edital de concorrência pública e sobre sua validade no direito brasileiro (3 de agosto de 1964).

Por sua vez, na obra "Questões Forenses", dentre outros, destaca-se o parecer nº 86, que aborda o tema da renovação da questão de idoneidade dos candidatos, após o julgamento da comissão de concorrência, e prova de propriedade de apólices da dívida pública (26 de outubro de 1950).

---

[303] PONTES DE MIRANDA, Francisco Cavalcanti. *Comentários à Constituição de 1946*. 3. ed. Rio de Janeiro: Borsoi, 1960. t. VI, p. 227.

[304] PONTES DE MIRANDA, Francisco Cavalcanti. *Comentários à Constituição de 1946*. 3. ed. Rio de Janeiro: Borsoi, 1960. t. VI, p. 228.

6.1 Procedimento licitatório

Acostumado a analisar a temática contratual no âmbito do direito privado,[305] Pontes aborda nos comentários à Constituição de 1967 a questão da licitação (a qual chama de concorrência), então disciplinada pelo Decreto-Lei nº 200/1967, e sujeita a regras bem distintas das atualmente presentes na legislação. Ele aduz que, "no direito público, as concorrências públicas podem ser em virtude de regra cogente, em virtude de autorregramento da vontade".[306]

Quanto ao procedimento da licitação, Pontes registrou a sistemática então adotada: "na técnica da concorrência pública, ou a unidade estatal convida os interessados a fazerem ofertas, de modo que a comissão ou o órgão apreciador das ofertas escolha o *unus ex publico*, ou a unidade estatal oferece e apenas faz razão de escolha entre os que querem aceitar a maior vantagem que um deles apresente".[307]

Embora não faça alusão direta ao princípio da isonomia como um dos fundamentos da licitação, afirma que quando a concorrência é obrigatória, todos os que estão em situação de poder apresentar-se têm a pretensão que se abra a concorrência, cabendo-lhe também a pretensão à tutela jurídica. Ilustra esta questão nos seguintes termos: "qualquer firma construtora que alegue e prove que poderia apresentar-se em concorrência pública para construção de edifício [...] tem ação para a decretação da nulidade ou para declaração da inexistência do contrato que se fez sem concorrência".[308]

6.2 Atuação do assessor jurídico na licitação

Conforme já destacado no capítulo sobre controle da Administração Pública, outra questão que o jurista analisa, desta vez na condição de parecerista, é a que trata da necessidade da presença de um advogado no assessoramento jurídico a ser prestado à Administração Pública nas licitações.

---

[305] Neste contexto, dedicou os tomos 38 a 47 do "Tratado de Direito Privado" para estudar a teoria Geral e os contratos em espécie (PONTES DE MIRANDA, Francisco Cavalcanti. *Tratado de Direito Privado*. São Paulo: Revista dos Tribunais, 1983).

[306] PONTES DE MIRANDA, Francisco Cavalcanti. *Comentários à Constituição de 1967*. Rio de Janeiro: Forense, 1987. t. III, p. 268.

[307] PONTES DE MIRANDA, Francisco Cavalcanti. *Comentários à Constituição de 1967*. Rio de Janeiro: Forense, 1987. t. III, p. 268.

[308] PONTES DE MIRANDA, Francisco Cavalcanti. *Comentários à Constituição de 1967*. Rio de Janeiro: Forense, 1987. t. III, p. 268.

Ele destaca que, "na contratação de empreitadas, ou de obras e de serviços," a entidade estatal ou "cria funcionários públicos de especialidade para que colaborem, ou contrata bacharéis ou doutores que possam assistir às confabulações, às programações, às indagações sobre as soluções jurídicas, e assumam responsabilidade quanto a reclamações necessárias".[309]

6.3 Contratos administrativos

No que diz respeito ao regime dos contratos administrativos, algo tão discutido nos dias de hoje, Pontes de Miranda considera que "nem particulares, nem Estados-membros, nem Municípios, nem a União, podem excluir ou modificar, *sponte sua*, cláusulas de privilégio ou alterar outras cláusulas contratuais".[310]

Sobre a revisão dos contratos em geral, Pontes ensina, em seu "Tratado de Direito Privado", ao cuidar da desaparição da base do negócio jurídico e das perturbações da equivalência entre prestação e contraprestação, que:

> No momento em que se conclui o negócio jurídico bilateral, em que há prestação e contraprestação, os figurantes as tiveram por equivalentes. [...] as perturbações mínimas e as perturbações que não importam ao enriquecimento demasiado de um dos figurantes não têm conseqüências. Quem contrata negocia em um mundo que não é estável. [...] no Direito Privado como em Direito Público, somente se há de atender, a favor do devedor, à mudança de circunstâncias, quando a continuidade das circunstâncias faz parte do conteúdo do negócio jurídico, ou se foi concluído, tendo-se em conta, acordemente, circunstâncias cuja persistência ou aparição seria de esperar-se ou se à resolução ou resilição do negócio jurídico é preferível para o que há de atenuar as conseqüências, que se proceda a reajuste ou revisão de contrato.[311]

Dentre os pareceres de Pontes de Miranda sobre contratos firmados pela Administração Pública, podem ser mencionados, na obra

---

[309] PONTES DE MIRANDA, Francisco Cavalcanti. *Parecer sobre atividade de profissional de direito e contratos com entidade estatal.* Rio de Janeiro, 06 de julho de 1971. Disponível no arquivo do Memorial Pontes de Miranda, situado no TRT/19ª Região.

[310] PONTES DE MIRANDA, Francisco Cavalcanti. *Comentários à Constituição de 1967.* Rio de Janeiro: Forense, 1987. t. III, p. 274.

[311] PONTES DE MIRANDA, Francisco Cavalcanti. *Tratado de Direito Privado.* Rio de Janeiro: Borsoi, 1971. t. XXV.

"Dez anos de pareceres", os pareceres de nº 241 (sobre a Lei nº 7.085, de 12 de dezembro de 1967, em que aborda os contratos de cessão e de uso do Parque Anhembi – 25 de outubro de 1971) e nº 277 (sobre negócio jurídico entre pessoa jurídica de direito privado, com sede no exterior, e o Governo Federal, e cláusulas que dele há de constar ou devem constar – 5 de setembro de 1973). Por sua vez, na obra "Questões Forenses", pode ser citado o parecer nº 250 (sobre oferta de alteração de contrato de direito administrativo, aprovada pelo poder legislativo, com falta de instrumentação para fins de registro, e início de eficácia da alteração).

Conforme se verá a seguir, a grande contribuição de Pontes de Miranda para os contratos administrativos ocorreu a partir das análises jurídicas feitas pelo jurista em relação aos contratos de concessão de serviços públicos, especialmente na condição de advogado parecerista.

6.4 Concessões de serviços públicos

Sem sombra de dúvidas, a concessão de serviço público, por ter sido prevista nas Constituições de 1946 (art. 151) e de 1967 (art. 167), foi a modalidade de contratação administrativa que mais atenção recebeu de Pontes de Miranda.

No que pertine aos referidos contratos, Pontes comenta a obrigação de manter serviço adequado (prevista no art. 167, I, da Constituição de 1967) e a fiscalização e revisão das tarifas, destacando que são matérias a serem tratadas por lei. Curiosamente, Pontes apresenta um argumento inusitado para reforçar essa tese: "a exigência de lei, em assunto que tão de perto interessa ao povo, atende a que é preciso, democraticamente, que alguém represente o povo, no aumento das tarifas, e a que os legisladores, dependentes de eleições, têm prestígio a perder, se não levam em conta os interesses da população".[312]

Acerca dos critérios para revisão dos contratos de concessão, o jurista esclarece que tais ajustes estão sujeitos ao princípio da revisibilidade das tarifas dos serviços públicos, "cláusula *rebus sic stantibus* implícita por força da Constituição de 1967. Não é arbitrário o poder de revisão". E arremata, mais uma vez com ousadia: "a revisibilidade pode ser para mais, ou para menos".[313]

---

[312] PONTES DE MIRANDA, Francisco Cavalcanti. *Comentários à Constituição de 1967*. Rio de Janeiro: Forense, 1987. t. III, p. 269.

[313] PONTES DE MIRANDA, Francisco Cavalcanti. *Comentários à Constituição de 1967*. Rio de Janeiro: Forense, 1987. t. III, p. 269.

Enquanto parecerista,[314] escreveu diversos pareceres sobre a temática dos serviços públicos. No livro "Questões Forenses", redigiu: o de nº 18 (sobre serviços públicos e tarifas -17 de dezembro de 1947); nº 123 (sobre legislação federal quanto a loterias e projeto de concessão pelo Distrito Federal – 27 de junho de 1952); nº 195 (sobre bens reversíveis e bens irreversíveis das empresas concessionárias de serviços públicos (26 de agosto de 1955); nº 206 (sobre competência legislativa em matéria de fixação e de revisão de tarifas de transportes – 31 de maio de 1956).

Também elaborou os pareceres de nº 241 (sobre cobrança de contas de nome em negrito, inserções e publicidade, integradas em contas de telefone, e desligação por inadimplemento); nº 276 (sobre serem contrárias à Constituição de 1946 as leis municipais que estabelecem monopólio estatal ou particular (serviço funerário de São Paulo) – 20 de agosto de 1959); nº 290 (sobre encampação de empresa de energia elétrica e infração de regras jurídicas constitucionais – 21 de abril de 1960); nº 296 (sobre férias, distribuição, órgãos e representantes do Estado-membro, concessão de serviços ao público, alienação de bens reversíveis sem consentimento do governo, sequestro e prosseguimento das atividades da empresa – 17 de outubro de 1960); nº 308 (sobre tombamento e avaliação, em ação de encampação, dos bens de empresa concessionária (Companhia Energia Elétrica Rio-Grandense) e fixação de indenização justa e prévia (Constituição de 1946, art. 141, §16, 1ª parte – 08 de junho de 1961); nº 317 (sobre lei ofensiva do direito de propriedade ou dos patrimônios privados, por extinção de concessões ou permissões, estatizações, paraestatizações ou socializações – 27 de junho de 1961).

Por sua vez, na obra "Dez anos de pareceres", elaborou as seguintes respostas às consultas jurídicas que lhe foram feitas sobre serviços públicos: nº 78 (sobre acordo administrativo sobre trabalho em empresa concessionária, adesão pela empresa e meios jurídicos para pré-excluir-lhe a aplicação das cláusulas – 8 de outubro de 1965); nº 89 (sobre invocação do art. 141, §4º, da Constituição de 1946, a propósito de ato de suspensão das linhas de transporte de navegação aérea, decretação de abertura de falência, que em tal ato se baseia, direito e pretensão dos acionistas à defesa do patrimônio social e direito e pretensão a que se lhe defira a concordata suspensiva – 11 de maio de 1966); nº 105 (sobre caducidade de cláusula de concessão, em virtude

---

[314] Vide a relação completa dos pareceres de Pontes de Miranda sobre Direito Administrativo no Anexo I deste livro.

de inadimplemento e mora da empresa e impetração de mandado de segurança – 9 de janeiro de 1967).

São também da autoria de Pontes de Miranda os pareceres nº 119 (sobre pessoa jurídica organizada no Brasil, cassação de concessão, desapropriação de ações e intervenção da União – 8 de maio de 1967); nº 120 (sobre concessão de serviço público, com exclusividade, permissão precária a outra empresa e expansão dos serviços daquela, com afastamento eventual dos serviços dessa, em conformidade com lei municipal – 10 de maio de 1967); nº 133 (sobre projeto de lei ofensivo do direito de propriedade ou dos patrimônios privados, por extinção de concessões ou permissões, ou mediante estatizações, paraestatizações ou socializações – 7 de agosto de 1967); nº 216 (sobre e validade da inserção perante o Direito Constitucional (Constituição cláusula contratual sobre pedágio de 1967, com a Emenda nº 1, de 17 de outubro de 1969 – 29 de setembro de 1970); nº 241 (sobre a Lei nº 7.085, de 12 de dezembro de 1967, o contrato de concessão e os contratos de cessão e de uso do Parque Anhembi – 25 de outubro de 1971).

7 Responsabilidade Civil do Estado

Como grande tratadista, Pontes de Miranda tratou do tema da responsabilidade civil com bastante profundidade. Para ser mais preciso, ele dedicou dois tomos (53 e 54) de seu Tratado de Direito Privado para analisar as mais diversas questões que dizem respeito à responsabilização civil daqueles que causam danos, inclusive o Estado e os servidores públicos.[315]

Como a temática da responsabilidade civil do Estado e/ou do funcionário público tem assento constitucional em todas as Cartas Constitucionais brasileiras, também é possível conhecer o pensamento ponteano sobre o tema em seus comentários às constituições.

7.1 Fundamento

Para Pontes de Miranda, o que justificaria a responsabilidade civil do Estado seria exatamente a necessidade de respeito à igualdade, uma vez que todos teriam que estar igualmente sujeitos à regra que exige a responsabilização pela prática de atos que gerassem danos.

---

[315] No tomo 53 do "Tratado de Direito Privado", há vários tópicos que tratam da responsabilidade civil do Estado e dos servidores.

Assim, "o Estado – portanto, qualquer entidade estatal – é responsável pelos fatos ilícitos absolutos, como o são as pessoas físicas ou jurídicas. O princípio de igualdade perante a lei há de ser respeitado pelos legisladores, porque, para se abrir exceção à incidência de alguma regra jurídica sobre responsabilidade extranegocial, é preciso que, diante da diversidade dos elementos fáticos e das circunstâncias, haja razão para o desigual tratamento".[316]

Acrescenta, ainda, que "a entidade de direito público, principalmente a estatal, tem responsabilidade pela integridade patrimonial e não patrimonial das pessoas físicas e jurídicas. Compreende-se, portanto, que fosse absurda a irresponsabilidade pelo fato ilícito absoluto".[317]

O jurista registra, todavia, que só recentemente os ordenamentos jurídicos passaram a reconhecer o dever de o Estado indenizar. Cita que na Alemanha, o jurista H. A. Zachariae defendeu tal tese apenas em 1863; que na Itália, em 1885, ainda se defendia a tese da irresponsabilidade estatal, e que até na França "as argumentações contra a responsabilidade extranegocial do Estado prosseguiam no século XX, mas havia os juristas que fundamentavam o princípio da responsabilidade do Estado".[318]

Todavia, Pontes de Miranda aduz que "o Brasil nunca pré-excluiu a responsabilidade do Estado pelos atos ilícitos absolutos, pelos atos-fatos ilícitos absolutos e pelos fatos ilícitos *stricto sensu* absolutos. Textos constitucionais frisaram a responsabilidade dos funcionários públicos, inclusive dos Juízes".[319]

Ainda neste sentido, que aponta para uma tradição brasileira no sentido de exigir a responsabilização estatal, o jurista lembra que "desde cedo formou-se a jurisprudência sobre a indenizabilidade por demissão, aposentadoria, ou reforma, pela arrecadação ilegal de impostos, por medidas policiais ilegais, inclusive por culpa *in omittendo*, mesmo se houve a culpa de terceiro e havia dever de evitar [...], por medidas de polícia sanitária, ou de utilização de águas ou terras de propriedade particular".[320]

---

[316] PONTES DE MIRANDA, Francisco Cavalcanti. *Tratado de Direito Privado*. 3. ed. Rio de Janeiro: Borsoi, 1972. t. LIII, p. 447.
[317] PONTES DE MIRANDA, Francisco Cavalcanti. *Tratado de Direito Privado*. 3. ed. Rio de Janeiro: Borsoi, 1972. t. LIII, p. 448.
[318] PONTES DE MIRANDA, Francisco Cavalcanti. *Tratado de Direito Privado*. 3. ed. Rio de Janeiro: Borsoi, 1972. t. LIII, p. 448.
[319] PONTES DE MIRANDA, Francisco Cavalcanti. *Tratado de Direito Privado*. 3. ed. Rio de Janeiro: Borsoi, 1972. t. LIII, p. 449.
[320] PONTES DE MIRANDA, Francisco Cavalcanti. *Tratado de Direito Privado*. 3. ed. Rio de Janeiro: Borsoi, 1972. t. LIII, p. 450.

7.2 Responsabilidade objetiva

Depois de as Constituições de 1824 e 1891 terem previsto a responsabilidade dos funcionários públicos, e as de 1934 e 1937 terem adotado a responsabilidade solidária entre funcionário e Estado, mas todas elas sempre exigindo a comprovação de dolo ou culpa, somente com a Constituição de 1946 é que foi consagrada no Direito brasileiro a teoria da responsabilidade objetiva do Estado.[321]

Cabe destacar que o art. 194 da Constituição de 1946, ao contrário da atual Carta Magna brasileira, não estipulava a responsabilização objetiva às pessoas jurídicas de direito privado delegatárias do Estado, ficando estas regidas pelo Direito Privado.

Pontes aponta que "a doutrina e a jurisprudência que, durante algum tempo, pretendeu afastar a responsabilidade das entidades estatais pelos atos ilícitos absolutos que os funcionários públicos e outros servidores cometiam [...] foram repelidas. Depois, assentou-se que só se exige o terem os funcionários públicos ou servidores praticado o ato na qualidade de funcionários públicos ou servidores, contrariamente a direito".[322]

7.3 Abrangência (conceito de funcionário)

Pontes de Miranda analisou a questão da responsabilidade civil do Estado, destacando inicialmente que o conceito de funcionário adotado no texto da Constituição é mais largo. Aduz o jurista que, a partir de um critério objetivo (exercício da função pública) devem ser considerados funcionários públicos "todos os que praticarem atos, ou incorrerem em omissão; no exercício de função pública, sem se dever entrar, sequer, na apuração da legalidade ou ilegalidade da investidura".[323]

Almiro do Couto e Silva lembra que o funcionário público é órgão do Estado, é parte dele; não é representante do Poder Público, é o próprio Poder Público. Nesta linha de argumentação, cita Pontes de

---

[321] Nestes termos, a Constituição de 1946 previa: "Art. 194. As pessoas jurídicas de direito público interno são civilmente responsáveis pelos danos que os seus funcionários, nessa qualidade, causem a terceiros. Parágrafo único. Caber-lhes-á ação regressiva contra os funcionários causadores do dano, quando tiver havido culpa destes".
[322] PONTES DE MIRANDA, Francisco Cavalcanti. *Tratado de Direito Privado*. 3. ed. Rio de Janeiro: Borsoi, 1972. t. LIII, p. 450.
[323] PONTES DE MIRANDA, Francisco Cavalcanti. *Comentários à Constituição de 1946*. 3. ed. Rio de Janeiro: Borsoi, 1960. t. IV, p. 372.

Miranda, que afirmava que o funcionário presenta o Estado, ao invés de representa-lo.

Assim, "a responsabilidade do Estado pelos atos e omissões de seus agentes não é, a rigor, responsabilidade pelo fato de outrem, como acontece no direito privado nas relações entre patrão-empregado, comitente-comitido".[324]

Destaca ainda o caráter inovador da Constituição de 1946, ao afirmar que tal Carta, "em vez de adotar o princípio da solidariedade, que vinha em 1934, adotou o princípio da responsabilidade em ação regressiva [...] Consequência necessária do art. 194 da Constituição de 1946 e a de ter-se de propor a ação, não contra o funcionário público, e sim contra a pessoa de direito público".[325]

Todavia, sustenta Pontes de Miranda que o Estado poderia requerer a citação do funcionário público, tratando-se, portanto, de litisconsórcio facultativo.

Outro aspecto relevante a ser registrado acerca do pensamento ponteano sobre o tema é o que diz respeito à natureza objetiva da responsabilidade estatal: "se houve culpa do causador do dano, responde o Estado e há ação regressiva. Se não houve culpa do causador do dano, responde o Estado, sem haver ação regressiva".[326]

Neste tocante, Pontes de Miranda critica alguns juristas brasileiros que, como Amaro Cavalcante e Pedro Lessa, resistiram à mudança introduzida no direito pátrio, ao se apegarem a conceitos ultrapassados vindos do direito estrangeiro. "Os nossos antepassados não se deixavam levar pelo primeiro livro francês que, *en passant*, compravam nas livrarias".[327]

Para Pontes de Miranda, no tocante à ação regressiva, "a pedra de toque para a culpa do funcionário público não está na diligência que há de ter o perfeito funcionário público, está na diligência a que deve ter o funcionário público comum: não só a de qualquer ser humano em

---

[324] COUTOE E SILVA, Almiro Régis. A responsabilidade extracontratual do Estado no Direito Brasileiro. *Revista de Direito Administrativo*, Rio de Janeiro, n. 202, p. 19-41, out./dez. 1995. p. 28.
[325] PONTES DE MIRANDA, Francisco Cavalcanti. *Comentários à Constituição de 1946*. 3. ed. Rio de Janeiro: Borsoi, 1960. t. IV, p. 371.
[326] PONTES DE MIRANDA, Francisco Cavalcanti. *Comentários à Constituição de 1946*. 3. ed. Rio de Janeiro: Borsoi, 1960. t. IV, p. 373.
[327] PONTES DE MIRANDA, Francisco Cavalcanti. *Comentários à Constituição de 1946*. 3. ed. Rio de Janeiro: Borsoi, 1960. t. IV, 373.

geral, mas a que se há de exigir, na ordinariedade dos casos, aos que se enquadram no serviço público".[328]

No tocante à responsabilidade dos Juízes, Pontes de Miranda destaca a dificuldade de se resolver o problema:

> Sempre que o juiz pratique atos lesivos com dolosidade, responde pelos danos causados, seja ele de primeira ou de qualquer instância. Não importa se, em tribunal, outros acompanharam o seu voto, ou se a decisão foi confirmada, posto que, em tais circunstâncias, seja mais difícil alegar-se e provar-se o dolo, ou a lesão. [...] Assunto extremamente delicado, como é o da responsabilidade civil dos juízes, dele evitou tratar o Código Civil, sem que tal omissão de princípio geral [...] importasse a irresponsabilidade civil dos juízes. [...] De um lado, está a necessidade da independência, da liberdade e da livre convicção do juiz; do outro lado, o ter-se de responder até onde e desde onde tem o juiz de ressarcir o dano causado. Se atendermos que não existe, em nenhum país, jurisprudência fixa, intangível, intransformável, que pudesse servir de estalão para se verificarem os erros e os acertos dos juízes quanto ao direito, fácil é compreendermos que tal ponto esteja excluído, para, de si só, determinar o delito civil.[329]

7.4 Responsabilidade estatal por omissão

Um aspecto derradeiro apontado por Pontes nos comentários à Constituição de 1946 é o pertinente à responsabilidade estatal por danos em motins, distúrbios, revoltas ou outras perturbações da ordem pública. O jurista aponta para um julgado do Supremo Tribunal Federal,[330] em que o referido tribunal reconheceu que possa haver a responsabilidade estatal diante de tais ocorrências, mas exigiu a culpa.

Para Pontes, esta decisão é acertada, pois "os populares não são funcionários públicos. A responsabilidade do Estado, mesmo sem haver culpa, que se estabelece no art. 194, somente se refere a ato lesivo, praticado, em função, por funcionário público, embora mesmo se esse, praticando o ato, usurpa funções".[331] Neste aspecto, salvo melhor

---

[328] PONTES DE MIRANDA, Francisco Cavalcanti. *Tratado de Direito Privado*. 3. ed. Rio de Janeiro: Borsoi, 1972. t. LIII, p. 453.
[329] PONTES DE MIRANDA, Francisco Cavalcanti. *Tratado de Direito Privado*. 3. ed. Rio de Janeiro: Borsoi, 1972. t. LIII, p. 461.
[330] Supremo Tribunal Federal, Recurso Extraordinário nº 4.622, acórdão de 21.01.1947.
[331] PONTES DE MIRANDA, Francisco Cavalcanti. *Tratado de Direito Privado*. 3. ed. Rio de Janeiro: Borsoi, 1972. t. LIII, p. 374.

entendimento, verifica-se que o jurista considera que a responsabilidade estatal por omissão seria de natureza subjetiva, pois dependeria da comprovação de culpa.

A propósito, em seu "Tratado de Direito Privado", Pontes ressaltou que "a abstenção, omissão, ou ato negativo, também pode ser causa de dano. Se o ato cuja prática teria impedido, ou, pelo menos, teria grande probabilidade de impedir o dano, foi omitido, responde o omitente".[332]

8 Função Pública (Servidores Públicos)

Nenhuma outra temática jurídico-administrativa recebeu tanto a atenção de Pontes de Miranda quanto a que trata da função pública. Nos comentários à Constituição de 1967, por exemplo, são mais de cem páginas que analisam as principais questões que envolvem os funcionários públicos. Ainda se pode afirmar que este foi o assunto, dentre os demais do Direito Administrativo, que ele mais tratou em sua atividade de parecerista.[333]

Sobre a delimitação jurídica dos funcionários, por exemplo, Pontes sustentava que "no estado atual do direito administrativo (no Brasil, do direito constitucional), a noção de funcionário público implica a aceitação da função por parte do indivíduo, o que constitui pressuposto subjetivo de voluntariedade". Acrescentava, ainda, a presença de outro requisito: "a entrada, ainda que por pouco tempo, no quadro daqueles que formam a organização ordinária e rígida dos serviços públicos, como exercício da função, a título de profissão, se não única, principal".[334]

Assim, o jurista apresenta uma diferenciação, "*de lege lata* e no estágio atual das práticas administrativas", baseada na voluntariedade ou não voluntariedade da aceitação: o funcionário público, onde a

---

[332] PONTES DE MIRANDA, Francisco Cavalcanti. *Tratado de Direito Privado*: parte especial. Direito das obrigações: obrigações e suas espécies. Fontes e espécies de obrigações. Rio de Janeiro: Borsoi, 1958. t. XXII, p. 193 e ss.

[333] Muitos destes pareceres foram publicados em duas obras, que somadas, chegam a dezoito tomos (PONTES DE MIRANDA, Francisco Cavalcanti. *Questões Forenses*: direito constitucional, administrativo, penal, processual e privado. Rio de Janeiro: Borsoi, 1957; e PONTES DE MIRANDA, Francisco Cavalcanti. *Dez anos de Pareceres*. Rio de Janeiro: Francisco Alves, 1977).

[334] PONTES DE MIRANDA, Francisco Cavalcanti. *Comentários à Constituição de 1967*. Rio de Janeiro: Forense, 1987. t. IV, p. 422.

voluntariedade está presente, e o cidadão, que está "obrigado a serviços públicos".[335]

8.1 Relação jurídica entre Administração e seus servidores

Pontes de Miranda tratou da relação jurídica entre Administração e seus servidores (à época, chamados de funcionários), da profissionalização da função pública, da acessibilidade aos cargos públicos, do concurso público, da estabilidade, vitaliciedade, cargos em comissão, acumulação de cargos públicos, questões remuneratórias (como irredutibilidade, equiparação, vinculação), dentre outros temas. Sobre cada umas das situações que investigava, sempre estavam presentes a erudição, a interdisciplinaridade, o aprofundamento da análise e a visão crítica.

Outra contribuição ponteana valiosa diz respeito à análise das teorias sobre a natureza jurídica entre "funcionário e Estado". Pontes de Miranda aponta a existência de cinco correntes na doutrina: a da relação jurídica contratual de direito privado, a do mandato, a do contrato *sui generis*, a da locação de serviços e a da relação estatutária. Neste contexto, Pontes de Miranda resume as cinco teorias:

> a) as que reputam simples relação jurídica contratual; no sentido restrito, que é o do direito privado, ou o que corresponde a ele no direito administrativo (negócio jurídico bilateral); b) as que nela veem mera relação jurídica de mandato, na qual o mandante é o Estado e o mandatário o funcionário público; c) as que procuram caracterizar o contrato existente entre o Estado e o funcionário público, ora dizendo-o *sui generis*, ora contrato inominado, ora contrato de adesão; d) as que se satisfazem com a relação da locação de serviços; e e) as que, com múltiplas variantes, atendem à existência de estatuto, com cujas exigências e pressupostos, inteiramente independentes do funcionário público (esse nada estipula), tem o funcionário público de conformar-se, e assentam ser específica a relação jurídica entre o funcionário público e o Estado, por saliência, se não preponderância, do elemento objetivo, que é a função pública".[336]

---

[335] PONTES DE MIRANDA, Francisco Cavalcanti. *Comentários à Constituição de 1967*. Rio de Janeiro: Forense, 1987. t. IV, p. 422.
[336] PONTES DE MIRANDA, Francisco Cavalcanti. *Comentários à Constituição de 1967*. Rio de Janeiro: Forense, 1987. t. IV, p. 423.

Após analisar e criticar, em várias páginas, cada uma das teorias, Pontes afirma a multiplicidade de situações e regimes existentes na administração pública que faz com que seja "erro pensar-se que a relação jurídica entre o funcionário público e o Estado é sempre, na sua estrutura, a mesma".[337]

Cabe também assinalar uma passagem de sua obra que classifica os Estados segundo a organização da administração pública: o Estado popular (*Volksstaat*) e o Estado de funcionários (*Beamtenstaat*).

No primeiro caso, "as funções públicas teriam que ser exercidas, exclusivamente, por cidadãos escolhidos por certo tempo [...] excluída, por tanto, qualquer noção de caráter profissional, permanente". Por sua vez, no Estado de funcionários, "o funcionamento da administração pública, é caracterizado, subjetivamente, pela existência de grupo, ou de grupos, fechados, de funcionários públicos de profissão". Pontes ressalta que, apesar dos riscos do corporativismo ("dele só se colhem os males"), este é o modelo que deve ser adotado no país.[338]

8.2 Funcionário de fato

Ao tratar do plano da eficácia dos atos jurídicos, o jurista Marcos Bernardes de Mello, maior divulgador da obra de Pontes de Miranda, explica que, "no Direito Administrativo, há a figura do funcionário de fato, espécie que se concretiza quando alguém, sem ter sido regularmente investido em cargo ou função pública, exerce atribuições administrativas típicas e privativas de servidor público, praticando, em tais circunstâncias, atos próprios de agente da administração pública".[339]

A priori, segundo a teoria do fato jurídico desenvolvida por Pontes de Miranda, os atos estatais praticados por pessoas que não são agentes públicos nem sequer existem, situação mais grave que aquela relativa ao ato administrativo praticado por agentes públicos sem competência funcional, situação em que o problema está no plano da validade (nulidade do ato).

Todavia, conforme esclarece Marcos Bernardes de Mello, tendo em vista que o funcionário, de fato, perante terceiros que com ele tratam

---

[337] PONTES DE MIRANDA, Francisco Cavalcanti. *Comentários à Constituição de 1967*. Rio de Janeiro: Forense, 1987. t. IV, p. 430.
[338] PONTES DE MIRANDA, Francisco Cavalcanti. *Comentários à Constituição de 1967*. Rio de Janeiro: Forense, 1987. t. IV, p. 434.
[339] MELLO, Marcos Bernardes. *Teoria do Fato Jurídico. Plano da eficácia*. 11. ed. São Paulo: Saraiva, 2019. p. 93.

em busca de serviço, atuam como verdadeiros agentes públicos, seus atos são considerados pela doutrina administrativista como válidos e eficazes, considerando a boa-fé dos administrados.[340] Na verdade, haveria a prevalência da aparência jurídica, que, combinada com a boa-fé de terceiros, adquire relevância jurídica e é recebida no mundo jurídico com realidade.[341]

8.3 Profissionalização da função pública

Pontes de Miranda era um árduo defensor da adoção do mérito no acesso aos cargos públicos. Neste sentido, registre-se a seguinte passagem, em que denuncia com veemência o processo de apossamento de cargos públicos (no caso, no Judiciário) por parte da elite (inclusive a brasileira):

> Não podendo acompanhar a eficiência das vocações industriais, que desde o fim do século XVIII, mas principalmente desde o começo do século XIX, passaram à primeira plana, através de esforços, de riscos e de aplicações da ciência, nem sempre toleradas pela mentalidade retrógrada dos governantes, os elementos dispersos e enfraquecidos procuraram invadir os cargos do Estado, que pudessem ser transformados em sustentáculos do seu anterior prestígio. Em alguns países, foi a Justiça. Onde esses detritos de classe não tinham cultura suficiente, ou lhes faltava a honesta dignidade para aspirar à vida trabalhosa, e sem grandes meios pecuniários, do juiz, dependuraram-se nos cargos de serventuários da justiça e de tabeliães. A França foi o exemplo daquela tendência; a Itália, Portugal e o Brasil, da outra. Como sempre, esse açambarcamento de postos rendosos, economicamente criticável, não foi sem consequências morais e políticas. Assistiu-se ao intercâmbio entre cargos de serventuários de justiça e cargos políticos, reciprocamente.[342]

Profundo conhecedor da história das instituições, Pontes também ressalta a relevância da organização da função pública: "o funcionário público esteve, por séculos, exposto ao arbítrio do príncipe, ou dos legisladores ordinários. [...] No passado, os vencimentos dos funcionários

---

[340] MELLO, Marcos Bernardes. *Teoria do Fato Jurídico. Plano da eficácia*. 11. ed. São Paulo: Saraiva, 2019. p. 94.
[341] MELLO, Marcos Bernardes. *Teoria do Fato Jurídico. Plano da eficácia*. 11. ed. São Paulo: Saraiva, 2019. p. 92.
[342] PONTES DE MIRANDA, Francisco Cavalcanti. *Tratado de Direito Privado*. 3. ed. Rio de Janeiro: Borsoi, 1972. t. LIII, p. 462.

públicos não eram prefixados, nem regulares. Havia-os gratuitos, honoríficos; havia-os ao talante dos príncipes, ou dos governantes. Os funcionários públicos gratuitos rarearam, porque houve menor diferenciação econômica das classes e maior diferenciação técnica de profissões, misteres e ocupações". O jurista alagoano explica que o grau de profissionalização da função púbica varia em cada sociedade, uma vez que "as soluções técnicas não poderiam ser as mesmas para todos os Estados contemporâneos, pela diversidade das suas instituições políticas e pela diferença de nível de cultura jurídica".[343]

Segundo Pontes de Miranda, a preocupação jurídico-teórica com a profissionalização da função pública brasileira ocorreu precocemente:

> No Brasil, cedo se sentiu, por exemplo, a necessidade de se profissionalizar o militar (Constituição Política do Império do Brasil, arts. 146, 149 e 150), o juiz (Constituição do Império, arts. 151, 152-155) e o funcionário público civil (cf. Pimenta Bueno, Direito Público Brasileiro, 102). A intensidade da vida, a especialização dos serviços administrativos, a necessidade de ser dedicada inteiramente ao serviço público toda a atividade do funcionário público e a vantagem moral de não ser dependente de outrem foram determinando a absorção do funcionário público pelo quadro estatal de serviços. Daí a inserção dos funcionários, por classes e coeficientes, nos orçamentos dos Estados, Províncias, Estados-membros e Municípios. Não se diga que tal mudança de circunstâncias apenas se passou nas dimensões econômica e política.[344]

Para o jurista alagoano, para profissionalização da função pública, o Estado teve que passar a remunerar os funcionários públicos de forma a lhes assegurassem "o bastante para viverem como viveriam em profissões liberais, ou atividades privadas", sob pena da ausência de interessados ou de funcionários pouco dedicados ao serviço público. Também destaca que uma remuneração atrativa também poderia evitar hipóteses de suborno e de condescendência funcional.[345] Para Pontes de Miranda:

---

[343] PONTES DE MIRANDA, Francisco Cavalcanti. *Tratado de Direito Privado.* 3. ed. Rio de Janeiro: Borsoi, 1972. t. LIII, p. 489.
[344] PONTES DE MIRANDA, Francisco Cavalcanti. *Tratado de Direito Privado.* 3. ed. Rio de Janeiro: Borsoi, 1972. t. LIII, p. 440.
[345] PONTES DE MIRANDA, Francisco Cavalcanti. *Tratado de Direito Privado.* 3. ed. Rio de Janeiro: Borsoi, 1972. t. LIII, p. 440.

O Estado precisou, quando se tornou Estado de Direito, de advogados, procuradores judiciais e consultores. Teve de atraí-los, estabilizá-los, assegurar-lhes promoções e aposentadorias. Precisou de engenheiros, médicos, especialistas e técnicos em diferentes setores da cultura humana. Teve de desviá-los das suas profissões, originalmente privadas.[346]

8.4 Acessibilidade aos cargos públicos e concurso público

Acerca da acessibilidade aos cargos públicos, Pontes de Miranda destaca a necessidade de serem satisfeitos os requisitos de acesso previstos em lei e pondera que "a lei que marca esses postulados há de respeitar os princípios constitucionais".[347] Ressalta, ainda, que o direito público subjetivo dos cidadãos aos cargos públicos tanto pode ser ferido quando as normas do concurso violam as leis, como quando as leis ofendem a Constituição.[348]

Em um tempo em que o concurso público ainda estava se consolidando como regra geral no ordenamento jurídico-constitucional brasileiro, Pontes de Miranda já elencava os direitos daqueles que pleiteavam uma vaga no serviço público. Neste sentido, acerca do princípio da acessibilidade aos cargos públicos, afirmava que:

> Os direitos públicos subjetivos que podem derivar do princípio são muitos: a) o de se inscrever nos concursos, desde que satisfaça o peticionário de requisitos legais, constitucionalmente válidos, em geral exigidos, ou só exigidos na espécie; b) o de não ser tratado com desigualdade; c) o de ser escolhido de acordo com a lei; d) o de somente concorrer com os que se achem com os mesmos requisitos equivalentes, segundo critérios constitucionais e legais, constitucionalmente válidos; e) o de não ter acesso condicionado de modo diferente do acesso dos outros concorrentes que se acharem com os mesmos pressupostos.[349]

E, se a doutrina administrativista brasileira, até os dias de hoje, pouca atenção confere ao tema do concurso público (já que raros são os

---

[346] PONTES DE MIRANDA, Francisco Cavalcanti. *Tratado de Direito Privado*. 3. ed. Rio de Janeiro: Borsoi, 1972. t. LIII, p. 440.

[347] PONTES DE MIRANDA, Francisco Cavalcanti. *Comentários à Constituição de 1967*. Rio de Janeiro: Forense, 1987. t. IV, p. 462.

[348] PONTES DE MIRANDA, Francisco Cavalcanti. *Comentários à Constituição de 1967*. Rio de Janeiro: Forense, 1987. t. IV, p. 468.

[349] PONTES DE MIRANDA, Francisco Cavalcanti. *Comentários à Constituição de 1967*. Rio de Janeiro: Forense, 1987. t. IV, p. 471.

livros sobre o tema), Pontes já aponta, com impressionante detalhismo, os pressupostos ordinários pré-concursais e os concursais:

> Nos concursos para provimento de cargos, há os pressupostos ordinários pré-concursais: a) capacidade de direito e de exercício; b) legitimação ativa para o cargo, como a de ser brasileiro e a de exigência relativa à idade (e.g., não tem legitimação ativa quem já fez setenta anos; c) necessidade da tutela jurídica. [...] São pressupostos ordinários concursais: a) o pedido de inscrição; b) a inspeção de saúde; c) a inscrição; d) a comparência à prova ou às provas e a apresentação dos títulos, conforme a lei; e) a prestação da prova ou das provas; f) a anonímia, se a lei a exige, ou a respeito da prova ou das provas em que se exige; g) o julgamento da prova ou das provas, de modo que se possa chegar à classificação dos candidatos; h) a classificação; i) a cognição e o julgamento do mérito de recurso de ofício ou voluntário, se a lei estabelece a recorribilidade.[350]

Ademais, o jurista alagoano, de forma vanguardista, oferece um rol de "regras jurídicas de interpretação" das normas que disciplinam o concurso público:

> Diante de lei que regula o concurso, se os seus enunciados não são claros, ou se alguém suscita dúvidas, o que mais importa é interpretá-las. As principais regras jurídicas de interpretação são as seguintes: a) não se pode exigir como pressuposto pré-concursal, ou como pressuposto concursal, ou como pressuposto para o concurso, o que não está em lei ou na declaração unilateral de vontade; b) qualquer alusão aos poderes do corpo ou da pessoa a que cabe de recurso de ofício, ou voluntário, é limitativa desses poderes (=a devolução integral só se dá se isso resulta de dizeres explícitas, ou de referência a recurso, como se a lei apenas acrescenta "com recurso para..."); c) a exigência de anonímia supõe que, cessada essa, não mais haja julgamento em recurso, se tal julgamento poderia ser prejudicado com o conhecimento da autoria da provas; d) nunca se há de atribuir recurso de ofício maior extensão do que a que se atribui ao recurso voluntário, salvo lei expressa, o que, de *iure condendo*, seria desaconselhável.[351]

E ainda tem mais: há mais de cinquenta anos, ele já registrava que "a matéria dos concursos suscita a criação de direitos adquiridos,

---

[350] PONTES DE MIRANDA, Francisco Cavalcanti. *Comentários à Constituição de 1967*. Rio de Janeiro: Forense, 1987. t. IV, p. 476.
[351] PONTES DE MIRANDA, Francisco Cavalcanti. *Comentários à Constituição de 1967*. Rio de Janeiro: Forense, 1987. t. IV, p. 477.

pretensões e ações, desde a publicação dos editais e abertura dos concursos até o provimento no cargo" e que "qualquer pessoa que poderia concorrer ao concurso, tem legitimidade ativa para arguir a inconstitucionalidade do ato administrativo de provimento",[352] antecipando a futura onda de judicialização dos concursos públicos no Brasil.

Acerca do controle judicial sobre os atos administrativos que violam direitos daqueles que pretendem aceder à função pública, Pontes de Miranda denuncia:

> Infelizmente, por deficiência de conhecimentos de direito público, pois são mais afeitos os juízes ao trato das questões de direito privado, muitas vezes tem a Justiça cometido verdadeiras postergações de direitos, recusando-se a amparar os que lhe batem às portas, para que se restaure a ordem jurídica violada, ou se assegure a ordem jurídica ameaçada. Principalmente, aí, em matéria dos direitos constitucionais dos funcionários públicos e de direitos constitucionais ao acesso aos cargos públicos, por se tratar de assunto estranho à Constituição de 1891, os tribunais ainda se ressentem de insuficiente meditação da Constituição de 1967 e das Constituições de 1946, de 1937 e de 1934.[353]

Em relação à judicialização, uma das demandas mais recorrentes na atualidade, no caso, o direito à nomeação, já era tratado de forma progressista pelo jurista: "feito o concurso, ou dele emana pressuposto suficiente para a nomeação, uma vez que se deu a habilitação do candidato, ou apenas um dos pressupostos necessários para o provimento. No primeiro caso, nasce o direito a ser um dos indicados, se há mais habilitados do que cargos a serem providos, ou se trata de lista, ou já exsurge a pretensão ao provimento".[354]

8.5 Estabilidade, vitaliciedade e cargos em comissão

Nos Comentários à Constituição de 1967, Pontes de Miranda analisa diversas temáticas relacionadas aos funcionários públicos. Dentre elas, registre-se que o jurista aborda os cargos em comissão, que

---

[352] PONTES DE MIRANDA, Francisco Cavalcanti. *Comentários à Constituição de 1967*. Rio de Janeiro: Forense, 1987. t. IV, p. 478.
[353] PONTES DE MIRANDA, Francisco Cavalcanti. *Comentários à Constituição de 1967*. Rio de Janeiro: Forense, 1987. t. IV, p. 468.
[354] PONTES DE MIRANDA, Francisco Cavalcanti. *Comentários à Constituição de 1967*. Rio de Janeiro: Forense, 1987. t. IV, p. 478.

"são demissíveis a nuto, pela natureza da confiança que está à base da relação jurídica, ou porque a lei mesma os fez de livre nomeação e de demissão". Para Pontes, "somente a lei pode dizer que é dispensado o concurso, por ser em comissão o exercício. Sem concurso não há estabilidade".[355]

No tocante à vitaliciedade, "a maior garantia que aos funcionários dá a Constituição", somente a Lei Maior pode conceder, "por essa razão, pré-exclui-se, a respeito, qualquer legislação ordinária". Quanto ao seu significado, representa que só a sentença judicial pode tirar o cargo, trata-se da exclusão à demissibilidade.

Pontes considera que a vitaliciedade traz consigo a inamovibilidade e a irredutibilidade vencimental: "não é possível a vitaliciedade sem inamovibilidade e irredutibilidade de vencimentos [...] se o vitalício pudesse ser removido, removê-lo para lugar em que não pudesse viver, ou não lhe conviesse, ou não se lhe desse o mesmo, como vencimento, seria forçá-lo a demitir-se. Diminuir-lhe os vencimentos seria levá-lo a optar por outra profissão, ou ligar-se, pela duração da vida, a cargo que lhe não convém".[356]

Por sua vez, no que diz respeito à estabilidade, Pontes leciona que "o direito administrativo brasileiro conhece, hoje, quatro classes de funcionários públicos, no sentido mais amplo, segundo o grau de suas garantias". Estas classes são os vitalícios, os estáveis, os que nem são vitalícios nem estáveis (e.g.: o funcionário durante o estágio probatório) e os comissionados.[357]

O funcionário estável "não pode ser destituído senão em virtude de sentença judicial, ou mediante processo administrativo, regulado por lei, no qual lhe seja assegurada plena defesa". Registra Pontes que mesmo antes de completado o tempo estipulado na Constituição para aquisição da estabilidade (à época, dois anos), "a demissibilidade a nuto não existe contra eles, a despeito de ainda lhes faltar a estabilidade". Todavia, neste período (o que seria o equivalente ao do estágio probatório nos dias de hoje), em caso de extinção do cargo público, "a despeito de

---

[355] PONTES DE MIRANDA, Francisco Cavalcanti. *Comentários à Constituição de 1967*. Rio de Janeiro: Forense, 1987. t. IV, p. 480.
[356] PONTES DE MIRANDA, Francisco Cavalcanti. *Comentários à Constituição de 1967*. Rio de Janeiro: Forense, 1987. t. IV, p. 499.
[357] PONTES DE MIRANDA, Francisco Cavalcanti. *Comentários à Constituição de 1967*. Rio de Janeiro: Forense, 1987. t. IV, p. 503.

ter havido o concurso e a nomeação, com a tomada de posse, não há disponibilidade remunerada".[358]

De forma absolutamente genial, da mesma forma que expôs seu entendimento acerca da vitaliciedade, Pontes também considera que a estabilidade não é apenas a vedação à demissão, exceto nas hipóteses constitucionais. Ele também sustenta que o direito à estabilidade assegura que o servidor estável não deva ser forçado a pedir demissão.

Neste sentido, entende que funcionário público estável é aquele "a que o Estado deve e é obrigado a não afastar do cargo senão conforme a Constituição, nem a retirar-lhe as vantagens sem as quais teria ele que preferir demitir-se: quem não pode demitir não pode forçar, pelas circunstâncias, à demissão".[359]

8.6 Cumulação de cargos públicos

Acerca da presente temática, registre-se uma observação, um tanto quanto forte e que se tornou célebre, que Pontes de Miranda traz a público quando comenta regra da Constituição de 1934[360] que permitia a acumulação em determinadas hipóteses, mas sem trazer qualquer limitação quanto ao número de cargos acumuláveis.

Neste contexto, sobre a acumulação de cargos prevista na citada norma, ele aduz: "permitimos que se acumulem três, quatro, cinco cargos de magistério, mais o cargo administrativo. A possibilidade que se abre no §1º é imoral. Um engenheiro da Municipalidade que ensina na Escola Politécnica, no Colégio Pedro II, na Escola Normal e em colégios particulares, nem é engenheiro da Prefeitura, nem professor: é um mercador de aulas e um burocrata faltoso".[361]

Registra ainda Pontes que a referida regra "não foi feita contra as acumulações. Todos sabem que foi feita pelos acumuladores, pelos

---

[358] PONTES DE MIRANDA, Francisco Cavalcanti. *Comentários à Constituição de 1967*. Rio de Janeiro: Forense, 1987. t. IV, p. 506.

[359] PONTES DE MIRANDA, Francisco Cavalcanti. *Comentários à Constituição de 1967*. Rio de Janeiro: Forense, 1987. t. IV, p. 456.

[360] Tal regra é o §1º do art. 172 da Constituição de 1934:
"Art. 172 – É vedada a acumulação de cargos públicos remunerados da União, dos Estados e dos Municípios.
§1º – Excetuam-se os cargos do magistério e técnico-científicos, que poderão ser exercidos cumulativamente, ainda que por funcionário administrativo, desde que haja compatibilidade dos horários de serviço".

[361] PONTES DE MIRANDA, Francisco Cavalcanti. *Comentários à Constituição de 1946*. 3. ed. Rio de Janeiro: Borsoi, 1960. t. VI, p 35.

que viviam a temer as medidas legais moralizadoras, que o §1º vem permitir".[362] Conhecedor da realidade das administrações públicas brasileiras, Pontes de Miranda ressalta que "o mal das acumulações vinha de longe. Frustravam-se todas as tentativas para a abolição delas e todos os esforços para o respeito dos textos proibitivos. Houve quem tivesse três, quatro, cinco, seis, sete e, até, oito empregos. O povo dava-lhes o nome expressivo de "cabides de empregos". Se o vício era velho, a ousadia no abuso tomou forças novas".[363] O jurista chega até mesmo a citar um Decreto de 18 de julho de 1822,[364] "no alvorar da nacionalidade", que já tentava impor a proibição da acumulação de cargos públicos.

À luz da Constituição de 1967, Pontes de Miranda sustentava que, nas hipóteses de acumulação vedada, "o titular do cargo novo deixou de ser titular do cargo anterior à data da posse no novo cargo.

---

[362] PONTES DE MIRANDA, Francisco Cavalcanti. *Comentários à Constituição de 1946*. 3. ed. Rio de Janeiro: Borsoi, 1960. t. VI, p. 35.

[363] PONTES DE MIRANDA, Francisco Cavalcanti. *Comentários à Constituição de 1967*. Rio de Janeiro: Forense, 1987. t. IV, p. 484.

[364] Decreto de 18 de junho de 1822 (Prohibe a acumulação em uma só pessoa de mais de um emprego, o exige dos funcionários publicos prova do as si duo exercício para pagamentodos respectivos vencimentos): Não tendo sido bastantes as repetidas Determinações ordenadas pelos Senhores Reis destes Reinos na Carta Régia de 6 de Maio de 1623; no Alvará de 8 de Janeiro de 1627; no Decreto de 28 de Julho de 1668, e nas Ordens Régias concordantes com elles, pelos quaes se prohibe, que seja reunido em uma só pessoa mais de um officio ou emprego, e vença mais de um ordenado: resultando do contrario manifesto damno e prejuízo á Administração Publica e as partes interessadas, por não poder de modo ordinário um tal empregado, ou funcionário publico cumprir as funcções, e as incumbencias de que é duplicadamente encarregado, muito principalmante sendo incompatíveis esses officios e empregos: e acontecendo ao mesmo tempo, que alguns desses empregados, e funcionários publicos, occupando-se dos ditos empregos, e officios recebem ordenados por aquelles mesmos, que não exercitam, ou, por serem incompatíveis, ou por concorrer o seu expediente nas mesmas horas, em que se acham ocupados em outras repartições: Hei por bem, *e* com o parecer do Meu Conselho de Estado, Excitar a inteira observancia das sobreditas Determinações, para evitar todos estes inconvenientes, Ordenando, que os presidentes, chefes, e magistrados das repartições, a que são addidos esses funccionarios, não consintam, debaixo de plena responsabilidade, que elles sejam pagos dos respectivos ordenados, ou sejam mettidos nas folhas formadas para esse pagamento, sem que tenham assíduo exercício nos seus officios, e empregos: e que isto mesmo se observa, ainda mesmo com aquelles, que tiverem obtido dispensa régia para possuirem mais de um officio, ou emprego na fórma permitida da no citado Alvará de 8 de Janeiro do 1627, pois que essa graça não os dispensa por modo algum do cumprimento das funcções e incumbências inherentes aos seus offcios, e empregos. José Bonifácio de Andrada e Silva, do Meu Conselho de Estado, e do de Sua Majestade Fidelissima El-Rei o Senhor D. João VI, Meu Ministro e Secretario de Estado dos Negocios do Reino do Brazil e Estrangeiros o tenhaassim entendido, e o faça executar e cumprir com os despachos necessarios. Paço 18 de junho de 1822. Com a rubrica de S. A. R. o Principe Regente. Jose Bonifácio de Andrada e Silva.

De opção expressa, rigorosamente, só se há de cogitar quando se obtêm dois ou mais cargos ao mesmo tempo".[365]

Outra questão abordada pelo jurista trata do conceito de cargo técnico ou científico para efeito de acumulação. Ele logo adverte que "dificuldade existe ao definir-se cargo técnico-científico. Cargo para o qual seja necessária cultura geral, ou especialidade em determinado ramo do saber, não é, por si só, cargo técnico. Exerce cargo técnico-científico aquele que, pela natureza do cargo, nele põe em prática métodos organizados, que se apoiam em conhecimentos científicos correspondentes".[366]

8.7 Questões remuneratórias

Sobre os direitos dos servidores públicos, o jurista adverte que "no Estado autocrático, sem respeito a co-decisão em assembleia, sem subordinação a regras de direito intertemporal, e sem consideração à estabilidade dos servidores do Estado, o príncipe nomeia e demite, a seu líbito, remove, prestigia ou desprestigia com honrarias, e aumenta ou diminui vencimentos".[367]

Em relação às questões remuneratórias, um dos assuntos tratados por Pontes de Miranda é o que diz respeito à vedação da vinculação e da equiparação. Adverte o jurista:

> Repetidas vezes exprobamos, nos Comentários à Constituição de 1946 e em pareceres, a prática das vinculações e das equiparações. Vinculação está, no art. 98, parágrafo único, da Constituição de 1967, no sentido de ligação, que torne dependente ou sujeite às regras jurídicas que se editem sobre outro cargo. O que se teve por fito foi a proibição não só do regramento equiparativo, como também elemento subordinativo, se, com isso, se submetem ao mesmo quanto, ou à mesma vantagem ou ao mesmo decréscimo ou outra alteração na remuneração, no tocante a um cargo, ou a alguns cargos, outros cargos ou outro cargo. Entre os cargos públicos pode haver igualdade ou coincidência ocasional de tratamento, ou equiparação, ou tratamento em função, ou haver identidade. A igualdade pode ser estabelecida pela regra jurídica constitucional, ou,

---

[365] PONTES DE MIRANDA, Francisco Cavalcanti. *Comentários à Constituição de 1967*. Rio de Janeiro: Forense, 1987. t. IV, p. 487.
[366] PONTES DE MIRANDA, Francisco Cavalcanti. *Comentários à Constituição de 1967*. Rio de Janeiro: Forense, 1987. t. IV, p. 495.
[367] PONTES DE MIRANDA, Francisco Cavalcanti. *Comentários à Constituição de 1967*. Rio de Janeiro: Forense, 1987. t. IV, p. 466.

respeitados os princípios constitucionais, pela lei [...] Se a lei vinculou ou equiparou para o efeito da remuneração é nula.[368]

Outra questão versada com muita profundidade por Pontes de Miranda é quanto à irredutibilidade vencimental. Na Constituição de 1967, havia quem sustentasse que tal direito somente era atribuído aos juízes e militares. Após expor as origens do postulado da irredutibilidade no direito brasileiro, registra não haver, no sistema jurídico pátrio, "o princípio da redutibilidade dos vencimentos dos funcionários públicos. Tal princípio, examinado à luz da investigação científica, decorreu, nos outros sistemas jurídicos, de reminiscências despótico-regalianas e, no século passado, de pouco informação sobre o direito intertemporal no direito público". O jurista confessa ser uma "pena que tão retardado pensamento se haja refletido em acórdãos e em opiniões de juristas brasileiros, que mais têm os olhos nos livros franceses, italianos e argentinos, que lêem, do que no texto da Constituição brasileira e das leis brasileiras".[369]

9 Poder de polícia

Na relevante temática do exercício do poder de polícia estatal, Pontes de Miranda teve, em diversas ocasiões, a oportunidade de analisar questões concretas que lhe foram encaminhadas a partir de consultas jurídicas.

Todavia, no plano teórico-abstrato, também fez considerações relevantes ao estudo deste setor de atuação administrativa, especialmente no tocante ao seu fundamento, limites e meios.

9.1 Fundamento

Um dos momentos mais destacados em que Pontes de Miranda trata do poder de polícia é sua análise quanto à necessidade de se compatibilizar a liberdade e a autoridade, questão que sempre foi central no Direito Administrativo.

Pontes de Miranda registra com maestria:

---

[368] PONTES DE MIRANDA, Francisco Cavalcanti. *Comentários à Constituição de 1967*. Rio de Janeiro: Forense, 1987. t. IV, p. 481.

[369] PONTES DE MIRANDA, Francisco Cavalcanti. *Comentários à Constituição de 1967*. Rio de Janeiro: Forense, 1987. t. IV, p. 458.

Em frente ao Estado, a liberdade supõe que haja terreno, em que o Estado exerça a sua liberdade, que é a autoridade mesma, e terreno em que os indivíduos exerçam a sua; portanto dois campos de ação e de omissão, que se limitam. De ordinário, tomam-se as duas liberdades como negações uma da outra; mas, em verdade, a evolução humana nem permite a uma tudo que à outra nega, nem tudo nega quanto ao que permite à outra. Há, pois, limites assim ao Estado como aos indivíduos; e não só limites entre o Estado e o indivíduo.[370]

Ademais, a partir da análise do grau (dosagem) do que o ordenamento jurídico deixa aos indivíduos, Pontes de Miranda passa a classificar os Estados:

> Quanto à dosagem do que se deixa ao indivíduo e do que se reconhece ao Estado, ou vice-versa, as diferentes formas e estruturas estatais vão do mínimo ao máximo a favor do Estado ("o menos de Estado que seja possível"); porém, como os limites a ambos os campos podem existir e são variáveis, o corpo social em que se leve a cabo "o menos de Estado que seja possível" pode não ser exorbitantemente individualístico, se os limites deixam pouco ao Estado e aos indivíduos, e o corpo social, em que se busque a política do "máximo de Estado que se possa alcançar" pode não ser tão autoritário quanto à primeira vista pareça, pois esse máximo é dentro de limites muitos fundos.[371]

Em outra análise, o jurista trata das fontes dos limites impostos aos indivíduos e ao Estado:

> A delimitação das duas esferas, a do indivíduo e a do Estado, supera as concepções em luta, a da liberdade frente ao Estado e a da liberdade no Estado; porque a regra delimitadora atua por cima de ambos, e exige linhas de legalidade quase supra-individuais e quase supraestatais. As Constituições servem a isso, enquanto, no mundo, se não elabora direito supraestatal das Constituições, isto é, enquanto não há suficientes regras de direito das gentes sobre democracia, liberdade e igualdade, para todos os Estados. As regras internas delimitadoras e as regras supraestatais têm de satisfazer as exigências de segurança jurídica e de ordem intrínseca, de modo que se volve ao problema do que se pode e do que não se pode tirar aos indivíduos. Nesse sentido, não se pode

---

[370] PONTES DE MIRANDA, Francisco Cavalcanti. *Comentários à Constituição de 1946.* 3. ed. Rio de Janeiro: Borsoi, 1960. t. IV, p. 262.
[371] PONTES DE MIRANDA, Francisco Cavalcanti. *Comentários à Constituição de 1946.* 3. ed. Rio de Janeiro: Borsoi, 1960. t. IV, p. 262.

definir a liberdade como o que resulta das limitações legais, porque a lei mesma pode ter ultrapassado linhas de *iure condendo*, isto é, ferido o mínimo que é necessário ao desenvolvimento humano, ou linhas marcadas nas regras constitucionais (internas) ou pelo direito das gentes. Nos Estados de Constituições rígidas, a liberdade é delimitada pelas regras constitucionais, e onde as leis ordinárias as violam é a regra constitucional o limite, e não o que essas leis tentam.[372]

9.2 Limites

O jurista considera que "na realidade da evolução social, o que o homem procura é pôr ao máximo de liberdade dos indivíduos no exercício da autoridade e o máximo de interesse comum no exercício da liberdade dos indivíduos".[373]

E complementa, destacando o papel do poder de polícia: "daí exigir-se que haja liberdade no escolher os limites à liberdade do Estado e no escolher os próprios agentes do Estado e cuidar-se de limitar toda atividade do indivíduo que cause dano ao interesse comum".[374]

Todavia, Pontes alerta: "Por certo, essa limitação não ir a ponto de se definir a liberdade pela necessidade ("liberdade é o poder de fazer o que se deve fazer"); nem aquela, ao de se definir a autoridade pela execução pura ("autoridade é o poder de ordenar o que deve")". Conclui com muita ponderação, equilíbrio e sabedoria, afirmando, categoricamente, que "a eliminação da liberdade seria a eliminação do homem, porque ele reflete e age; a eliminação do Estado seria a eliminação do grupo como tal, e desserviria à liberdade: o que serve à liberdade é manter no Estado a co-decisão, a deliberação, que nasceu na assembleia e veio à tona interiormente (reflexão). Nem ao Estado serviria a eliminação da liberdade, porque a sua justificativa é o bem comum".[375]

---

[372] PONTES DE MIRANDA, Francisco Cavalcanti. *Comentários à Constituição de 1946*. 3. ed. Rio de Janeiro: Borsoi, 1960. t. IV, p. 263.
[373] PONTES DE MIRANDA, Francisco Cavalcanti. *Comentários à Constituição de 1946*. 3. ed. Rio de Janeiro: Borsoi, 1960. t. IV, p. 262.
[374] PONTES DE MIRANDA, Francisco Cavalcanti. *Comentários à Constituição de 1946*. 3. ed. Rio de Janeiro: Borsoi, 1960. t. IV, p. 262.
[375] PONTES DE MIRANDA, Francisco Cavalcanti. *Comentários à Constituição de 1946*. 3. ed. Rio de Janeiro: Borsoi, 1960. t. IV, p. 263.

9.3 Meios

Ainda no contexto do poder de polícia, Pontes, em sua classificação dos atos administrativos, destaca a figura dos atos condenatórios, como a aplicação de multas, e dos atos mandamentais, como as ordens e os mandados em geral. Quanto a estes últimos, destaca: "o ato mandamental tem de ser dentro da lei. Se essa só permite que se mande apreender mercadoria, não se pode mandar que se apreendam objetos de usos; a fortiori, não se pode mandar que se prenda alguém. Se a lei só anuiu em que se mandasse abster-se, não se pode mandar fazer. Nem não fazer, se não se pode mandar que alguém se abstenha". E acrescenta: "o mandamento também não se confunde com o ato posterior, concernente à desobediência ou ao desrespeito do mandado. Aí, o ato é condenatório, que, como o mandamento, se haja comunicado a cominação, quer disso não se haja cogitado mas resulte da lei".[376]

Na obra Questões Forenses, podem ser destacadas as seguintes análises sobre a utilização do poder de polícia administrativa: parecer nº 97 (sobre licença para alto-falantes, isenção violadora do princípio da igualdade perante a lei e periodicidade das licenças – 29 de maio de 1951); parecer nº 104 (sobre licença prévia e mercadoria em peças quantitativa e qualitativamente verificadas, mas, em parte, montadas (25 de agosto de 1951).

Merece registro, ainda, o parecer de nº 117 (sobre vigência do Decreto-Lei nº 3.813, de 10 de novembro de 1941, ilegalidade do art. 76 do Decreto nº 22.367, de 17 de dezembro de 1946, e da Portaria (do Ministério do Trabalho) nº 298, de 27 de dezembro de 1947, e nulidade de autos de infração a que faltam a comunicação e enunciados dos fatos, indispensáveis à concepção da defesa – 04 de janeiro de 1952).

Acrescentem-se, ainda, os pareceres nº 191 (sobre representação teatral e execução musical de audição não retribuída e ingerência da autoridade pública nos clubes e sociedades ou associações – 31 de março de 1955); e nº 266 (sobre substituição de cláusula de título de autorização por artigo de lei e sobre poderes de fiscalização e intervenção do Conselho Nacional do Petróleo – 11 de junho de 1959).

Por sua vez, na obra "Dez anos de pareceres", ele elaborou os seguintes estudos sobre exercício do poder de polícia: nº 130 (parecer sobre fiscalização e prestação de contas do Conselho Federal e dos Conselhos Regionais de representantes comerciais e qual a lei que

---

[376] PONTES DE MIRANDA, Francisco Cavalcanti. *Tratado das ações*. 2. ed. São Paulo: RT, 1972. t. I, p. 21.

rege as relações jurídicas entre os empregados e o Conselho Federal e os Conselhos Regionais dos representantes comerciais – 4 de julho de 1967); e nº 147 (parecer sobre exigência constitucional de polícias militares dos Estados-membros, dos Territórios e do Distrito Federal, sobre distinção entre polícia militar e polícia fardada e armada não militar e sobre delegabilidade e indelegabilidade estadual, territorial ou distrital).

10 Bens públicos

No âmbito de suas obras jurídicas e na atividade de jurisconsulto, por ser profundo conhecedor das questões relacionadas à propriedade, Pontes de Miranda analisou institutos que repercutem na Administração Pública.

Neste contexto, podem ser destacadas tanto passagens do Pontes doutrinador, que analisa questões relacionas aos bens públicos, como quando tratou da enfiteuse, que tanto foi utilizada pelo Estado e que ele considerava "um dos cânceres da economia nacional, fruto, em grande parte, de falsos títulos que, amparados pelos governos dóceis a exigências de poderosos, conseguiram incrustar-se nos registros de imóveis",[377] como análises jurídicas que realizou como parecerista, como a que fez sobre a ilegalidade de atribuição à União da propriedade dos bens que nunca foram seus.[378]

10.1 Classificação

O jurista registra que as Constituições de 1934 e 1937 "encambulharam os de bens de uso comum do povo, tais como mares, rios, estradas, ruas e praças, ou de uso especial, tais como os edifícios ou terrenos aplicados a serviço ou estabelecimentos federal, estadual ou municipal, e os chamados pelo Código Civil "dominicais", isto é, que constituem o patrimônio da União, dos Estados-membros ou dos Municípios como direito real, ou pessoal, de cada uma dessas entidades".[379]

---

[377] PONTES DE MIRANDA, Francisco Cavalcanti. *Tratado de Direito Privado*. Rio de Janeiro: Borsoi, 1971. PONTES DE MIRANDA, Francisco Cavalcanti. *Tratado de Direito Privado*. 3. ed. Rio de Janeiro: Borsoi, 1971, v. XVIII, p. 179.

[378] Parecer nº 197 (sobre ilegalidade de atribuição à União da propriedade dos bens que nunca foram seus e violação de coisa julgada – 1º de dezembro de 1969), publicado na obra *Dez anos de Pareceres*. Rio de Janeiro: Livraria Francisco Alves, 1977. V. 7, p. 276.

[379] PONTES DE MIRANDA, Francisco Cavalcanti. *Comentários à Constituição de 1946*. 3. ed. Rio de Janeiro: Borsoi, 1960. t. II, p. 321.

Pontes de Miranda lembra que, de tanto criticar a sistemática utilizada nas referidas Constituições,[380] "desapareceu, na Constituição de 1946, o inciso a) do art. 36 da Constituição de 1937", que previa que "são do domínio federal: a) os bens que pertencerem à União nos termos das leis atualmente em vigor". Ele indaga, no tocante à redação do art. 20, I, da Constituição de 1934 (com o mesmo teor do art. 36, a), da Constituição de 1937: "que se há de entender? Que a Constituição tornou conteúdo constitucional (e, pois, imodificáveis), tais leis em vigor, ou que apenas quis assentar que continuariam da União os bens que em 16 de julho de 1934 lhe pertenciam?".[381]

10.2 Bens públicos em espécie

Seja no "Tratado de Direito Privado", onde dedicou nada menos que onze tomos (cerca de 5500 páginas) ao "Direito das Coisas", seja nos seus diversos "Comentários à Constituição", Pontes de Miranda teve inúmeras oportunidades de analisar a configuração jurídica de bens públicos específicos.

No contexto anteriormente destacado, mais precisamente no tocante às terras devolutas, manifestou opiniões que vem sendo bastante utilizadas em decisões dos Tribunais Superiores. Segundo o jurista:

> As terras que nunca foram da União, do Estado-membro ou do Município, nem dos particulares, são terras sem dono, terras *res nullius*, terras adéspotas. Podem ser objeto de posse, no sentido privatístico, ou em via de ser usucapidas. Não entram no rol das terras devolutas definidas pelo Decreto-Lei nº 9760, de modo que não é de invocar-se, a respeito delas, o art. 200 do Decreto-Lei nº 9760. Se alguém as possui *ad interdicta* ou *ad usucapionem* e o Estado afirma que são terras devolutas no sentido do Decreto-Lei nº 9760, tem o Estado o ônus da prova.[382]

Ainda acerca das terras devolutas, desta vez é nos Comentários à Constituição de 1946 que o jurista de Alagoas sustenta que "para o Decreto-Lei nº 9.760, como para a Lei nº 601, são as terras públicas (Decreto-Lei nº 9760, art. 1º, e) e f)) a que não foi dada destinação de

---

[380] Vale lembrar que, na Constituição de 1988, o art. 20, I, prevê que "são bens da União: I – os que atualmente lhe pertencem e os que lhe vierem a ser atribuídos".
[381] PONTES DE MIRANDA, Francisco Cavalcanti. *Comentários à Constituição de 1946*. 3. ed. Rio de Janeiro: Borsoi, 1960. t. II, p. 322.
[382] PONTES DE MIRANDA, Francisco Cavalcanti. *Tratado de Direito Privado*. Rio de Janeiro: Borsoi, 1971, v. XII, p. 445.

uso público (uso comum do povo, uso especial) ou particular, embora, por sua história, sejam públicas por "devolução". Tudo isso mostra que tal sentido de terras devolutas já destoa da terminologia que devera empregar".[383]

Outro bem público em espécie, o terreno de marinha, também foi objeto de investigação do mestre do Direito brasileiro. Para ele, "são os terrenos banhados pelas águas do mar (ou dos rios navegáveis, em sua foz), até 33 metros para a parte das terras, contados os pontos a que chega o preamar médio, e os terrenos que, natural – ou artificialmente, se formam na linha do preamar médio para a parte do mar ou das águas dos rios".[384]

10.3 Pareceres sobre a matéria

No tocante aos bens públicos, há alguns pareceres de Pontes de Miranda sobre o tema, como o de nº 195 (sobre bens reversíveis e bens irreversíveis das empresas concessionárias de serviços públicos – 26 de agosto de 1955) e o de nº 199 (sobre aquisição de bens dominicais e interpretação do art. 77, III, e do art. 77, §1º, da Constituição de 1946 (05 de novembro de 1955), publicados no livro "Questões Forenses".

Por sua vez, destaque seja dado ao parecer de nº 197 (sobre ilegalidade de atribuição à União da propriedade dos bens que nunca foram seus e violação de coisa julgada – 1º de dezembro de 1969), publicado na obra "Dez anos de pareceres".

11 Organização administrativa do estado

Durante o século XX, a Administração Pública brasileira cresceu de forma impressionante, passando a atender as diversas demandas que a sociedade passou a exigir de um Estado Intervencionista.

Neste contexto, especialmente a partir da Era Vargas, quando o modelo burocrático começou a ser implementado, foi estruturada uma Administração Pública cada vez mais descentralizada, a partir da criação dos entes da Administração Indireta.

---

[383] PONTES DE MIRANDA, Francisco Cavalcanti. *Comentários à Constituição de 1946*. 3. ed. Rio de Janeiro: Borsoi, 1960. t. II, p.332.

[384] PONTES DE MIRANDA, Francisco Cavalcanti. *Comentários à Constituição da República dos Estados Unidos do Brasil*. Rio de Janeiro: Ed. Guanabara, 1936. t. I.

Tendo produzido obras e pareceres por várias décadas do século passado, Pontes de Miranda realizou uma série de estudos sobre questões relacionadas à organização administrativa brasileira.

11.1 Entidades da Administração Indireta

De forma bastante elucidativa, Pontes trata de todas as espécies de entidades administrativas. Neste contexto, aduz que a "autarquia é a entidade que estaria inteiramente integrada ao Estado se não a tivesse autarquizado, isto é, se não lhe houvesse atribuído direção e atividades próprias",[385] demonstrando o tanto que a autarquia é próxima da entidade política que a criou.

O jurista procura diferenciar as entidades administrativas (pessoas jurídicas da Administração Indireta) dos órgãos públicos despersonalizados (repartições). Ele registra que a pessoa jurídica da Administração Indireta, em relação às entidades políticas, possui "ligação a alguma entidade, de que não depende como depende de qualquer delas a repartição, ou o órgão, por mais potente que seja". Acrescenta, em relação à autarquia, que ela "pode ser considerada órgão da entidade estatal, mas, então, teríamos de distinguir o órgão imediato, direto, e o órgão mediato, indireto, que seria apenas entidade auxiliar. O interesse do Estado existe, mas há o interesse da autarquia, de que podem irradiar-se direitos, pretensões e ações contra o Estado".[386]

Pontes procura diferenciar as entidades autárquicas de outras figuras administrativas: "Nem toda administração mediata do Estado é autarquia. [...] Assim, tanto atividade estatal pode ser exercida por deliberação do Estado, autarquicamente, como a alguma atividade que não é necessariamente estatal pode ser atribuído, por deliberação do Estado, o caráter de atividade estatal, para que eficácia e resultados sejam como os da atividade estatal. Há, aí, a paraestatalidade, não a estatalidade".[387]

Por sua vez, ao abordar a figura da empresa pública federal, Pontes destaca que ela "não é, necessariamente, empresa de direito público, a despeito de todo o seu capital ser de uma ou algumas entidades

---

[385] PONTES DE MIRANDA, Francisco Cavalcanti. *Comentários ao Código de Processo Civil*. Rio de Janeiro: Forense, 1973. t. I, p. 13.
[386] PONTES DE MIRANDA, Francisco Cavalcanti. *Comentários ao Código de Processo Civil*. Rio de Janeiro: Forense, 1973. t. I, p. 13.
[387] PONTES DE MIRANDA, Francisco Cavalcanti. *Comentários ao Código de Processo Civil*. Rio de Janeiro: Forense, 1973. t. I, p. 15.

estatais". E mais: "o controle da empresa pública pelo Estado, sem a estatalização ou a paraestatalização, não lhe tira a peculiaridade nem a publicidade, o que as distingue das "concessões".[388]

Ainda para o jurista, "sociedade de economia mista é a sociedade em que participam do capital entidades estatais e entidades não estatais, pessoas físicas ou pessoas jurídicas". Ele ressalta que nesta espécie de empresa estatal, o Estado tem "o direito de escolher diretor, ou diretores, e direito de veto, ou, até, sem vantagens, exceto certo controle administrativo".[389]

De forma esclarecedora, Pontes cita o exemplo do Banco do Brasil S.A., que "não é pessoa jurídica de direito público; a fortiori, não é autarquia: é pessoa jurídica de direito privado inconfundível com a pessoa jurídica de direito público, que é a União. [...] Posto que haja interesse dessa, entrelaçados com os daquela, nas relações entre o Banco do Brasil e os seus clientes, os seus funcionários, ou quaisquer terceiros, o interesse da União não aparece – o que aparece é o interesse do Banco do Brasil".[390]

Por sua vez, sustenta o autor que "as fundações de direito público podem ser criadas por lei, ou por ato administrativo, que a lei permita, ou por decreto que confira a natureza de fundação de direito público para algum patrimônio que seja dotação fundacional de alguém".[391]

Registra, ainda, que "nas fundações instituídas pelo Poder Público, há o poder de ingerência do Estado, que não se confunde com o dever de velar exercido pelo Poder Público e que se constitui em característica da fundação de direito privado (RF-102/76)".[392]

11.2 Estudos de casos

Na obra "Questões Forenses", Pontes escreveu o parecer nº 69, que versou sobre "a paraestatalidade ou não paraestatalidade do

---

[388] PONTES DE MIRANDA, Francisco Cavalcanti. *Comentários ao Código de Processo Civil*. Rio de Janeiro: Forense, 1973. t. I, p. 20.
[389] PONTES DE MIRANDA, Francisco Cavalcanti. *Comentários ao Código de Processo Civil*. Rio de Janeiro: Forense, 1973. t. I, p. 20.
[390] PONTES DE MIRANDA, Francisco Cavalcanti. *Comentários ao Código de Processo Civil*. Rio de Janeiro: Forense, 1973. t. I, p. 21.
[391] PONTES DE MIRANDA, Francisco Cavalcanti. *Tratado de Direito Privado*. Rio de Janeiro: Borsoi, 1954. t. I, p. 4.
[392] PONTES DE MIRANDA, Francisco Cavalcanti. *Tratado de Direito Privado*. Rio de Janeiro: Borsoi, 1954/1956. t. II, p. 14.

SESI e sobre ser, ou não, "entidade autárquica", segundo conceito da Constituição de 1946, art. 77, II, 2ª parte" (21 de janeiro de 1950).

Também na citada obra redigiu o parecer nº 126, que versou sobre "sociedade anônima de economia mista, impenhorabilidade das ações, possibilidade de empréstimo com garantia real e credibilidade de ações pertencentes ao governo, se adquiridas a título de subscrição da parte do capital deixada a particulares – 16 de julho de 1952".

Acerca da competência dos Tribunais de Contas, redigiu os pareceres nº 209 ("sobre o Tribunal de Contas dos Municípios e o Município da cidade de Salvador (Estado da Bahia) – 14 de agosto de 1956"); nº 300,"sobre não ser infringente da Constituição de 1946 a Lei do Estado do Rio Grande do Norte que criou o Tribunal de Contas e sobre ilegalidade e inconstitucionalidade de atos do poder executivo estadual – 18 de fevereiro de 1961"; e nº 333, "sobre composição do Tribunal de Contas e responsabilidade dos seus membros – 21 de abril de 1962".

Ainda na obra "Questões Forenses", Pontes de Miranda realizou estudos sobre as relações estabelecidas entre os entes públicos, o que se vê nos pareceres nº 249, "sobre acordos interestatais sobre resgastes de títulos e providências administrativas para execução e sobre arbitragem interestatal"; e nº 278, "sobre convênios entre a União e os Municípios, denunciabilidade e atos da legislatura e do poder executivo municipais após a denúncia – 28 de setembro de 1959".

Destaque-se, ainda, o parecer nº 293, que abordou uma questão que até hoje é polêmica no Direito Administrativo brasileiro: a natureza jurídica das fundações públicas. No citado parecer, ele versou "sobre Universidades e Faculdades como instituições de direito privado e como fundações de direito público – 12 de agosto de 1960".

A temática das fundações públicas também foi abordada por Pontes de Miranda em seu "Tratado de Direito Privado", oportunidade em que diferencia a tutela que a Administração Pública exerce sobre as fundações por ela criadas, do dever de fiscalização que o Estado (hoje, por intermédio do Ministério Público) exerce sobre as fundações privadas: "nas fundações instituídas pelo Poder Público, há o poder de ingerência do Estado, que não se confunde com o dever de velar exercido pelo Poder Público e que se constitui em característica da fundação de direito privado (RF-102/76)".[393]

---

[393] PONTES DE MIRANDA, Francisco Cavalcanti. *Tratado de Direito Privado*. Rio de Janeiro: Borsoi, 1954/1956. t. II, p. 14.

Por sua vez, na obra "Dez anos de Pareceres", há estudos que se destacam, como os pareceres nº 5 ("sobre a Resolução nº 8, de 1959 (Câmara Municipal de São Paulo), que criou cargos e aumentou despesas com os cargos públicos, sem que fosse suficiente a dotação orçamentária, e repercussão do fato da insuficiência financeira na dívida e no pagamento aos funcionários públicos contemplados – 20 de março de 1963)"; nº 19 ("sobre pontos do Projeto nº 712, de 1963, que cria a Sociedade de Economia Mista de Serviços Aéreos do Brasil S.A. (Aerobrás) e dá outras providências – 5 de setembro de 1963)"; nº 21 ("sobre enquadramento de servidores contratados estabelecido em lei, e o respeito das regras jurídicas pelo conselho de administração da autarquia -16 de setembro de 1963)";

São ainda estudos de Pontes de Miranda sobre a organização administrativa os pareceres de nº 28 ("sobre monopólio estatal e contratos de importação de petróleo feitos pelas empresas nacionais, antes do ato de monopolização – 28 de dezembro de 1963)"; nº 42, "sobre classificação de procuradores de autarquia, *in casu* da Novacap, e imodificabilidade da classificação – 4 de setembro de 1964)"; nº 98 ("sobre embargos de nulidade e infringentes do julgado contra decisão do Tribunal de Justiça, por ter afirmado ser pessoa jurídica de direito privado o IPASEAL e não haver utilidade pública que justificasse a desapropriação do imóvel – 25 de agosto de 1966)". Outros pareceres em destaque: nº 112 ("sobre incorporação de bens e de pessoal de estabelecimento municipal, pela União – 31 de março de 1967); nº 147 ("sobre exigência constitucional de polícias militares dos Estados-membros, dos Territórios e do Distrito Federal, sobre distinção entre polícia militar e polícia fardada e armada não militar e sobre delegabilidade e indelegabilidade estadual, territorial ou distrital)"; e nº 262 ("sobre competência dos Tribunais de Justiça dos Estados-membros para a divisão e a organização da justiça – 2 de janeiro de 1973)".

Referências

ALDROVANDI, Andréa; SIMIONI, Rafael Lazzarotto; ENGELMANN, Wilson. Traços positivistas das teorias de Pontes de Miranda: influências do positivismo sobre Sistema de Ciência Positiva do Direito e Tratado de Direito Privado – um percurso com várias matizes teóricas. *Civilistica.com*, Rio de Janeiro, a. 4, n. 2, 2015. Disponível em: http://civilistica.com/tracos-positivistas-das-teorias-de-pontes-de-miranda/. Acesso em 17 nov. 2019.

ALVES, Vilson Rodrigues. Pontes de Miranda. In: RUFINO, Almir Gasquez; PENTEADO, Jaques de Camargo (Orgs.). *Grandes juristas brasileiros*. São Paulo: Martins Fontes, 2003.

AMARAL, Antônio Carlos Cintra do. *Extinção do ato administrativo*. São Paulo: RT, 1978.

ARAÚJO, Edmir Netto de. *O Direito Administrativo e sua história*. São Paulo: Revista USP, 2000.

BANDEIRA DE MELLO, Celso Antônio. *Curso de Direito Administrativo*. 30. ed. São Paulo: Malheiros Editores, 2012.

BANDEIRA DE MELLO, Celso Antônio. *Curso de Direito Administrativo*. 32. ed. São Paulo: Malheiros Editores, 2015.

BANDEIRA DE MELLO, Celso Antônio. "Poder" regulamentar ante o princípio da legalidade. *Revista Trimestral de Direito Público – RTDP*, Belo Horizonte, edição 64, jan./mar. 2016.

BANDEIRA DE MELLO, Oswaldo Aranha. *Princípios Gerais de Direito Administrativo – Introdução*. 1. ed. Rio de Janeiro: Livraria Forense, 1969. v. 1.

BARROS, IVAN. *Pontes de Miranda, o jurisconsulto*. Maceió: Gráfica Valci Editora Ltda, 1981.

BBC BRASIL. *Quem foi Kurt Godel, o matemático comparado a Aristóteles que fazia caminhadas com Einstein*. 2018. Disponível em: https://www.bbc.com/portuguese/geral-43618903. Acesso em 09 fev. 2020.

BINENBOJM, Gustavo. *Uma teoria do direito administrativo*: direitos fundamentais, democracia e constitucionalização. São Paulo: Renovar, 2006.

BINENBOJM, Gustavo. *Uma teoria do direito administrativo*: direitos fundamentais, democracia e constitucionalização. 3. ed. Rio de Janeiro: Renovar, 2014.

BRANDÃO CAVALCANTI, Themístocles. *Teoria dos Atos Administrativos*. São Paulo: Editora Revista dos Tribunais, 1973.

BROSSARD, Paulo. Pontes de Miranda, homenagem do Senado Federal. Discurso proferido em 17 de abril de 1980. *Revista de Informação Legislativa*, Brasília, ano 17, n. 65, p. 27, jan./mar. 1980.

CABRAL, Antônio do Passo. *Alguns mitos do processo (III)*: a disputa entre Pontes de Miranda e Haroldo Valladão em concurso para professor catedrático na Universidade do Rio de Janeiro entre 1936 e 1940. Disponível em: http://www.verbojuridico.com.br/

blog/wp-content/uploads/2016/05/Alguns_mitos_do_processo_III_a_disputa_e.pdf. Acesso em 08 jan. 2020.

CARVALHO, Fábio Lins de Lessa Carvalho. *Graciliano Ramos e a administração pública. Comentários a seus relatórios de gestão* à luz do Direito Administrativo moderno. Belo Horizonte: Fórum, 2017.

CARVALHO, Fábio Lins de Lessa Carvalho. *O dia em que Marcos Bernardes de Mello conheceu Pontes de Miranda*. Elaborado a partir de entrevista realizada com o professor Marcos Bernardes de Mello, em 2018. Disponível em https://culturaeviagem.wordpress. com/2019/05/24/o-dia-em-que-marcos-bernardes-de-mello-conheceu-pontes-de-miranda/. Acesso em 17. nov. 2019.

CARVALHO FILHO, José dos Santos. *Manual de Direito Administrativo*. São Paulo: Atlas, 2015.

CARVALHO, Raquel Melo Urbano de. *Curso de Direito Administrativo*. Salvador: Jus Podivm, 2008.

CASSESE, Sabino. *Derecho Administrativo*: historia y futuro. Madrid: INAP, 2014.

COSTA, Adriano Soares da. Ciclo de Estudos Pontesianos. *Pontesianas 1*: atos jurídicos processuais e negócios jurídicos processuais (I). 2016. Disponível em: https://www.linkedin.com/pulse/pontesianas-1-atos-jur%C3%ADdicos-processuais-e-neg%C3%B3cios-i-adriano?trk=related_artice_Pontesianas%201%3A%20Atos%20jur%C3%ADdicos%20processuais%20e%20Neg%C3%B3cios%20jur%C3%ADdicos%20processuais%20(I)_article-card_title. Acesso em 20 set. 2019.

COUTOE E SILVA, Almiro Régis. A responsabilidade extracontratual do Estado no Direito Brasileiro. *Revista de Direito Administrativo*, Rio de Janeiro, n. 202, p. 19-41, out./dez. 1995.

COUTO E SILVA, Almiro. Atos jurídicos de Direito Administrativo praticados por particulares e direitos formativos. *Revista de Direito Administrativo*, Rio de Janeiro, n. 95, p. 19-39, jan./mar. 1969.

CRETELLA JÚNIOR, José. *Direito Administrativo no Brasil, Poder de Polícia*. São Paulo: Revista dos Tribunais, 1961. v. IV.

CUNHA JÚNIOR, Dirley da. *Curso de Direito Administrativo*. 5. ed. Salvador: Jus Podium, 2007.

DIDIER, Fredie; NOGUEIRA, Pedro Henrique Pedrosa; GOUVEIA FILHO, Roberto P. (Coords.). *Pontes de Miranda e o Direito Processual*. Salvador: Jus Podium, 2013.

DINIZ, Gustavo Saad. *As contribuições de Pontes de Miranda para o direito comercial*. Lex Magister. Disponível em: https://www.lex.com.br/doutrina_27571925_AS_CONTRIBUICOES_DE_PONTES_DE_MIRANDA_PARA_O_DIREITO_COMERCIAL. aspx. Acesso em 09 set. 2019.

DI PIETRO, Maria Sylvia Zannela. *Direito Administrativo*. São Paulo: Atlas, 2011.

DI PIETRO, Maria Sylvia Zannela. Existe um novo Direito Administrativo? *In*: DI PIETRO, Maria Sylvia Zannela; RIBEIRO, Carlos Vinícius Alves (Coords). *Supremacia do interesse público e outros temas relevantes do Direito Administrativo*. São Paulo: Atlas, 2010.

FAGUNDES, Miguel Seabra. *O controle dos atos administrativos pelo Poder Judiciário*. 3. ed. Rio de Janeiro: Forense, 1957.

FERREIRA, Pinto. Pontes de Miranda. *Revista de Informação Legislativa*, Brasília, a. 18, n. 69, p. 203, jan./mar. 1981.

FIGUEIREDO, Lúcia Valle. *Curso de Direito Administrativo*. 5. ed. São Paulo: Malheiros, 2001.

FLORIANO, Raul. O adeus a Pontes de Miranda. Conferência proferida na sessão solene da Academia Brasileira de Letras Jurídicas em homenagem a Pontes de Miranda, no dia 22 de janeiro de 1980. In: *Revista Legislativa*, Brasília, a. 11, n. 65, jan./mar. 1980.

FREITAS, Juarez. *Direito fundamental à boa administração pública*. 3. ed. São Paulo: Malheiros, 2007.

FREITAS, Juarez. *Sustentabilidade*: direito ao futuro. 4. ed. Belo Horizonte: Fórum, 2019.

GASPARINI, Diógenes. *Direito Administrativo*. 11. ed. Belo Horizonte: Saraiva, 2006.

HORTA, Pedroso. *Pontes de Miranda*. Discurso proferido em Brasília, Departamento de Imprensa Oficial, 1970.

INSTITUTO PONTES DE MIRANDA. *Biografia de Pontes de Miranda*. Disponível em: http://www.ipm.al.org.br/historico.htm. Acesso em 08 jan. 2020.

JUSTEN FILHO, Marçal. *Curso de Direito Administrativo*. São Paulo: Revista dos Tribunais, 2015.

KOSOVSKI, Ester. A última entrevista de Pontes de Miranda. *Jornal do Brasil*, 06 jan. 1980. Especial 3.

KRELL, Andreas J. *Discricionariedade administrativa e conceitos legais indeterminados*. Porto Alegre: Livraria do Advogado, 2013.

LIMA, Aloysio Cavalcante. Dinâmica da juridicização tributária na concepção ponteana. *Revista Jus Navigandi*, ISSN 1518-4862, Teresina, a. 8, n. 66, 2003. Disponível em: https://jus.com.br/artigos/4127. Acesso em 08 jan. 2020.

LIMA, Ruy Cirne de. *Princípios de Direito Administrativo*. 7. ed. São Paulo: Malheiros Editores, 2007.

MAIA, Fernando Joaquim Ferreira. A retórica de Pontes de Miranda e os direitos fundamentais na República Nova (1930-1945). *Revista Direitos e Garantias Fundamentais*, Vitória, v. 17, n. 1, p. 191-226, jan./jun. 2016.

MARINELA, Fernanda. *Direito Administrativo*. 2. ed. Salvador: Podivm, 2006.

MEDAUAR, Odete. *Direito Administrativo Moderno*. 14. ed. São Paulo: Revista dos Tribunais, 2010.

MEIRELLES, Hely Lopes. *Direito Administrativo Brasileiro*. 12. ed. São Paulo: RT, 1986.

MEIRELLES, Hely Lopes. *Direito Administrativo Brasileiro*. 32. ed. São Paulo: Malheiros, 2006.

MELLO, Marcos Bernardes. *A genialidade de Pontes de Miranda*. Rio de Janeiro: FGV, 2008.

MELLO, Marcos Bernardes. *Teoria do fato jurídico. Plano da existência*. 19. ed. São Paulo: Saraiva, 2013.

MELLO, Marcos Bernardes. *Teoria do Fato Jurídico. Plano da existência*. 21. ed. São Paulo: Saraiva, 2017.

MELLO, Marcos Bernardes. *Teoria do Fato Jurídico. Plano da existência.* 22. ed. São Paulo: Saraiva, 2019.

MELLO, Marcos Bernardes. *Teoria do Fato Jurídico. Plano da eficácia.* 11. ed. São Paulo: Saraiva, 2019.

MELLO, Marcos Bernardes. *Teoria do Fato Jurídico. Plano da validade.* 15. ed. São Paulo: Saraiva, 2019.

MIRAGEM, Bruno. *A nova Administração Pública e o Direito Administrativo.* São Paulo: Revista dos Tribunais, 2011.

MONTELLO, Josué. *Artigo Mestre Pontes de Miranda.* Rio de Janeiro: Diário da noite iluminada, Nova Fronteira, 1994.

MOREIRA NETO, Diogo de Figueiredo. *Curso de Direito Administrativo.* Rio de Janeiro: Forense, 2013.

MOURA, Bruno Emanuel Tavares de. *A incidência normativa*: análise das concepções de Pontes de Miranda e Paulo de Barros Carvalho sob o prisma de uma teoria pragmática da linguagem. Disponível em: http://www.publicadireito.com.br/artigos/?cod=291d43c696d8c370. Acesso em 09 jan. 2020.

OLIVEIRA, Mozar Costa de. Pontes de Miranda, Gênio e Sábio. *Revista da Faculdade de Direito de Caruaru (PE),* Direção de Pinto Ferreira, a. XXIII, n. 17, 1986.

OLIVEIRA, Mozar Costa de. *Pontes de Miranda, Gênio e Sábio.* 06 ago. 2009. Disponível em: http://mozarcostadeoliveira.blogspot.com/2009/08/pontes-de-miranda-genio-e-sabio.html. Acesso em 08 jan. 2020.

OLIVEIRA, Mozar Costa de. *Centenário do nascimento de Pontes de Miranda.* (Conferência proferida para o Órgão Especial do Egrégio Tribunal de Justiça de São Paulo e no Instituto dos Advogados de São Paulo). Ribeirão Preto: Associação Paulista dos Magistrados, 1994.

OLIVEIRA, Régis Fernandes de. *Ato administrativo.* 4. ed. São Paulo: Editora Revista dos Tribunais, 2001.

PACHECO, José da Silva. Discurso de Homenagem da Academia ao Centenário de Pontes de Miranda. *Revista da Academia Brasileira de Letras Jurídicas,* Rio de Janeiro, n. 3, 1992.

PAULO, José Ysnaldo Alves. *Os desbravadores do amanhã. Principais juristas históricos alagoanos.* São Paulo: Fonte Editorial, 2017.

PEREIRA, Caio Mário da Silva. No centenário de Pontes de Miranda. *Revista da Academia Brasileira de Letras Jurídicas,* Rio de Janeiro, n. 3, p. 101, 1992.

PINHEIRO NETO, Othoniel. O Direito das Gentes e a efetividade dos direitos fundamentais de acordo com a concepção de Pontes de Miranda. *Revista Jus Navigandi,* ISSN 1518-4862, Teresina, a. 17, n. 3216, 21 abr. 2012. Disponível em: https://jus.com.br/artigos/21559. Acesso em 9 jan. 2020.

PONTES DE MIRANDA, Francisco Cavalcanti. *A eficácia contenutística do Decreto nº 63.166, de 20.08.1968, relativo à dispensa de reconhecimento de firma em documentos para processos e atos administrativos.* Rio de Janeiro: Revista Trimestral da Divisão Jurídica do Instituto do Açúcar e do Álcool, 1969.

PONTES DE MIRANDA, Francisco Cavalcanti. *Comentários à Constituição da República dos Estados Unidos do Brasil.* Rio de Janeiro: Ed. Guanabara, 1936.

PONTES DE MIRANDA, Francisco Cavalcanti. *Comentários à Constituição de 1946*. Rio de Janeiro: Henrique Cahen, 1947.

PONTES DE MIRANDA, Francisco Cavalcanti. *Comentários à Constituição de 1946*. 3. ed. Rio de Janeiro: Borsoi, 1960.

PONTES DE MIRANDA, Francisco Cavalcanti. *Comentários à Constituição de 1946*. Rio de Janeiro: Borsoi, 1960.

PONTES DE MIRANDA, Francisco Cavalcanti. *Comentários à Constituição de 1967*. São Paulo: Editora Revista dos Tribunais, 1968.

PONTES DE MIRANDA, Francisco Cavalcanti. *Comentários à Constituição de 1967*. Rio de Janeiro: RT, 1970.

PONTES DE MIRANDA, Francisco Cavalcanti. *Comentários à Constituição de 1967*. Rio de Janeiro: Forense, 1987.

PONTES DE MIRANDA, Francisco Cavalcanti. *Comentários à Constituição de 1967*: com a EC nº 01, de 1969. São Paulo: Revista dos Tribunais, 1970.

PONTES DE MIRANDA, Francisco Cavalcanti. *Comentários à Constituição de 1967. Com a Emenda nº 1, de 1969*. 2. ed. São Paulo: RT, 1970.

PONTES DE MIRANDA, Francisco Cavalcanti. Decifrador do direito. *In*: ROMARIZ, Vera (Org.). Alagoas Emancipada: 200 anos de literatura. *Imprensa Oficial Graciliano Ramos*, coletânea publicada pela Academia Alagoana de Letras, Maceió, 2017.

PONTES DE MIRANDA, Francisco Cavalcanti. *Democracia, liberdade, igualdade*. Rio de Janeiro: José Olympio, 1945.

PONTES DE MIRANDA, Francisco Cavalcanti. *Dez anos de pareceres, dez volumes*. Rio de Janeiro: Editora Francisco Alves, 1974.

PONTES DE MIRANDA, Francisco Cavalcanti. *Dez anos de pareceres*. Rio de Janeiro: Livraria Francisco Alves, 1965. v. 3.

PONTES DE MIRANDA, Francisco Cavalcanti. *Dez anos de pareceres*. 1. ed. São Paulo: Editora Francisco Alves, 1974.

PONTES DE MIRANDA, Francisco Cavalcanti. *Dez anos de pareceres*. Rio de Janeiro: Francisco Alves, 1977.

PONTES DE MIRANDA, Francisco Cavalcanti. *Discurso de posse de Pontes de Miranda na Academia Brasileira de Letras (ABL)*. Proferido em 15 de maio de 1979. Disponível em: http://www.academia.org.br/academicos/pontes-de-miranda/discurso-de-posse. Acesso em 09 set. 2019.

PONTES DE MIRANDA, Francisco Cavalcanti. *História e Prática do Habeas Corpus*. 3. ed. Rio de Janeiro: José Konfino, 1955.

PONTES DE MIRANDA, Francisco Cavalcanti. *Os novos direitos do homem*. Rio de Janeiro: Alba, 1933.

PONTES DE MIRANDA, Francisco Cavalcanti. *Parecer sobre atividade de profissional de direito e contratos com entidade estatal*. Rio de Janeiro, 06 de julho de 1971. Disponível no arquivo do Memorial Pontes de Miranda, situado no TRT/19ª Região.

PONTES DE MIRANDA, Francisco Cavalcanti. *Parecer sobre* **áreas** *desapropriadas a favor de empresa siderúrgica, por utilidade pública e interesse social, e negócios jurídicos posteriores à aquisição com destinações específicas*. Rio de Janeiro, 21 de maio de 1973. Disponível no arquivo do Memorial Pontes de Miranda, situado no TRT/19ª Região.

PONTES DE MIRANDA, Francisco Cavalcanti. *Questões forenses*: direito constitucional, administrativo, penal, processual e privado. Rio de Janeiro: Borsoi, 1957.

PONTES DE MIRANDA, Francisco Cavalcanti. *Sabedoria dos instintos*. Rio de Janeiro: Ed. Garnier, 1929.

PONTES DE MIRANDA, Francisco Cavalcanti. *Sistema de ciência positiva do direito*. 2. ed. Rio de Janeiro: Borsoi, 1972.

PONTES DE MIRANDA, Francisco Cavalcanti. Sociedade de Economia Mista. *Revista de Direito Administrativo*, Rio de Janeiro: Fundação Getúlio Vargas, v. 29, 1952.

PONTES DE MIRANDA, Francisco Cavalcanti. *Tratado das ações*. 2. ed. São Paulo: RT, 1972.

PONTES DE MIRANDA, Francisco Cavalcanti. *Tratado de direito privado*. Rio de Janeiro: Borsoi, 1954.

PONTES DE MIRANDA, Francisco Cavalcanti. *Tratado de direito cambiário*. 2. ed. São Paulo: Max Limonad, 1954.

PONTES DE MIRANDA, Francisco Cavalcanti. *Tratado de direito privado*: parte especial. Direito das obrigações: obrigações e suas espécies. Fontes e espécies de obrigações. Rio de Janeiro: Borsoi, 1958.

PONTES DE MIRANDA, Francisco Cavalcanti. *Tratado de Direito Privado*. 3. ed. Rio de Janeiro: Borsoi, 1971.

PONTES DE MIRANDA, Francisco Cavalcanti. *Tratado de Direito Privado*. Rio de Janeiro: Borsoi, 1971. v. 3.

PONTES DE MIRANDA, Francisco Cavalcanti. *Tratado de Direito Privado*. 3. ed. Rio de Janeiro: Borsoi, 1972.

PONTES DE MIRANDA, Francisco Cavalcanti. *Tratado de Direito Privado*. 3. ed. Rio de Janeiro: Borsoi, 1973.

PONTES DE MIRANDA, Francisco Cavalcanti. *Tratado de Direito Privado*. São Paulo: Revista dos Tribunais, 1983.

PONTES DE MIRANDA, Francisco Cavalcanti. *Tratado de direito privado*. 3. ed. São Paulo: RT, 1984.

PONTES DE MIRANDA, Francisco Cavalcanti. *Tratado de Direito Privado*. 1. ed. Campinas: Bookseller, 2000.

PONTES DE MIRANDA, Francisco Cavalcanti. *Tratado de direito privado*. São Paulo: Editora Revista dos Tribunais, 2012. t. I, Prefácio, nº 10. Atualizado por MARTINS-COSTA, Judith; HAICAL, Gustavo; SILVA, Jorge Cesa Ferreira da.

PONTES DE MIRANDA, Francisco Cavalcanti. *Tratado de Direito Privado*. Rio de Janeiro: Borsoi, 1973.

RAMALHETE, Clovis. Pontes de Miranda, teórico do direito. *Revista de Informação Legislativa*, Brasília, a. 25, n. 97, p. 262-269, jan./mar. 1988.

REALE, Miguel. *Discurso de Recepção a Pontes de Miranda*. Academia Brasileira de Letras, 15 mai. 1979. Disponível em: http://www.academia.org.br/academicos/pontes-de-miranda/discurso-de-recepcao. Acesso em 11 set. 2019.

REZEK, Francisco. *Homenagem a Pontes de Miranda*. Discurso proferido pelo ex-ministro do STF Francisco Rezek. Recife: Seminário Internacional Brasil – Alemanha, 2010. Conselho da Justiça Federal, Centro de Estudos Judiciários; Coordenação científica Márcio Flávio Mafra Leal. Brasília: CJF, 2010. Disponível em: https://www2.cjf.jus.br/jspui/bitstream/handle/1234/44072/seriecadernoscej26brasil-alemanha.pdf?sequence=2. Acesso em 07 ago. 2019.

SALVADOR, Antônio Rafael Silva. *Homenagem ao maior dos gênios brasileiros*: Pontes de Miranda. São Paulo: Diário Oficial do Estado, 1992.

SANTOS, Antônio Wilker dos. A Teoria do fato jurídico de Pontes de Miranda em face do pragmatismo analítico de Wittgenstein. *Cadernos de Direito*, Piracicaba, v. 17(33), p. 187-210, jul./dez. 2017.

SANTOS, Sérgio Coutinho dos. *História das ideias políticas de Pontes de Miranda*. Maceió: Editora Cesmac, 2019.

SARMENTO, George. *Pontes de Miranda e a teoria dos direitos fundamentais*. Recife: Nova livraria, Revista do Mestrado em Direito da UFAL, 2005.

SEELAENDER, Airton Cerqueira-Leite. Juristas e ditaduras: uma leitura brasileira. *In*: FONSECA, Ricardo Marcelo; SEELAENDER, Airton Cerqueira-Leite (Orgs.). *História do Direito em Perspectiva. Do Antigo Regime* à *Modernidade*. Curitiba: Juruá Editora, 2009.

SILVA, José Adelmo da. O pensamento jurídico de Pontes de Miranda. *Revista Estudos Filosóficos*, UFSJ, São João Del Rei, p. 65-78, n. 14, 2015. Disponível em: http://www.ufsj.edu.br/revistaestudosfilosoficos. Acesso em 10 set. 2019.

SILVEIRA, Marcelo Pichioli da. *História e Prática do Habeas Corpus, de Francisco Cavalcanti Pontes de Miranda*. Artigo publicado em 25.05.2018 na coluna Resenha Forense, site emporiododireito.com.br. Disponível em: https://emporiododireito.com.br/leitura/historia-e-pratica-do-habeas-corpus-de-francisco-cavalcanti-pontes-de-miranda. Acesso em 19 jan. 2020.

STRECK, Lênio Luiz; MATOS, Daniel Ortiz. Um direito sem faticidade: uma (des)leitura da teoria do fato jurídico. *In: Revista Direito e Práxis*, Rio de Janeiro, v. 9, n. 01, jan./mar. 2018.

SUNDFELD, Carlos Ari. Princípio da publicidade administrativa (direito de certidão, vista e intimação). *Revista de Direito Administrativo*, Rio de Janeiro, n. 199, p. 97-110, jan./mar. 1995.

TAPAI, Marcelo de Andrade. *Exceção de pré-executividade*: uma construção doutrinária. Artigo publicado no Portal Boletim Jurídico – ISSN 1807-9008. Disponível em: https://www.boletimjuridico.com.br/doutrina/artigo/866/excecao-pre-executividade-construcao-doutrinaria. Acesso em 20 set. 2019.

TEIXEIRA, Paulo César; RITTNER, Daniel. Eleja o economista ou o jurista do século. *Revista Istoé*, edição de 11 ago. 1999. Disponível em: https://istoe.com.br/33045_ELEJA+O+ECONOMISTA+OU+O+JURISTA+DO+SECULO/. Acesso em 13 ago. 2019.

VASCONCELOS FILHO, Marcos. *Ao piar das corujas. Uma compreensão do pensamento de Pontes de Miranda*. Maceió: Edufal, 2006.

VASCONCELOS FILHO, Marcos. Pontes de Miranda (I): testemunhos e prismas. *Jornal das Alagoas*, p. 10, 27 set. 2019.

VIANNA, Luiz Weneck; CARVALHO, Maria Alice Rezende de; BURGOS, Marcelo Baumann. AMB – Associação dos Magistrados Brasileiros. *Quem somos. A magistratura que queremos*. Rio de Janeiro, 2018. Disponível em: https://www.amb.com.br/wp-content/uploads/2019/02/Pesquisa_completa.pdf. Acesso em 19 jan. 2020.

YOUTUBE. TV Justiça. *Tempo e História – Pontes de Miranda*. 15 mar. 2015. Disponível em: https://youtu.be/fmEy_gmSbvc. Acesso em 08 jan. 2020.

YOUTUBE. *Entrevista Pontes ao jornalista Otto Lara*. Disponível em: https://youtu.be/0IanYDsa6sw. Acesso em 08 fev. 2020.

ANEXOS

ANEXO I

RELAÇÃO DOS PARECERES DE PONTES DE MIRANDA SOBRE QUESTÕES DE DIREITO ADMINISTRATIVO

I - Na obra "Questões Forenses" (Direito constitucional, administrativo, penal, processual e privado)

TOMO I (1946/1947/1948)

Nº 1   Parecer sobre o art. 23 do Ato das Disposições Constitucionais Transitórias (*funcionários públicos interinos*) (15 de dezembro de 1946);

Nº 18   Parecer sobre *serviços públicos* e tarifas (17 de dezembro de 1947);

Nº 25   Parecer sobre *advogados e procuradores da Prefeitura do Distrito Federal* (art. 40 da Lei Orgânica, Constituição de 1946, art. 157, II e III) (07 de junho de 1948);

Nº 30   Parecer sobre a figura do *corregedor* (12 de julho de 1948);

Nº 34   Parecer sobre *direitos de funcionários públicos* (26 de julho de 1948);

Nº 42   Parecer sobre *médicos-chefes da Prefeitura do Distrito Federal* (30 de novembro de 1948);

Nº 45   Parecer sobre iniciativa exclusiva do Chefe do Poder Executivo sobre projeto de lei que trata sobre *aumento de vencimentos de funcionários públicos*;

Nº 49 Parecer sobre *vencimentos de militares inativos*;

Nº 51 Parecer sobre interinidade e *concurso para funcionário público*;

TOMO II (1949/1950/1951)

Nº 69 Parecer sobre a paraestatalidade ou não paraestatalidade do SESI e sobre ser, ou não, *"entidade autárquica"*, segundo conceito da Constituição de 1946, art. 77, II, 2ª parte (21 de janeiro de 1950);

Nº 70 Parecer sobre *vedação de advogar aos membros do Ministério Público* (14 de fevereiro de 1950);

Nº 73 Parecer sobre *aproveitamento de funcionários públicos aposentados* (15 de março de 1950);

Nº 74 Parecer sobre *responsabilidade* dos Interventores dos Estados-membros, nomeados de acordo com o art. 176 da Constituição de 1937, já no período iniciado a 18 de setembro de 1946 (30 de março de 1950);

Nº 85 Parecer sobre *segredos de segurança nacional* e Conselho Nacional de Pesquisas (25 de outubro de 1950);

Nº 86 Parecer sobre renovação da questão de idoneidade dos candidatos, após o julgamento da comissão de *concorrência*, e prova de propriedade de apólices da dívida pública (26 de outubro de 1950);

Nº 87 Parecer sobre deputado diplomado e *cargo de Diretor do Banco do Brasil* (Constituição de 1946, art. 48, I, b) (7 de novembro de 1950);

Nº 97 Parecer sobre *licença* para alto-falantes, isenção violadora do princípio da igualdade perante a lei e periodicidade das licenças (29 de maio de 1951);

N° 101   Parecer sobre *redução de vencimentos de funcionários públicos* (Constituição de 1946, arts. 95, III, 182, 189 e parágrafo único, 191, §§2º e 3º, 193, 141, §§1º e 3º) (6 de agosto de 1961);

N° 104   Parecer sobre *licença* prévia e mercadoria em peças quantitativa e qualitativamente verificadas, mas, em parte, montadas (25 de agosto de 1951);

TOMO III (1951/1952/1953)

N° 107   Parecer sobre *provimento de cargos* iniciais de juízes (04 de outubro de 1951);

N° 108   Parecer sobre *antiguidade* de juízes na Justiça do Trabalho (05 de outubro de 1951);

N° 109   Parecer sobre *vencimentos* de juízes aposentados e aumento de vencimentos 06 de outubro de 1951);

N° 117   Parecer sobre vigência do Decreto-Lei nº 3.813, de 10 de novembro de 1941, ilegalidade do art. 76 do Decreto nº 22.367, de 17 de dezembro de 1946, e da Portaria (do Ministério do Trabalho) nº 298, de 27 de dezembro de 1947, e *nulidade de autos de infração a que faltam a comunicação e enunciados dos fatos, indispensáveis* à *concepção da defesa* (04 de janeiro de 1952);

N° 122   Parecer sobre *graduação de militares*, com fundamento na Lei nº 1.338, de 30 de janeiro de 1951 (21 de junho de 1952);

N° 123   Parecer sobre legislação federal quanto a loterias e projeto de *concessão* pelo Distrito Federal (27 de junho de 1952);

N° 126   Parecer sobre *sociedade* anônima *de economia mista*, impenhorabilidade das ações, possibilidade de empréstimo com garantia real e credibilidade de ações pertencentes ao governo, se adquiridas a título de subscrição da parte do capital deixada a particulares (16 de julho de 1952);

Nº 132 Parecer sobre interpretação do art. 24[1] das Disposições Constitucionais Transitórias (1946) e *tutela jurídica dos professores* (20 de setembro de 1952);

Nº 141 Parecer sobre *princípio da isonomia e legitimação da mulher aos cargos públicos* (26 de janeiro de 1953);

Nº 146 Parecer sobre juízes, entrâncias e *promoção por antiguidade* (23 de abril de 1953);

Nº 147 Parecer sobre *nomeações* em virtude das leis do Município de São Paulo nº 3.841, de 10 de janeiro de 1950, nº 4.212, de 17 de março de 1952, e nº 4.307, de 10 de outubro de 1952, e *demissões* em virtude do Decreto nº 2.175, de 13 de abril de 1953 (19 de maio de 1953);

Nº 150 Parecer sobre *fiscalização da administração pública* nos Estados-membros e o art. 13 da Constituição do Estado de Alagoas (24 de junho de 1953);

Nº 151 Parecer sobre *desapropriação* e abrangência do direito à locação e ao fundo de comércio (25 de junho de 1953);

Nº 155 Parecer sobre *disponibilidade* e art. 24 do Atos das Disposições Constitucionais Transitórias, sobrevindo exercício de cargo eletivo (11 de julho de 1953);

Nº 156 Parecer sobre nova lei após abertura e provas em *concurso* (11 de julho de 1953);

TOMO IV (1953/1954/1955/1956/1957)

Nº 159 Parecer sobre regra jurídica especial, estadual, quanto à *aposentadoria de funcionários públicos do sexo feminino e princípio da isonomia* (17 de agosto de 1953);

---

[1] Constituição de 1946: "Art. 24 – Os funcionários que, conforme a legislação então vigente, acumulavam funções de magistério, técnicas ou científicas e que, pela desacumulação ordenada pela Carta de 10 de novembro de 1937 e Decreto-Lei nº 24 de 1º de dezembro do mesmo ano, perderam cargo efetivo, são nele considerados em disponibilidade remunerada até que sejam reaproveitados, sem direito aos vencimentos anteriores à data da promulgação deste Ato".

RELAÇÃO DOS PARECERES DE PONTES DE MIRANDA SOBRE QUESTÕES DE DIREITO ADMINISTRATIVO

Nº 162 Parecer sobre *responsabilização do prefeito* e perda do mandato (27 de agosto de 1953);

Nº 163 Parecer sobre competição em *concurso* com dois ou mais trabalhos (17 de setembro de 1953);

Nº 169 Parecer sobre *desapropriação* por preço injusto, com violação do art. 141, §16, 1ª parte, in fine, e recurso extraordinário (12 de janeiro de 1954);

Nº 189 Parecer sobre homologação de *concurso* e interposição de *recursos* (04 de abril de 1955);

Nº 190 Parecer sobre eficácia de *concurso* realizado durante segurança liminar, que ordenou suspensão (04 de abril de 1955);

Nº 191 Parecer sobre representação teatral e execução musical de audição não-retribuída e *ingerência da autoridade pública* nos clubes e sociedades ou associações (31 de março de 1955);

Nº 193 Parecer sobre *pressupostos para classificação em concurso* e dispensa legal de provas (02 de julho de 1955);

Nº 195 Parecer sobre *bens reversíveis e bens irreversíveis* das empresas *concessionárias de serviços públicos* (26 de agosto de 1955);

Nº 199 Parecer sobre *aquisição de bens dominicais* e interpretação do art. 77, III, e do art. 77, §1º,[2] da Constituição de 1946 (05 de novembro de 1955);

Nº 201 Parecer sobre *classificação periódica de candidatos e vagas no funcionalismo público* (20 de março de 1956);

---

[2] Constituição de 1946: "Art. 77 – Compete ao Tribunal de Contas: (...) III – julgar da legalidade dos contratos e das aposentadorias, reformas e pensões. §1º – Os contratos que, por qualquer modo, interessarem à receita ou à despesa só se reputarão perfeitos depois de registrados pelo Tribunal de Contas. A recusa do registro suspenderá a execução do contrato até que se pronuncie o Congresso Nacional".

Nº 203   Parecer sobre *monopólio estatal* e exploração de produtos petroquímicos (Constituição de 1946, art. 146, e Lei nº 2.004, de 03 de setembro de 1953) (30 de abril de 1956);

Nº 204   Parecer sobre lista de *merecimento para promoção de juízes de direito* a desembargadores do Tribunal de Justiça do Paraná (09 de maio de 1956);

Nº 206   Parecer sobre competência legislativa em matéria de *fixação e de revisão de tarifas de transportes* (31 de maio de 1956);

Nº 209   Parecer sobre o *Tribunal de Contas dos Municípios* e o Município da cidade de Salvador (Estado da Bahia) (14 de agosto de 1956);

TOMO V

Nº 226   Parecer sobre *proventos dos funcionários públicos civis federais* e incidência das Leis nº 2.622, de 18 de outubro de 1955, arts. 1º e 2º, e nº 2.745, de 12 de março de 1956, art. 12;

Nº 237   Parecer sobre *atos inexistentes* de falsa autoridade e consequências perante as leis;

Nº 238   Parecer sobre a Lei nº 1.711, de 28 de outubro de 1952 (*Estatuto dos Funcionários Públicos Civis da União*), art. 261, a respeito dos ex-combatentes que foram admitidos, após a promulgação da lei, nos serviços públicos federais, estaduais ou municipais, ou das autarquias, e os arts. 186 e 188[3] da Constituição de 1946;

---

[3] Constituição de 1946: "Art. 186 – A primeira investidura em cargo de carreira e em outros que a lei determinar efetuar-se-á mediante concurso, precedendo inspeção de saúde.
Art. 187 – São vitalícios somente os magistrados, os Ministros do Tribunal de Contas, titulares de Ofício de Justiça e os professores catedráticos.
Art. 188 – São estáveis:
I – depois de dois anos de exercício, os funcionários efetivos nomeados por concurso;
II – depois de cinco anos de exercício, os funcionários efetivos nomeados sem concurso.
Parágrafo único – O disposto neste artigo não se aplica aos cargos de confiança nem aos que a Lei Declare de livre nomeação e demissão".

Nº 241	Parecer sobre cobrança de contas de nome em negrito, inserções e publicidade, integradas em contas de telefone, e *desligação por inadimplemento;*
Nº 249	Parecer sobre *acordos interestatais* sobre resgastes de títulos e providências administrativas para execução e sobre *arbitragem interestatal;*
Nº 250	Parecer sobre oferta de *alteração de contrato de direito administrativo,* aprovada pelo poder legislativo, com falta de instrumentação para fins de registro, e início de eficácia da alteração;

TOMO VI (1958/1959/1960)

Nº 254	Parecer sobre *julgamento de legalidade* (Constituição de 1946, art. 77, III) e registro (art. 77, §1º) de contratos da União (29 de novembro de 1958);
Nº 256	Parecer sobre *promoção de funcionário público* que é deputado federal ou senador (02 de fevereiro de 1959);
Nº 261	Parecer sobre *estabilidade* de Secretário de Junta Comercial (15 de maio de 1959);
Nº 266	Parecer sobre substituição de cláusula de título de autorização por artigo de lei e sobre *poderes de fiscalização e intervenção* do Conselho Nacional do Petróleo (11 de junho de 1959);
Nº 267	Parecer sobre vício de projeto e *irresponsabilidade* da empresa empreiteira por efeito de *concorrência pública* (15 de julho de 1959);
Nº 276	Parecer sobre serem contrárias à Constituição de 1946 as leis municipais que estabelecem *monopólio estatal* ou particular (serviço funerário de São Paulo) (20 de agosto de 1959;

Nº 278 Parecer sobre *convênios* entre a União e os Municípios, denunciabilidade e atos da legislatura e do poder executivo municipais após a denúncia (28 de setembro de 1959);

Nº 290 Parecer sobre *encampação de empresa de energia elétrica* e infração de regras jurídicas constitucionais (21 de abril de 1960);

TOMO VII (1960/1961)

Nº 293 Parecer sobre Universidades e Faculdades como instituições de direito privado e como *fundações de direito público* (12 de agosto de 1960);

Nº 296 Parecer sobre férias, distribuição, órgãos e representantes do Estado-membro, *concessão de serviços ao público,* alienação de bens reversíveis sem consentimento do governo, sequestro e prosseguimento das atividades da empresa (17 de outubro de 1960);

Nº 297 Parecer sobre *vantagens conferidas aos funcionários públicos* a mais do que lhes atribui a Constituição de 1946, e *provimento do cargo* que foi em lugar de pessoa ilegalmente afastada (21 de dezembro de 1960);

Nº 300 Parecer sobre não ser infringente da Constituição de 1946 a Lei do Estado do Rio Grande do Norte que criou o *Tribunal de Contas* e sobre *ilegalidade e inconstitucionalidade de atos do poder executivo estadual* (18 de fevereiro de 1961);

Nº 305 Parecer sobre *percentagem devida aos coletores, recebedorias federais e repartições de contabilização junto a esses* **órgãos** (Lei nº 3.756, de 04 de maio de 1960, art. 8º e §§1º, 2º, 3º e 4º) e sobre o art. 9º da Lei nº 3.756 e o Decreto nº 48.656, de 02 de agosto de 1960 (24 de março de 1961);

Nº 308 Parecer sobre *tombamento* e avaliação, em ação de *encampação,* dos bens de empresa concessionária (Companhia Energia Elétrica Rio-Grandense) e fixação de indenização justa e prévia (Constituição de 1946, art. 141, §16, 1ª parte) (08 de junho de 1961);

Nº 317 Parecer sobre lei ofensiva do direito de propriedade ou dos patrimônios privados, por *extinção de concessões ou permissões, estatizações, paraestatizações ou socializações* (27 de junho de 1961);

TOMO VIII (1960/1961/1962/1963)

Nº 333 Parecer sobre *composição do Tribunal de Contas e responsabilidade dos seus membros* (21 de abril de 1962);

Nº 355 Parecer sobre o Decreto-Lei nº 4.371, de 10 de junho de 1942, art. 1ª e o direito a *gratificação* que tem o Consultor Médico da Previdência Social (Lei nº 1.711, de 28 de outubro de 1952, art. 145, VII) (19 de dezembro de 1962);

II – Na obra "Dez anos de pareceres"

VOLUME 1 (1963)

Nº 1   Parecer sobre *reserva remunerada* da marinha e *exercício de cargo* em serviço federal ou estadual ou municipal (18 de fevereiro de 1963);

Nº 5   Parecer sobre a Resolução nº 8, de 1959 (Câmara Municipal de São Paulo), que criou cargos e aumentou despesas com os *cargos públicos*, sem que fosse suficiente a dotação orçamentária, e repercussão do fato da insuficiência financeira na dívida e no pagamento aos funcionários públicos contemplados (20 de março de 1963);

Nº 11   Parecer sobre *imissão provisória na posse*, em caso de *desapropriação*, não provada a necessidade pública, ou a utilidade pública, ou o interesse social, e sem avaliação da indenização justa, que fosse depositada, não sendo caso de incidência do art. 15, parágrafo 1, a), do Decreto-Lei nº 3.365, de 21 de junho de 1941 (Lei nº 2.786, de 21 de maio de 1956, art. 22 (1 de junho de 1963);

Nº 16   Parecer sobre *desapropriação* de ações das companhias e inovação da Lei nº 2.004, de 3 de outubro de 1953, arts. 1º, 11 e 46, e do Decreto-Lei nº 2.627, de 26 de outubro de 1940, art. 107, parágrafo 1º (14 de agosto de 1963);

Nº 18   Parecer sobre *equiparação de vencimentos* nas carreiras de médicos, engenheiros, dentistas e advogados e inconstitucionalidade de *rebaixamento de vencimentos* (28 de agosto de 1963);

Nº 19   Parecer sobre pontos do Projeto nº 712, de 1963, que cria a *Sociedade de Economia Mista* de Serviços Aéreos do Brasil S.A. (Aerobrás) e de outras providências (5 de setembro de 1963);

Nº 21   Parecer sobre *enquadramento de servidores* contratados estabelecido em lei, e o respeito das regras jurídicas pelo conselho de administração da *autarquia* (16 de setembro de 1963);

N° 28 Parecer sobre *monopólio estatal* e contratos de importação de petróleo feitos pelas empresas nacionais, antes do ato de monopolização (28 de dezembro de 1963);

VOLUME 2 (1964)

N° 30 Parecer sobre a lei ordinária que estabelece *estabilidade de funcionários públicos* interinos (Lei Estadual de São Paulo nº 7.493, de 27 de novembro de 1962, art. 3) e compatibilidade com o art. 168, VI, da Constituição de 1964, apostila de título e ato contrário do poder executivo, ações e remédios constitucionais adequados (13 de janeiro de 1964);

N° 32 Parecer sobre a *existência e validade de ato administrativo*, ratificação de averbação, distinção entre minas e jazidas, decreto do poder executivo concernentes à classificação "in concreto" e inadmissibilidade de revogação, situação decorrente do art. 143 da Constituição de 1937 e do art. 21 do ato das disposições transitórias da Constituição de 1946 (30 de janeiro de 1964);

N° 39 Parecer sobre *concorrência pública*, contrato de empreitada e princípios que regem os figurantes do contrato (27 de julho de 1964);

N° 40 Parecer sobre cláusula de preferência inserta em edital de *concorrência pública* e sobre sua validade no direito brasileiro (3 de agosto de 1964);

N° 42 Parecer sobre classificação de *procuradores de autarquia*, "*in casu*" da Novacap, e imodificabilidade da classificação (4 de setembro de 1964);

N° 43 Parecer sobre *efetivação* "ex lege" e *estabilidade* "ex lege" de procuradores da república nomeados interinamente (10 de setembro de 1964);

N° 44 Parecer sobre inderdito proibitório em caso de perigo resultante do fechamento de comportas, com inundação de terras vizinhas, em propriedade e posse alheias, suscetíveis de *desapropriação* não pedida (5 de outubro de 1964);

Nº 45 Parecer sobre lei estadual que regula *indenização pela mora e correção monetária no tocante a dívidas ativas de Estado-membro* (revalorização das dívidas em moeda) (3 de novembro de 1964);

Nº 47 Parecer sobre regra jurídica de *regulamento*, de conteúdo próprio de lei e estranho à Lei Regulamentada (Decreto nº 4.257, de 16 de junho de 1939, art. 39), sobre Lei Delegada que exerce os poderes delegados (Lei Delegada nº 4, de 26 de setembro de 1962, arts. 11, f) e 12) e sobre Decreto nº 52.916, de 22 de novembro de 1964, arts. 31-37 e 3º (2 de dezembro de 1964);

Nº 49 Parecer sobre decreto de *desapropriação*, ameaça de ofensa e ofensa do direito de propriedade e prazo para a propositura de ação de mandado de segurança (30 de dezembro de 1964);

VOLUME 3 (1965)

Nº 56 Parecer sobre *inamovibilidade* de professores e catedráticos militares (25 de fevereiro de 1965);

Nº 57 Parecer sobre eleição da mesa da assembleia legislativa do Estado da Guanabara e observância do art. 134, 2ª parte, da Constituição de 1946, da Constituição Estadual, art. 4º, e do *Regimento Interno* da Assembleia Legislativa, art. 23 (15 de março de 1965);

Nº 58 Parecer sobre *decisão administrativa* denegatória de patente contra as regras jurídicas da Convenção de Paris, revista em Bruxelas, em Washington e no Haia, da Constituição de 1946, art. 141, parágrafo 17, e do Decreto-Lei nº 7.903, de 27 de agosto de 1945, arts. 7º, parágrafo 1º, b), e 8º, parágrafo único (30 de março de 1965);

Nº 67 Parecer sobre *enquadramento de funcionários e decreto regulamentar* que, no enquadrar, se afastou da Lei nº 3.740, de 28 de novembro de 1958, art. 109 e parágrafo único da Lei nº 37.780, de 12 de julho de 1960, art. 21 e parágrafo 1º, e sobre cabimento de ação de mandado de segurança (7 de julho de 1965);

Nº 71 Parecer sobre *irredutibilidade de vencimentos* de servidores da justiça, transformação do critério de remuneração, pagamento em custas, indicação de escreventes, transferência e permuta de cartórios (27 de julho de 1965);

Nº 78 Parecer sobre acordo administrativo sobre trabalho em *empresa concessionária*, adesão pela empresa e meios jurídicos para pré-excluir-lhe a aplicação das cláusulas (8 de outubro de 1965);

Nº 79 Parecer sobre *desapropriação* de bois gordos, exigência da "prévia e justa indenização em dinheiro" (Constituição de 1946, art. 141, parágrafo 16, 1ª parte), em caso de desapropriação, prevista na Lei Delegada nº 4, de 26 de setembro de 1962, imissão provisional de posse e fixação do valor justo dos bens desapropriados (12 de outubro de 1965);

Nº 80 Parecer sobre a *natureza do cargo* de professor do magistério militar e as limitações constitucionais (Constituição de 1946, arts. 182, parágrafo 5º, e 185) (19 de outubro de 1965);

Nº 84 Parecer sobre a) *correção monetária e juros moratórios de dívida por desapropriação*, de bem imóvel, ainda não totalmente solvida, b) e juízo competente para correção monetária e cálculo de juros moratórios (9 de dezembro de 1965);

VOLUME 4 (1966)
Nº 85 Parecer sobre *inquéritos administrativos* para apuração de fatos ligados a pedidos de decretação de abertura de falência e publicação nociva e exorbitante por parte de um dos membros da comissão que não funcionou regularmente (2 de fevereiro de 1966);

Nº 87　　Parecer sobre *nulidade de decreto de declaração de expropriação* e de imissão provisória de posse, conteúdo do acórdão do Supremo Tribunal Federal, a 24 de junho de 1965, falta do requisito de utilidade pública e correção monetária (15 de março de 1966);

Nº 89　　Parecer sobre invocação do art. 141, §4º, da Constituição de 1946, a propósito de ato de *suspensão das linhas de transporte de navegação aérea*, decretação de abertura de falência, que em tal ato de se baseia, direito e pretensão dos acionistas à defesa do patrimônio social e direito e pretensão a que se lhe defira a concordata suspensiva (11 de maio de 1966);

Nº 98　　Parecer sobre embargos de nulidade e infringentes do julgado contra decisão do Tribunal de Justiça, por ter afirmado ser *pessoa jurídica de direito privado* o IPASEAL e não haver utilidade pública que justificasse a *desapropriação do imóvel* (25 de agosto de 1966);

VOLUME 5 (1967)

Nº 105　Parecer sobre *caducidade de cláusula de concessão*, em virtude de inadimplemento e mora da empresa e impetração de mandado de segurança (9 de janeiro de 1967);

Nº 108　Parecer sobre remédio jurídico a entidade estatal que propusera ação de *desapropriação*, ilegalmente e violentamente, e acabara de perdê-la, com eficácia de coisa julgada de sentença proferida em mandado de segurança (25 de janeiro de 1967);

Nº 111　Parecer sobre prestação fixa de horas de trabalho em *cargos* da mesma Universidade e sanções possíveis (13 de março de 1967);

Nº 112　Parecer sobre *incorporação de bens e de pessoal de estabelecimento municipal*, pela União, e sobre os direitos do professor catedrático que era incluso no pessoal (31 de março de 1967);

ANEXO I
RELAÇÃO DOS PARECERES DE PONTES DE MIRANDA SOBRE QUESTÕES DE DIREITO ADMINISTRATIVO | 183

Nº 119   Parecer sobre pessoa jurídica organizada no Brasil, *cassação de concessão, desapropriação de ações e intervenção da União* (8 de maio de 1967);

Nº 120   Parecer sobre *concessão de serviço público*, com exclusividade, permissão precária a outra empresa e expansão dos serviços daquela, com afastamento eventual dos serviços dessa, de conformidade com lei municipal (10 de maio de 1967);

Nº 126   Parecer sobre *exercício cumulativo e remunerado* de vereador com função pública (federal, estadual ou municipal), em municípios com população superior a cem mil habitantes, e duração de cargos eletivos municipais, eleitos ao tempo da Constituição de 1946, diante da Constituição (15 de junho de 1967);

Nº 130   Parecer sobre *fiscalização e prestação de contas do Conselho Federal e dos Conselhos Regionais de representantes comerciais* e qual a lei que rege as relações jurídicas entre os empregados e o Conselho Federal e os Conselhos Regionais dos representantes comerciais (4 de julho de 1967);

Nº 133   Parecer sobre projeto de lei ofensivo do direito de propriedade ou dos patrimônios privados, por *extinção de concessões ou permissões*, ou mediante estatizações, paraestatizações ou socializações (7 de agosto de 1967);

Nº 135   Parecer sobre *concorrência* a respeito de serviço lícito e inatingibilidade da vinculação unilateral após a abertura da concorrência (5 de setembro de 1967);

Nº 142   Parecer sobre *aposentadoria de quem serviu em zona de guerra, com promoção para o cargo de categoria superior* (22 de dezembro de 1967);

Nº 143   Parecer sobre ação de *desapropriação*, que foi julgada improcedente, por inconstitucionalidade dos atos dos Estados-membros, que declarou a utilidade pública e tomou a posse dos proprietários do edifício, e ação de indenização contra o Estado-membro que causou os danos (31 de dezembro de 1967);

VOLUME 6 (1968)[4]

Nº 147   Parecer sobre exigência constitucional de polícias militares dos Estados-membros, dos Territórios e do Distrito Federal, sobre *distinção entre polícia militar e polícia fardada e armada não-militar e sobre delegabilidade e indelegabilidade* estadual, territorial ou distrital;

Nº 161   Parecer sobre direito à *promoção* à classe imediata, por *antiguidade*, a partir da *reforma administrativa* do Ministério das Relações Exteriores, em 1961;

Nº 163   Parecer sobre ilicitude e indenização pela entidade estatal que contra direito propôs as ações de *desapropriação* e perdeu;

Nº 164   Parecer sobre incidência de lei intercalar à data do edital de abertura de *concorrência* e à assinatura do contrato e princípios de direito intertemporal;

Nº 167   Parecer sobre a eficácia contenutística do Decreto nº 63.166, de 26 de agosto de 1968, relativo à *dispensa de reconhecimento de firma em documentos para processos e atos administrativos;*

VOLUME 7 (1969)

Nº 181   Parecer sobre *readmissão em cargo público* e deferimento pelo conselho da magistratura (25 de março de 1969);

Nº 190   Parecer sobre *perda automática de cargo* de ministro do Tribunal de Contas por infração dos arts. 73, §3º, e 109, III, da Constituição de 1967 (27 de junho de 1969);

Nº 197   Parecer sobre ilegalidade de *atribuição* à *União da propriedade dos bens* que nunca foram seus e violação de coisa julgada (1º de dezembro de 1969);

---

[4] No sumário deste volume, não houve a indicação das datas de emissão dos pareceres.

VOLUME 8 (1970)

Nº 216 Parecer sobre e validade da inserção perante do Direito Constitucional (Constituição *cláusula contratual sobre pedágio* de 1967, com a Emenda nº 1, de 17 de outubro de 1969) (29 de setembro de 1970);

Nº 217 Parecer sobre limitação inconstitucional ao conteúdo do direito de propriedade e *desapropriação* ilegal e inconstitucional (11 de outubro de 1970);

VOLUME 9 (1971)

Nº 227 Parecer sobre *idade máxima* para advogado ser posto em lista tríplice para *desembargador* (29 de março de 1971);

Nº 235 Parecer sobre as *situações jurídicas dos funcionários públicos* eleitos vereadores, se gratuito ou remunerado o cargo eletivo (21 de junho de 1971);

Nº 236 Parecer sobre atividade profissional de direito e *contratos com entidade estatal* (6 de julho de 1971);

Nº 241 Parecer sobre a Lei nº 7.085, de 12 de dezembro de 1967, o *contrato de concessão e os contratos de cessão e de uso* do Parque Anhembi (25 de outubro de 1971);

Nº 242 Parecer sobre situação jurídica de cursos criados por Universidade, de acordo com os *estatutos* aprovados pelo governo do Estado do Paraná, para serem atendidos até que ocorra o *reconhecimento* da Universidade pelo órgão federal competente (1º de novembro de 1971);

Nº 243 Parecer sobre *desapropriação* de propriedade rural, após a Constituição de 1967, antes e após a Emenda Constitucional nº 1, e finalidade de loteamentos, para revenda ou doação, sem satisfação dos pressupostos constitucionais e legais (24 de novembro de 1971);

VOLUME 10 (1972/1973)

Nº 253 Parecer sobre *equiparação ou vinculação* inconstitucional, para *remuneração de funcionário público*, transação em ação movida contra Estado-membro e ineficácia de atos governamentais (22 de março de 1972);

Nº 254 Parecer sobre o princípio da bienalidade de *cargos de mesa de Poder Legislativo* e de irrelegibilidade, no tocante a deputados e a senadores, a deputados estaduais e a vereadores (31 de março de 1972);

Nº 257 Parecer sobre *aposentadoria compulsória* e decisões sobre proventos (14 de agosto de 1972);

Nº 262 Parecer sobre competência dos Tribunais de Justiça dos Estados-membros para a *divisão e organização da justiça* e prazo de cinco anos para alterações, afastada qualquer exceção (2 de janeiro de 1973);

Nº 269 Parecer sobre *contrato, com cláusulas uniformes, que se faz com entidade estatal, paraestatal, ou de economia mista, ou concessionária de serviço público*, se o contraente é deputado ou senador, ou deputado estadual ou vereador (4 de maio de 1973);

Nº 271 Parecer sobre **áreas** desapropriadas a favor de empresa siderúrgica, por utilidade pública e interesse social, e negócios jurídicos posteriores à aquisição com destinações específicas (21 de maio de 1973);

Nº 277 Parecer sobre *negócio jurídico entre pessoa jurídica de direito privado, com sede no exterior, e o Governo Federal*, e cláusulas que dele há de constar ou devem constar (5 de setembro de 1973).

ANEXO II

CRONOLOGIA SOBRE PONTES DE MIRANDA

1892 Em 23 de abril, nasce em Alagoas, filho de Rosa Cavalcanti Pontes de Miranda e de Manuel Pontes de Miranda. Apesar de ter sido registrado em Maceió (onde passa a infância e a adolescência, residindo no bairro do Mutange), nasce na cidade alagoana de São Luís do Quitunde (Engenho Frecheiras). De seu pai e avô paterno Joaquim, que eram professores de matemática, herda a paixão pelas ciências exatas;

1907 Com apenas catorze anos, após ser convencido por sua tia Francisca a abandonar a ideia de estudar Matemática e Física em Oxford, deixa Maceió para ingressar na Faculdade de Direito de Recife;

1911 Em 11 de dezembro, com apenas dezenove anos, conclui o curso de Direito em Recife;

1912 Após retornar a Maceió, onde recebe o convite para ser Diretor do Banco Mercantil, resolve se mudar definitivamente para o Rio de Janeiro, onde começa sua vida profissional, escrevendo artigos para jornais e ensinando latim e grego. Também neste ano, abre escritório de advocacia (onde atua entre 1912-1924), tendo atuado, ainda, por um curto período, como Delegado de Polícia na Ilha do Governador;

1912	Publica seu primeiro livro, "À margem do direito", que concluíra ainda durante o curso de Direito;
1914	Em 10 de outubro, casa-se com Maria Beatriz Cavalcanti de Albuquerque. O casal tem quatro filhas: Maria da Penna, Marialzira, Rosa Beatriz e Maria Beatriz;
1914	Começa a escrever o "Tratado de Direito Privado", que só concluiria em 1970. Trata-se da maior obra jurídica escrita por uma só pessoa (60 tomos);
1916	Publica a obra "História e prática do habeas corpus";
1920	A partir deste ano, passa a publicar diversos artigos em revistas científicas da Alemanha, Espanha, Holanda, Grécia, Itália, Chile, França e Mônaco;
1921	Vence o Prêmio da Academia Brasileira de Letras por "A Sabedoria dos Instintos";
1922	Publica a obra "Sistema de ciência positiva do Direito", com quatro tomos;
1923	Representa o Brasil na Conferência Interamericana em Santigo do Chile;
1924	Passa a exercer funções na magistratura, onde atua como Juiz de Órfãos, Juiz de Testamentos e, a partir de 1936, como Desembargador do Tribunal de Apelações do Distrito Federal. Permanece na magistratura até 1939;
1925	Discute a teoria da relatividade com Albert Einstein durante a passagem do cientista pelo Rio de Janeiro e tem sua tese sobre a representação do espaço aprovada e publicada nos anais do V Congresso Internacional de Filosofia, em Nápoles;
1925	Vence a Láurea de Erudição da Academia Brasileira de Letras por "Introdução à Sociologia Geral";

1927	Adquire a casa nº 1.356 da Rua Prudente de Morais, no bairro de Ipanema, onde passa a residir por mais de meio século. Na referida residência, recebe juristas, estudantes e clientes de todo o país e produz suas obras e pareceres. Em 2003, o município do Rio de Janeiro determinou o tombamento da referida casa;
1930	Ministra aulas sobre a codificação do Direito das Gentes no Max Planck Institut (então *Kaiser Wilhelm Institut*) em Berlim, na Alemanha;
1932	Dá conferências de Direito Internacional Privado na *Académie de la Haye* (em Haia, na Holanda);
1933	Publica as obras "Direito à subsistência e direito do trabalho", e "Os novos direitos do homem";
1934	Cria e dirige a Revista dos Juízes e Juristas Brasileiros;
1934	Publica a obra *Comentários à Constituição da República dos Estados Unidos do Brasil*, com dois tomos;
1935	Publica a obra "Tratado de Direito Internacional Privado";
1936	Durante a realização de concurso para a cadeira de Direito Internacional da Universidade Nacional, é acusado de um suposto plágio por um dos concorrentes (Haroldo Valadão), o que faz com que o jurista alagoano se retire da disputa;
1938	Publica a obra "Comentários à Constituição de 10 de novembro de 1937", em três tomos;
1939	É nomeado Embaixador do Brasil na Colômbia. Na área diplomática, chefia missões no exterior. Neste mesmo ano, é convidado por Getúlio Vargas para ser Embaixador na Alemanha, mas recusa, sob o argumento de que não viveria num país controlado por Hitler;
1940	Separa-se de Maria Beatriz Cavalcanti Pontes de Miranda;

1941	É chefe da Delegação brasileira na XXVI Sessão da Conferência Internacional do Trabalho, em Nova York (Estados Unidos);
1941-1943	É o Secretário Geral da Embaixada brasileira em Washington (Estados Unidos);
1941-1943	É o representante do Brasil no Conselho Administrativo da Repartição Internacional do Trabalho, em Montreal (Canadá);
1943	Deixa a carreira diplomática para se dedicar à advocacia consultiva, mister que realiza até o fim da vida;
1945	Publica a obra "Democracia, liberdade e igualdade";
1946	Já desquitado, casa-se, em 20 de julho, na Cidade do México, com Amnéris Pontes de Miranda. Em 08 de outubro de 1976, o casal realiza o matrimônio religioso. Eles têm uma filha: Francisca Maria;
1953-1965	Publica os oito tomos da obra "Questões forenses: direito constitucional, administrativo, penal, processual e privado", na qual são apresentados ao público 362 pareceres do jurista, sendo muitos deles no campo do Direito Administrativo;
1958	Recebe o título máximo de Guarda do Tesouro Sagrado do Império do Japão;
1959	Falece Maria Beatriz, sua ex-esposa;
1960-1962	Publica a obra "Comentários à Constituição de 1946", em oito tomos;
1961	Publica a obra "Comentários ao Código de Processo Civil", com dezesseis volumes;
1967	Publica a obra "Comentários à Constituição de 1967", em seis tomos;

	ANEXO I
	191

1969 Publica a obra literária "Poèmes et Chansons", dedicada à sua esposa Amnéris;

1970 Conclui o "Tratado de Direito Privado", com sessenta tomos, sendo considerada a maior obra jurídica produzida por uma única pessoa;

1970 Recebe homenagem da Câmara dos Deputados como "Grande Jurisconsulto Brasileiro, Embaixador Pontes de Miranda";

1970 Recebe a Grã-Cruz do Mérito da República Federal da Alemanha;

1972-1974 Publica sua obra preferida, o "Tratado das *Ações*", com sete volumes;

1975 Converte-se ao catolicismo. Antes, durante boa parte de sua vida, já era um seguidor dos ensinamentos franciscanos e se torna amigo do Papa João XXIII (Angelo Giuseppe Roncalli);

1975-1977 É publicada a obra "Dez anos de pareceres", em dez volumes. Dos 285 pareceres publicados, diversos deles abordam questões de Direito Administrativo;

1978 Retorna a Maceió, onde participa de solenidades de homenagem promovidas pela Universidade Federal de Alagoas (onde recebe o título de Professor Honoris Causa), pelo Tribunal de Contas e pelo Tribunal de Justiça do Estado;

1979 Em sua terceira tentativa, em 08 de março, é finalmente eleito para a Academia Brasileira de Letras. Sua posse ocorre em 15 de maio, tendo sido recepcionado por discurso proferido pelo jurista e imortal Miguel Reale;

1979 Em 17 de dezembro, concede sua última entrevista à professora Ester Kosovski, que é publicada em 06 de janeiro de 1980 no Jornal do Brasil;

1979	No dia 22 de dezembro, ainda em plena atividade profissional, o jurista morre no Rio de Janeiro, aos 87 anos, de um ataque cardíaco. Sepultado no Cemitério São João Batista, sob emocionante discurso de Austregésilo de Athaíde, então Presidente da Academia Brasileira de Letras;
1980	O jurista alagoano Marcos Bernardes de Mello publica a primeira edição da obra "Teoria do Fato Jurídico", tornando-se a principal referência de divulgação do legado ponteano no país. Atualmente, a "Teoria do Fato Jurídico" possui três volumes: "Plano da existência", na 22ª edição; "Plano da validade", na 15ª edição, e "Plano da eficácia", na 11ª edição;
1981	Em 10 de fevereiro, foi agraciado postumamente com a Grã-Cruz da Ordem da Instrução Pública de Portugal;
1994	É instituído o Memorial Pontes de Miranda, pela Justiça do Trabalho de Alagoas (TRT/19ª Região). Sediado em Maceió, o Memorial tem como objetivo preservar e divulgar a obra do jurista alagoano;
1999	É eleito por uma comissão de especialistas consultados pela revista *Istoé* como o Jurista do Século do país;
2000	No dia 01 de janeiro, é publicado o resultado da votação promovida pelo jornal Gazeta de Alagoas. O jurista fica em segundo lugar na escolha do Alagoano do Século XX, atrás do escritor Graciliano Ramos e à frente da médica Nise da Silveira. Curiosamente, os três alagoanos residiram no Rio de Janeiro durante várias décadas;
2018	Em pesquisa realizada pela Associação dos Magistrados Brasileiros (AMB), o alagoano é apontado como o jurista mais citado pelos magistrados de 1º e 2º graus do país.

ANEXO III

REGISTROS FOTOGRÁFICOS E DEPOIMENTOS SOBRE PONTES DE MIRANDA[5]

Proferindo palestra em Santiago (Chile)

"Um grande jurista, um grande filósofo, um grande sociólogo, um grande escritor, um homem como poucos. Pontes de Miranda, alagoano editado em Paris e em Berlim. Ouvido em Haia e em Londres. Prezado no mundo" (Ester Kosovski, 1979).

---

[5] Todas as imagens foram gentilmente cedidas e tiveram seu uso devidamente autorizado pelo Memorial Pontes de Miranda da Justiça do Trabalho de Alagoas (TRT 19ª Região).

O jurista aos 32 anos de idade

"Disse há pouco, de passagem, que constituístes a ciência do Direito. Devo insistir nesta afirmação, porque se tivestes precursores, não tivestes modelos; apoiando-vos em trabalhos aparecidos antes do vosso, seguindo uma orientação, que se acentuava, destes forma nova ao pensamento humano, criastes a ciência, que outros apenas entreviram" (Clóvis Beviláqua, 1922).

"Ele, sozinho, escrevendo, construíra efetivamente uma biblioteca. Um a um, perfilara os volumes compactos, que se alongaram por muitas e muitas prateleiras. E não escreveu por escrever: escreveu para pensar, para debater, para esclarecer, para ensinar. Viveu 87 anos - trabalhando. Acordava cedo, dormia tarde. E todo o seu dia – mesmo aos domingos – ele o passava debruçado sobre a vasta mesa – escrevendo. Não se cansou. Jamais considerou a palavra escrita como uma sujeição. Para ela havia nascido, e soube ser fiel à sua missão admirável, energicamente, coerentemente, até o momento em que, bem disposto, na claridade do dia que despontava, ia sentar mais uma vez à mesa de trabalho, para continuar um novo livro" (Josué Montello, 1994).

"Pontes de Miranda assemelha-se a um diamante raro, que um velho minerador encontrou inesperadamente em um veio insuspeito. É um diamante multifacetado, cujas facetas são claras, brilhantes e luminosas. Mas mudam de coloração à medida que os raios de luz o atingem. Aqui é o filósofo, ali é o pensador político, acolá o sociólogo, além do jurista excelso ou ainda o caráter retilíneo dominando toda a personalidade, a sua moldura global. Mestre Pontes de Miranda nunca parou na sua gloriosa vida intelectual, ascendeu sempre no campo do pensamento. É o orgulho máximo das letras jurídicas nacionais, pensador admirado no mundo pelo seu saber e genialidade" (Pinto Ferreira, 1981).

Pontes de Miranda recebendo homenagens de seu estado natal (Alagoas) em 1978

"*Estou muito feliz em rever a minha terra. Muito devo a Alagoas. Não ao território, mas à gente, ao povo. (...) Sinto-me outra vez em casa. Em minha casa. Porque outra vez piso o chão do Estado que nasci*" (Pontes de Miranda, em 10 de março de 1978, ao desembarcar no aeroporto de Maceió).

O jurista octogenário que nunca parou de trabalhar

"Muitos podem pensar que a grandeza do mestre e de sua obra esteja esquecida. Que não se fala mais em Pontes de Miranda. Pelo contrário. Hoje, mais que nunca, Pontes de Miranda é lido e divulgado nas grandes universidades deste país e em cursos de pós-graduação de todos os níveis. Cada vez mais encontramos em livros, dissertações de mestrado, teses de doutorado e outras peças científicas a força de sua presença. Mesmo em trabalhos escolares, produzidos por estudantes em final de curso. Mais ainda, ouvimos constantes lamentos de colegas que se ressentem da falta que nos faz a sua lucidez e autoridade em comentar códigos e constituições" (Marcos Bernardes de Mello, 2008).

ANEXO II | 199
REGISTROS FOTOGRÁFICOS E DEPOIMENTOS SOBRE PONTES DE MIRANDA

Pontes de Miranda proferindo seu discurso de posse na Academia Brasileira de Letras, em 15 de maio de 1979

"Quem, ao dedicar-se à Jurisprudência, desde a década de 1920, não encontrou em vossos livros manancial inexaurível de doutrina, abrindo caminhos insuspeitados à experiência jurídica ou política de nossa Pátria?" (Miguel Reale, em discurso de recepção a Pontes de Miranda na Academia Brasileira de Letras, em 15.05.1979).

Esta obra foi composta em fonte Palatino Linotype, corpo 10
e impressa em papel Offset 75g (miolo) e Supremo 250g (capa)
pela Gráfica Paulinelli.